大魚讀品
BIG FISH BOOKS

让日常阅读成为砍向我们内心冰封大海的斧头。

greenlights

绿　灯

[美] 马修·麦康纳　著

靳婷婷　译

浙江人民出版社

图书在版编目（CIP）数据

绿灯 /（美）马修·麦康纳著；靳婷婷译 .—
杭州：浙江人民出版社，2023.7
ISBN 978-7-213-10989-8

Ⅰ.①绿… Ⅱ.①马… ②靳… Ⅲ.①马修·麦康纳 – 自传
Ⅳ.① K837.125.78

中国国家版本馆 CIP 数据核字（2023）第 057243 号

浙 江 省 版 权 局
著作权合同登记章
图字：11-2023-033 号

Greenlights by Matthew McConaughey

Copyright © 2020 by Matthew McConaughey

Licensed by arrangement with William Morris Endeavor Entertainment, LLC

through Andrew Nurnberg Associates International Ltd.

Simplified Chinese translation copyright © 2023 by Beijing Xiron Culture Group

Co., Ltd.

All rights reserved.

绿灯

LÜ DENG

[美] 马修·麦康纳 著 靳婷婷 译

出版发行	浙江人民出版社（杭州市体育场路 347 号 邮编 310006）
责任编辑	祝含瑶
责任校对	陈 春
装帧设计	何家仪
印 刷	北京世纪恒宇印刷有限公司
开 本	880mm × 1230mm 1/32
印 张	11
字 数	219 千字
版 次	2023 年 7 月第 1 版
印 次	2023 年 7 月第 1 次印刷
书 号	ISBN 978-7-213-10989-8
定 价	68.00 元

如发现印装质量问题,影响阅读,请与市场部联系调换。

质量投诉电话: 010-82069336

献给我一生中唯一坚信想要成为的人，

献给我的家人

CONTENTS
目录

greenlights

绿 灯

Introduction

引言

"我找到了自己"

1-22-89

宇宙中最难解的词是什么？
何人／何事／何地／何时／如何？——的确如此。
为什么？这个问题更艰深。

"I've Found Myself"

- the most difficult word in the universe?

- WHOWHATWHEREWHENHOW?? — and that's the truth.
  WHY? — is even bigger

I think I'll write a book. ——————
A book word about my life.
I wonder who would give a damn
About the pleasures and the strife?

———————— I think I'll write a book. ————————
Help the generations with the truth about the past?
Who's to say one would agree?
Shit! I am tired. Hope that these thoughts last . . .

———————— I still think I'll write a book. ————————

——————我想写一本书——————

聊聊我的人生。
不知有谁会在乎我的苦乐？

——————我想写一本书——————

帮助一代人还原往昔的原貌。
有谁会认同？
该死，困意上来了，希望这些想法不要只是过眼云烟……

——————我真的觉得，我想写一本书。——————

- 灵感手记
- 只挑最爱
- 深挖心理
- 让人生顺其自然——不行——这么一来，
  我们就与懦夫无异了。
- 写本书吧。

- mood for the sayings
- favorite are
- phycological
- let life be - no - that we are cowards
  the a book.

Mach 11

这不是一本传统意义上的回忆录。没错，我的确会讲述过去的故事，但我对绝大多数回忆录中必有的怀旧、感伤或是退隐情绪毫无兴趣。这也不是一本人生指导书。我虽然喜欢传道者，但这本书并不是为了宣扬什么理念，或是告诉大家该做什么。

这是一本方法之书。我将会在书中与大家分享故事、理念以及人生的哲学，你可以客观地去理解这些内容，如果愿意的话，你也可以通过改变你的现实，或是改变你看待现实的方式，将这些内容内化。

这是一本战术手册，基于我人生中的冒险经历。这些冒险有意义、有启发，也有乐趣，有时是因为这些经历意在如此，但大多数则是无心插柳的结果。我天生是个乐观主义者，幽默是我的良师之一，它帮助我面对痛苦、失去以及信任的缺失。我并不完美，一点也不。我经常满脚都是狗屎，也会在踩到屎时认识到问题所在。我只是学会了如何把靴子抹干净，然后继续前行罢了。

我们每个人都会时不时地满脚都是狗屎。我们会处处碰壁、搞砸一切、身败名裂、身患疾病、愿望落空，在人生中，我们会遇到成千上万"本可以做得更好"以及"真希望这种事没有发生"的节点。踩到狗屎是不可避免的，因此，我们要么将此视为好运的象征，要么就想办法减少这种事情发生的概率。

To Life

致人生

我的人生已经走过了五十个春秋，在过去的四十二年中，我一直在试图解开人生的谜题，而将这个谜题的线索记录在日记之中，已有三十五年之久。这些记录关乎成功与失败、快乐与悲伤，有的内容让我啧啧称奇，有的内容则让我开怀大笑。三十五年的岁月中，我一直在领悟、认知、搜集以及记录途中让我感动或是令我兴奋的东西。比如，如何一视同仁，如何缓解焦虑，如何获取快乐，如何少去伤害别人，如何少让自己受伤，如何成为一个正直之人，如何得到我想要的，如何让生命变得有意义，如何更接近真实的自我。

记录这些，从来不是为了铭记。记录，其实是为了能够忘记。重新审视自己的人生和冥思的想法让我不寒而栗，因为我不确定是否会喜欢与过去的自己共处。不久前，我鼓起勇气，带着这些日记安坐下来，审视在三十五年间完成的描述过去五十年的自己的文字。你们猜怎么着？我与自己的共处要比想象中更加愉快。我笑过，也哭过，我意识到，我记得的东西比预想的多，而忘却的事情则比想象的少。

我找寻到了什么？我寻回了亲眼看见和亲身经历的故事，一度学

5

会又忘记了的经验教训，诗歌、祈祷、良方、我曾提出的问题的答案、提醒我未解问题的事物、对于某些疑问的确认、对于重要之事的信念、关于如何主动适应的理论[1]，以及一大堆汽车保险杠贴纸[2]。 我也找寻到了给予我更多充实感的始终如一的生活态度，当时如此，现在仍是。

我找到了一个坚实可靠的主题。

就这样，我将这些日记装进行囊，奔赴沙漠，离群索居，未定归期。在那里，我开始写你们正捧在手中的这本书：这是一本相册、一张唱片，是我迄今为止的人生故事。

我目睹、梦想、追寻、给予和接受过的种种。

撕裂我的空间与时间、让我无法充耳不闻的逆耳真言。

我与自己订立的契约，其中许多我已成功履行，而绝大多数我仍在奋力追求。

这些，都是我的所见所闻、所触所感，有春风得意，也有椒颜汗下。

恩典，真理，以及野蛮之美。

---

1 此处的"relativity"既不是爱因斯坦的相对论，也不是"相对性"，Matthew 在访谈中谈到过他在此书中对"relative"这个词的用法，指的是接受和适应人生不可避免之事，认清现状，并采取积极行动，因此取此译法。——本书中注释除特殊说明者，均为译注

2 我一直很喜欢汽车保险杠贴纸（bumper sticker），以至于把这两个词合并成了"bumpersticker"一个词。这些贴纸上写着人们想要表达给公众的歌词、简短的俏皮话、直指人心的警语以及含蓄的个人观点。这些贴纸价钱低廉，却妙趣横生。无须担心冒犯某个社会群体，因为说到底，这只是些贴在保险杠上的贴纸而已。从使用的字体到颜色搭配，再到上面的一词一句，这些贴纸能让你对驾驶那辆汽车的人有诸多了解。对方的政治观点、是否有家庭、是自由狂放还是墨守成规、是诙谐幽默还是古板严肃、养什么样的宠物、喜欢什么样的音乐，连宗教信仰都有可能据此猜得出来。在过去的五十年中，我一直在收集自己的保险杠贴纸。有的是我看到的，有的是我听到的，有的是我"窃取"别人的，有的是我自己说出来的。有的诙谐，有的严肃，但全都在我脑中挥之不去……因为保险杠贴纸就该如此。在这本书中，我特地收录了一些最得我心的贴纸。——原注

初出茅庐，踏上征途，砥砺不倦，登堂入室。

偶尔侥幸逃脱，偶尔被逮个正着，偶尔想要突出重围，却落得遍体鳞伤。

还有一次次的成长的祭典。

所有这些，或游走在坚持与放弃之间，或坚定立于二者的一端，在这个被称为人生的恢宏实验中，朝着无悔此生这门科学进发。

但愿，这本书是一剂不苦口的良药，是几片让你免于到医院就诊的阿司匹林，是一艘无须飞行员执照就能赶赴火星的宇宙飞船，是一次无须重生就可接受的教堂洗礼，是一段含泪而笑的铭心体验。

这是一封情书。

写给人生。

the soul objective
is the pursuit of the
singular finish with only
the arrival in sight.
This is what
brings us together.

灵魂的使命，就是追寻那唯一的归处，眼中只有抵达。正是这股力量，让我们成为一体。

Sometimes you gotta go back to go forward. And i don't mean goin back to reminisce or chase ghosts. I mean go back to see where you came from, where you been, how you got HERE.

— mdm
Lincoln Ad, 2014

有的时候，我们需要回望过去，才能向前迈进。我并不是说回望过去是为了追溯往事或是追悔莫及。我的意思是，回望过去，审视起点，回顾沿途，看看你是如何来到当下的。

——马修
林肯汽车广告，2014 年

How did i get here?

回望前路

在人生这场牛仔竞技赛中，我已得到几处伤疤。我曾驾驭自如，也曾彷徨失措，无论成败，我最终都或多或少地在每一步中寻得了乐趣。以下是一些关于我的信息，也算是为这本书做些铺垫。

我是三兄弟中的老三，父母两次离婚，三次结婚，对象都是彼此。

在成长的过程中，我们总会对彼此说"我爱你"。这是真心话。

十岁的时候，我在身上贴了一张"好家伙爆米花"里附送的文身贴纸，屁股因此被打开了花。

第一次威胁说要离家出走，父母却帮我打包好了行李。

我出生的那天，父亲并不在场。他打电话给我母亲说："我只说一件事，如果是个男孩，可别叫他'凯利（Kelly）'[1]。"

从小到大，我唯一坚信自己想做的，就是当一名父亲。

母亲曾经把我扔进利亚诺河中，我要么得扑腾到岸边，要么就只能随着下游二十七八米处岩石密布的瀑布一头栽下去。我扑腾到了岸边，

---

1 凯利是英语国家一个男女通用的名字，在历史上本是个只有男性能用的名字，20 世纪 60 年代以来，逐渐转为被女性使用。

就这样学会了游泳。

我总是第一个把"结实牌"[1]牛仔裤的膝盖处磨坏的人。

有两年的时间，担任守门员的我没少让我所在的儿童足球队吃红牌。

我曾喋喋不休地抱怨自己唯一的一双网球鞋既破旧又过时，妈妈却告诉我："你再抱怨，我就带你去看看那个没脚的男孩！"

十五岁时，我在威逼之下献出了"第一次"。当时的我坚信，我一定会因为婚前性行为而下地狱。而现在，我只坚信一点，那就是我真心希望事情不致如此。

十八岁时，我在厢式货车的后备厢里被打晕，遭到一个男性的猥亵。

在墨西哥的皇家十四小镇，我曾与美洲狮共处一笼，吸食佩奥特仙人掌制成的致幻剂。

我的额头上缝了七十八针，是兽医缝的。

我曾经从四棵树上跌落下来，得了四次脑震荡，其中三次都是在满月的夜晚摔的。

我曾经一丝不挂地大敲邦戈鼓，直到警察把我逮捕。

而我公然拒捕。

我申请了杜克大学、得克萨斯大学奥斯汀分校、南卫理公会大学和格兰布林州立大学四所学校的本科，并被其中三所录取。

我从未觉得自己是个受害者。

我有充分的证据证明，整个世界都在密谋让我快乐。

---

1 这是美国西尔斯百货销售的服装系列，以结实耐穿为卖点。

我在现实生活中侥幸获得的，总是比梦想的还要多。

许多人都曾将我写的诗交给我，我却并不记得这些诗出自我手。

我天真过，邪恶过，也愤世嫉俗过，但我笃信自己和人类的仁慈以及每个人价值观中存在的共性，绝无畏惧和迟疑。

我坚信，只有在我们撒谎时，真相才会让人感到不适。

我在存在主义式亡命之徒的逻辑影响下长大，迷恋文字游戏，满腹虚构的物理定律，因为就算是天方夜谭，也能"弄假成真"。

但是，爱之中毫无虚构的成分。爱是实实在在的。虽然有时让人遍体鳞伤，却永远不容置疑。

我很早就学会了如何主动适应，也就是如何面对现实。

我明白了何为坚韧、后果、责任，也学会了如何努力工作。我学会了如何去爱、去笑、原谅、忘记、纵情玩乐、虔诚祈祷。我学会了如何埋头苦干、如何宣传造势、如何以魄力服人、如何扭转局面、如何将逆境转为顺境、如何勾勒出一段引人入胜的故事。我学会了如何走过高山低谷、如何对待喜爱和诋毁、如何直面富足和匮乏、如何笑看赞颂与贬低。遇到人生不可避免之事，则更应如此。

这是一段关乎如何在遇到人生"不可避免"之事时学会"主动适应"的故事。

这，便是一路绿灯的故事。

这是我人生的第一个五十年，是在迈向悼词的旅途中迄今为止的简历。

死亡，这是我们无从回避的归处。

这是殊途同归的终点，是百川归海的方向。

这是一个漠然无情的名词。这是我们一生的悼词。被书写，被经历。

但通向死亡的道路，却是相对的——这就是人生。

这是一段自我的征程，是属于我们个人的旅行。

这是一个有血有肉的动词。这是我们一生的简历。去书写，去经历。

What's a greenlight?

绿灯是什么？

绿灯意味着行进——前进，坚持，不要停歇。在道路上，绿灯的使命是赋予车流通行权，如果设置得当，便能让更多的车辆接连遇到更多绿灯。绿灯代表着继续前行。

生活中，绿灯是对我们的人生之道的一种肯定。绿灯是认可、支持、赞美、嘉奖、摇旗呐喊、赞许称道、野心与欲望。绿灯是财富、新生、春日、健康、成功、快乐、生生不息、无邪初心、重新开始。这些，都是绿灯。人人都喜欢绿灯。绿灯不会干扰我们的方向。绿灯轻松惬意，就如赤脚的夏天。绿灯默许我们，我们想要什么，它就给我们什么。

绿灯也会伪装成黄灯和红灯。一个警告，一段弯路，一次深思熟虑的停顿，一次中断，一个分歧，消化不良，疾病缠身，身心煎熬。也可能是一个句点，一个失控的急转弯，一次干预、失败、折磨，一记响亮的耳光，乃至死亡。我们不喜欢黄灯和红灯，它们让我们放慢速度，止步不前。它们冷酷严苛，就如赤脚的冬天。红灯和黄灯对我们说"不"，但有时也给予我们所需的东西。

捕捉绿灯要有技巧：意图、环境、深思熟虑、耐力、预期、韧性、速度以及自律。想要遇到更多的绿灯，我们只需识别生活中的红灯，然后改变路线，减少碰到红灯的概率。绿灯也是可以获取的，是可以规划和设计的。通过意志力、努力工作和自主选择，我们可以打造出更多的绿灯，把它们安排在未来，铺设出一条阻力最小的道路。绿灯的主动权，可以掌握在我们自己的手中。

捕捉绿灯也要看准时机。万物有时，世界如此，我们自己也如此。这是指我们的巅峰时刻，我们与频率共振、与心流共舞的时机。如果恰在正确的时间身处正确的地点，那么我们便能全凭好运捕捉绿灯。想在未来捕捉到更多的绿灯，关键在于直觉、因果以及运气。有的时候，捕捉绿灯关乎命运。

想要在人生的高速公路上畅行无阻，关键就是要在合适的时机顺应不可避免之事。某种情况的必然性是不可选择的，但何时接受特定情况的结果却是可选的，如何应对也是可选的。我们要么一往直前，不变方向地朝着理想的结果飞奔；要么扭转方向，采取新的策略追求目标；我们也可以愿赌服输，将一切归结于命运。我们要么奋勇前行，要么改弦更张，要么挥舞白旗，改日再战。

从人生中得到满足感，秘诀就在于在什么时机选择哪条路径。

这便是生活的艺术。

我相信，我们人生中所做的每一件事都是计划中的一部分。有的时候，计划会按预期顺利进行，而有的时候，计划则不遂人愿。这也是计划的一部分。意识到这一点，本身就是一盏绿灯。

我们今天所面临的难题，终将成为人生后视镜中的福祉。昨日撞见的红灯，终有一天会指引我们走向绿灯。所有的毁灭终将迎来重建，所有的死亡终将通向新生，所有的痛苦则终将带来快乐。无论是此生还是来世，世事有升则必有落。

关键在于我们如何看待眼前的挑战，以何种方式迎接挑战。是一往直前，是扭转方向，还是愿赌服输，这无一例外地取决于我们，取决于我们的选择。

这是一本关于如何在充斥着"拒绝"的世界里捕捉到更多"机遇"的书，是一本助你辨识出"拒绝"中何时暗藏着"机遇"的书。它不仅关乎捕捉绿灯，也帮你意识到所有黄灯和红灯都终将转绿。

一路绿灯。

有意追寻，有的放矢……祝你好运！

如果我只想与你并肩而坐，
对你诉说心声……
你是否会侧耳倾听？

——马修·麦康纳，十二岁

part 1

第 1 章

outlaw logic

亡命之徒的逻辑

一九七四年，一个星期三的夜晚

父亲刚刚下班回家。左胸牌织着"吉姆"字样的满是油渍的蓝色工装衬衫已被扔进洗衣机，他穿着无袖汗衫，在桌子的上首处坐下，已是饥肠辘辘。两个哥哥和我都已经吃过晚饭，母亲把重新加热过的菜从烤箱里取出来，重重地甩在他面前。

"加点土豆，亲爱的。"他边大快朵颐边说。

父亲是个大块头。一米九三的个子，一百二十公斤的体重，他说，这是他的"理想体重"，"再轻一点儿我就得感冒着凉"。在这个星期三的晚餐时分，这一百二十公斤肥膘在他四十四岁的身体上垂坠的样子，在母亲看来是如此扎眼。

"确定你还要添土豆吗，胖子？"她厉声问道。

我蜷缩在客厅的沙发后面，开始不安起来。

父亲却仍低着头，一言不发地继续吃着。

"瞧瞧你，瞧瞧你那肥肚子哟。好啊，使劲儿吃吧，胖子。"她一边喋喋不休，一边把大堆大堆的土豆泥舀到他的盘中。

这下可好。"砰"的一声，父亲把餐桌往天花板上一掀，猛地起身，怒气冲冲地逼视母亲。"真该死，凯蒂，我撅着屁股干了一整天的活儿，回到家里，就只想安安静静吃顿热饭。"

一场大战一触即发。后果如何，哥哥们和我都心知肚明。母亲也明白，她冲到厨房另一头的壁挂式电话机旁，想要打电话报警。

"你就是不能消停点儿是吧，凯蒂？"父亲咬牙切齿地指着母亲，从厨房另一头向她步步逼近。

就在他走到近前的时候，母亲从壁挂支架上一把摘下电话听筒，朝着他的额头挥过去。

父亲的鼻子开了花，顿时血流如注。

母亲跑到橱柜前，拿出一把三十厘米的主厨刀，冲着父亲摆好架势。"来呀，胖子！看我不一刀从你的蛋划到你的双下巴！"

两人在厨房中央绕圈对峙，母亲挥舞着三十厘米的利刃，父亲龇牙咧嘴，鼻子血流不止。他从厨案上抓起一个半满的四百毫升亨氏番茄酱瓶，拧开瓶盖，模仿母亲挥舞厨刀的样子挥动起来。

"来呀，胖子！"母亲又一次挑衅道，"看我不把你开膛破肚！"

父亲像一位不可一世的斗牛士一样摆开阵势，用打开的瓶子往母亲的脸上和身上甩番茄酱。"击中得分。"他一边左右腾跃一边说。

他一边把番茄酱甩到母亲身上，一边躲避着呼呼生风的厨刀，而母亲则越发泄气了。

"又击中了！"父亲戏弄道，一边躲开又一次袭击，一边让一抹番茄酱飞溅在母亲身上。

两个人绕了一圈又一圈，最后，母亲由沮丧变成疲惫。浑身是番茄酱的她，把刀扔在地板上，站直身体，一边擦眼泪，一边大口喘气。

父亲把那瓶亨氏番茄酱扔到一边，撤下了他的斗牛士姿势，抬起胳膊擦了擦从鼻子里滴下来的血。

放下了武器的两人仍对峙着，面面相觑了一会儿，母亲用拇指将番茄酱从饱含泪水的双眼上擦去，父亲呆立在那里，任鲜血从鼻子滴到胸口。几秒钟后，他们走向对方，动物般地抱在一起。两人双双跪下，躺倒在混合着血迹和番茄酱的厨房的油毡地板上……做起了爱。一盏红灯，就这样变成了绿灯。

这就是我父母的交流方式。

这就是为什么母亲会递给父亲一张参加两人婚礼的请柬，对他说："你有二十四小时的时间决定来不来，告诉我结果。"

这就是为何父母结过三次婚、离过两次婚——每次的对象都是彼此。

这就是为何我的父亲在试图掰开母亲掐住他脸的手指时四次掰断了她的中指。

这就是我的父母相爱的方式。

母亲的手

黄金法则[1]，凡事有节

这两句格言往往被引作人生的通用法则。
每一句都存在漏洞。
有的时候，你做的事情别人并不想做。
让你大快朵颐的东西，或许会让别人难以下咽。

麦康纳家族从爱尔兰迁移到英格兰的利物浦，再到西弗吉尼亚州的小石城，又到路易斯安那州的新奥尔良。我们的先辈之中没有皇亲国戚，而是有很多偷牛贼、游船赌徒[2]，还有一位阿尔·卡彭（Al Capone）[3]的保镖。

父亲出生于密西西比州的帕特森，但在路易斯安那州的摩根城长大，那里最让他有家的感觉。

母亲出生于宾夕法尼亚州的阿尔图纳，但总是说她来自新泽西州的特伦顿，原因是"谁会想出生在一个名字这么土气的地方呢"。

我有两个哥哥。大哥迈克（Michael）被人称为"公鸡"已有四十年，因为他即便凌晨四点睡觉，也总能在日出时醒来。十岁时，他想要一个

1 指道德的黄金法则，即按照自己想被对待的方式对待他人，己所不欲，勿施于人。
2 游船赌场是美国几个州特有的一种设立在游船上的赌场，主要在密西西比河及其支流或墨西哥湾。
3 阿尔·卡彭，美国禁酒令时期的黑帮头目和商人，绰号"疤面煞星"。

弟弟作为生日礼物，因此在一九六三年，父母从达拉斯卫理公会的福利院收养了我的二哥帕特（Pat）。父母每年都提出要带着帕特去见他的亲生父母。直到十九岁时，他才接受了两人的提议。

父母安排好了会面，然后三个人便开车来到住在达拉斯的帕特亲生父母家。父母把车停在人行道旁，帕特按响门铃，走进屋里。两分钟后，帕特便从屋里走出来，跳上车后座。

"出什么事了？"两个人问帕特。

"我只是想看看我爸是不是个秃顶，因为我的头发越来越少了。"

First marriage
12·22·54

第一次婚礼：
一九五四年十二月二十二日

Second marriage
12·18·59

第二次婚礼：
一九五九年十二月十八日

而我则是个"意外"。几年来，父母一直想要个孩子，但都没成功，因此直到怀孕的第五个月，母亲都以为我是块肿瘤。我出生那天，父亲没有去医院，而是去了酒吧，因为他怀疑我不是他的亲生骨肉。

但我确实是。

小时候的我

第一次被打屁股，是因为有人在幼儿园操场上叫我"马特"，我答应了（"你的名字又不是擦鞋垫！"[1] 母亲吼道），第二次是因为我对哥哥说了一句"我恨你"，第三次是因为我说了"我不行"，第四次则是因为我撒谎说没有偷比萨。

因为说了"混蛋""该死"和"去他的"，我被父母用肥皂洗了嘴，但真正让我惹上麻烦的，却是因为说出了那些可能会伤害自己的话，或是将这些话付诸实践。除了伤害自己，这些言语也能够伤别人。另外，

---

1 马修（Matthew）的名字可以简称为马特（Matt），与英文中的"mat"（擦鞋垫）读音类似。

这些言语也参与塑造了今天的我，因为它们不仅仅是话语，也是期望和后果。这些言语，是价值观的表现。

我父母告诉我，给我取这个名字是有因可循的。[1]

他们教我，不要憎恨。

他们教我，永远不要说我不行。

他们教我，永远不要说谎。

这些，都是我的绿灯。

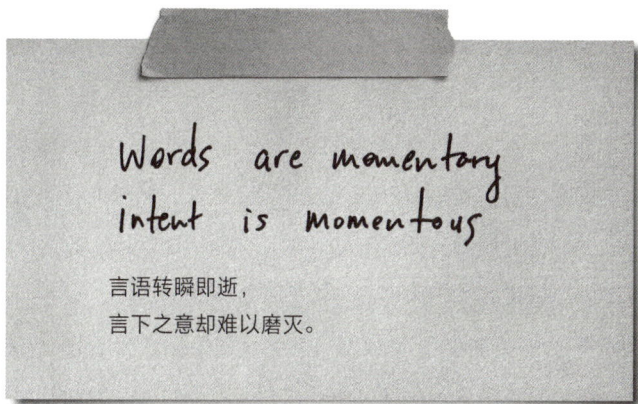

Words are momentary
intent is momentous

言语转瞬即逝，
言下之意却难以磨灭。

我的父母不只希望我们遵守他们的规则，更期望我们这样做。期望落空要比希望落空更加伤人，而希望的实现则比预期的实现更让人快乐。希望实现时更容易得到快乐作为回报，落空时的损失却更少，二者

---

1 马修的名字取于基督十二使徒之一圣马修（又作圣马太），他于公元 91 年被刺死殉教。

不成比例。但是，我的父母还是在心中揣了把尺子。

我虽然不提倡用体罚来让孩子承认错误，但我也知道，小时候没有做许多不该做的事，是因为我不想被打屁股。我也知道，小时候做了许多应该做的事情，是因为我想得到父母的表扬和赞美。后果的作用，可以是双向的。

我来自一个充满爱的家庭。我们或许并不总是喜欢彼此，却永远深爱彼此。我们拥抱、亲吻、摔角、打架。我们不会把怨恨埋在心里。

在我的先人中，有很多破坏分子。这些持有自由主义理念的亡命之徒通过投票将叛军驱逐出去，**为的是削减入侵领土的其他亡命之徒的势力。**

我出身于一个规矩分明的家庭，在这里，**在你有足够的勇气和能力去打破规则之前，还是安分守己为好。**在这里，父母说"因为大人说了算"，那你就要照做，如若不然，等待你的不是禁足，而是皮带抽打或是反手一记巴掌，"因为这能更快地让你认识到错误，也不会占用你最宝贵的资源——时间"。在我家里，受完体罚后，父母会立马带你穿过全城去你最喜欢的芝士汉堡和奶昔店，庆祝你吸取了教训。如果你违反了规矩，父母有可能会惩罚你，但如果你被人抓了个正着，他们便百分之百会狠狠教训你。即使皮糙肉厚，我们也知道对我们而言只是挠痒痒般的问题往往足以给其他人造成创伤——因为遇到问题，我们要么应对，要么否认，我们的家人，是最不会在厄运面前哭爹喊娘的人。

这是一种哲学，让我成了一个既扎实肯干又狡猾精明的人。我勤奋肯干，也喜欢"耍些伎俩"。而这种哲学，同时也带来了一些扣人心弦的精彩故事。

◯◯

正如一个乖巧的南方男孩该做的那样，我先从我的母亲说起。她可是个厉害的主儿，也是个活生生的例子，让我们看到，不认命的力量有多大，取决于你有多坚决。靠着阿司匹林和不认命的精神，她已经战胜了两种癌症。她是一个在具备能力之前就会说"我一定要"的女人，一个尚无条件就会说"我肯定会"的女人，一个在未受邀请时就说"我去定了"的女人。她是"便利"和"反叛"的忠实拥趸，向来不合时宜，也不懂得圆滑，因为这二者都牵扯到他人的批准。她或许不是一群人里最聪明的那一个，但绝对不是怨天尤人的那一个。

现在的她已经八十八岁了，却很少睡得比我早，也很少起得比我晚。小时候，大人不让她晚上出门，因为她在跳舞时把连裤袜的脚底跳出了两个大洞，让袜子溜到了她的脚踝上。

年轻时的母亲

没有人能像我母亲那么快原谅自己，因此，她没有任何精神负担。我曾经问过她会不会带着遗憾上床。她很快回答道："儿子，我每天晚上都带着遗憾上床，只是一醒来就全忘了。"她总是告诉我们："每到一个地方，不要表现得想把这地方买下，而是拿出一副你就是这里的主人的样子。"毋庸赘言，"yes"是她最喜欢的英文单词。

一九七七年，母亲为我报名参加了在得克萨斯班德拉举行的"小小得克萨斯先生"比赛。

我赢回了一座大奖杯。

母亲为这张照片镶了框，把它挂在厨房的墙上。

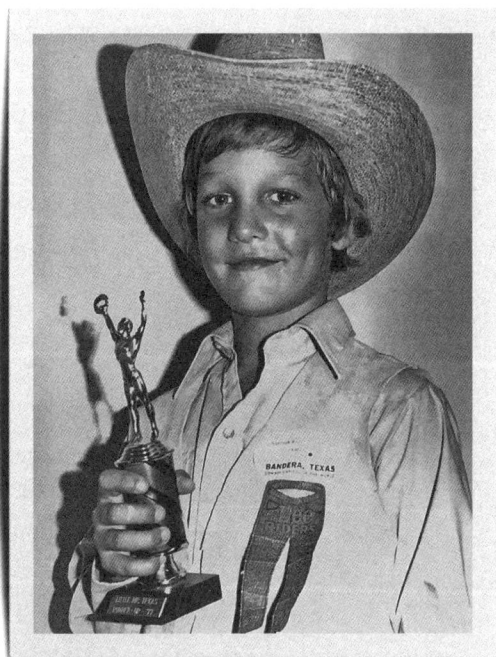

我和我的大奖杯

我每天早上来吃早饭时，她都会指指奖杯说："你可真棒，冠军，一九七七年小小得克萨斯先生的冠军。"

去年，在她的剪贴簿上偶然看到这张照片时，有什么东西引起了我的注意。出于好奇，我在电脑上把奖杯上的铭牌放大。上面刻着的竟是"亚军"。

一九七七年小小得克萨斯先生，亚军

在"主动适应"方面，母亲简直所向披靡，我拨通了她的电话，问道："妈，一直以来你都说我才是小小得克萨斯先生，原来我只是亚军？"她回答说："不对，赢冠军的那个孩子家里比咱们有钱，他们为了比赛专门给他买了一套高级的三件套礼服。这就是作弊。你才是小小得克萨斯先生。"

这之后，一九八二年，我参加了七年级诗歌比赛。投稿截止的前一晚，我把我的诗拿给母亲看。

"不错，再改改。"她说。

我回到自己的房间，开始写下一稿。

几个小时之后，我对自己的成果挺满意，于是又把诗拿给母亲看。

她读了读，什么也没说。

"所以呢，你觉得怎么样？"我问道。

她没有回话，而是把一本精装书翻到预先标好的一页，然后把书放在我面前，指着一段内容问我："你觉得这一首怎么样？"

如果我只想与你并肩而坐，

对你诉说心声……

你是否会侧耳倾听？[1]

这是安·阿什福德（Ann Ashford）的一首诗。

"我挺喜欢的，"我说，"怎么了？"

"那就写这一首吧。"母亲说。

"写这一首？你是什么意思？"

"这首诗你能看懂吗？"

"能是能，但是……"

"如果你喜欢这首诗，又能看懂，那这首诗就是你的了。"

"但是妈妈，这首诗不是我的呀，是安·阿什福德写的。"

"这首诗对你来说有意义吗？"

"有的，这是在说一个你爱的人只想坐下来跟你聊聊天。"

---

1 摘自安·阿什福德的儿童文学作品《如果我找到了一只忧伤的独角兽》。

"没错。所以如果你喜欢这首诗，能懂其中的意思，对你又有意义，那这首诗就是你的……写下来吧。"

"还要署我的名吗？"

"对呀。"

我便照做了。

就这样，我赢得了七年级的诗歌比赛。

我母亲小时候没受过什么教育，因为不喜欢自己的成长经历，为了生存，她便将过去抹去，重新构建起自己的成长经历。她一直相信，你所理解的东西就是属于你的，你可以署上自己的名，把功劳归于自己，以此为生，靠它赚钱，赢取奖牌荣誉。被控剽窃怎么办？她会说："怎么可能，他们或许永远也不会发现，就算发现了，他们能做的也就是批评批评你，然后把奖牌收回去而已，管他们干什么。"

很显然，早在演员成为我的职业之前，母亲就已经在为我做准备了。

又是一盏绿灯。

> 知真，见真，言真，
> 这些体验，是截然不同的。

母亲让我们领会了无畏的存在主义，而父亲则教我们学会了明辨是非的判断力。尊称他人"先生"和"女士"、纪律、忠诚、坚持、职业道德、谦逊、成人礼、尊重女性以及挣足够的钱来养家，这些都是他所重视的特质。他画画、学习芭蕾，曾效力于绿湾包装工橄榄球队，热爱孤注一掷，关注庞氏骗局[1]，喜欢赢得东西而不是花钱来买，还梦想着若能发一笔足够用到退休的"横财"，就在佛罗里达的海滩上开一家秋葵汤馆。

父亲将三个儿子"拆解揉碎"，为的是将我们塑造成人。父亲尊崇黄灯，确保我们在表达个人主义之前先学会做人的基本原则。用橄榄球术语来说，他教我们在充当外接手[2]之前，**先学会拦截和擒抱这些基本技能**。

对于父亲一家之长的地位，大家都心知肚明，如果三个儿子中有谁想要挑战这个观点，他就会说："想挑战，我随时奉陪。"我们都非常敬畏他。这不是因为他伤害或虐待过我们，而是因为他是我们的父亲。我们敬仰他。他的形象超越了法律和政府，他绝不容忍愚蠢之人，除非你承认自己就是那个蠢人。他乖戾暴躁，对弱者和无助之人抱有同情心，却用一种粗俗的诙谐看待世界和自己。他说："我宁愿开开心心地输钱，也不愿百无聊赖地赚钱。"他也是一个自尊心很强的人，如果有谁给他第二次机会，他会永生难忘。二十世纪八十年代末，有一位银行家拒绝

---

1 庞氏骗局是一种由投机商查尔斯·庞兹（Charles Ponzi）"发明"的欺诈性投资骗局，用从后期投资者那里获得的资金为早期投资者创造回报。

2 在美式橄榄球中，外接手是进攻球员，任务是接住四分卫扔出的球，有时会带球跑。

给他贷一笔款帮他摆脱债务，他说："现在你有两种选择，要么在我面前把这扇门关上，要么跟我一起从这扇门走出去。"最后他拿到了那笔贷款，两个人也并肩走出了大门。他喜欢办聚会、喝啤酒、讲故事，这三项，他都是一把好手。

Jim McConaughey

Already a veteran of two Bowl games, big Jim McConaughey wants to wind up his collegiate career by playing in just one more New Year's Day classic . . . A 210-pound, six-foot, two-inch senior end from Metairie, La., the 22-year-old youngster was a defensive starter on Bear Bryant's Kentucky club which lost to Santa Clara in the 1949 Orange Bowl . . . Picks last season's Salad Bowl game and the Texas Tech struggle as his most enjoyable experiences in football. "Our defense was working good in both of 'em," he grins . . . Jim started his athletic career at Metairie, played all sports there and was member of a nine-man track team which won the Louisiana state championship in 1947. He placed first in the low hurdles, second in high jump, joined with three other team mates to get seconds in the 880 and 440-yard relays and the football shuttle . . . He was a basketball center his sophomore and junior years, then "got too heavy for all those sports" . . .

JIM McCONAUGHEY

He went to Kentucky in 1948, where he was a freshman teammate of Babe Parilli . . . Jim married the beauty queen of Kentucky's freshman class of '49, making the lovely Kay his bride last Dec. 22 . . . "The Salad Bowl game was our wedding trip," he grinned . . .

A good dancer who likes "slow music," Jim says he "doesn't have time" for other hobbies or sports. But he does play an awful lot of defensive end for the Big Red and, due to his size, weight, experience and maneuverability, coaches are planning on using "The Bear" on offense, too, this trip.

His Number Is 88!

关于我的父亲——美式橄榄球运动员吉姆·麦康纳的报道

迈克是父亲的长子。相比于帕特和我，父亲在迈克的抚养上付出得更多。第一个原因是，迈克是他的第一个孩子。第二个原因是，到了后半生，父亲便由于工作而常常在路上奔波。迈克是一个自信、好斗、勤奋又有悟性的人，他拥有一颗嬉皮士的心，对世界上的弱者充满同情。他在压力之下也能保持镇静，拥有美洲獾一般的痛觉阈，遇到困难时，你第一个想要得到的就是他的力挺。"他死里逃生过好多次了，"母亲总是这么说他，"你和帕特还得多多求神保佑，但迈克命大得很。"

父亲和我们三兄弟

我们是在对《旧约全书》的敬畏中长大的，这是一个宗教气息很浓的家庭，但是，父母并非只会用地狱的酷刑来说教。绝非如此。在父母的管教中，也包含着耶稣仁慈的教诲。

上高中的时候，迈克开始蓄起长发。因为他头发太长，橄榄球队的教练吉姆·考德威尔（Jim Caldwell）命令他把头发剪短。父亲同意了，迈克却不愿服从。

第二天开车送迈克去上学的时候，父亲说："儿子，你看上去跟嬉皮士没两样，而且如果不剃你的头发，教练就要把你从队里踢出去了。"

"老爸，我不在乎，头发是我的，如果他想把我踢出球队，那就悉听尊便，反正我不剪头发。"

"儿子，听我的，别再倔了，快把你那该死的头发剪掉。"

迈克愤愤不平地说："不行，老爸，我就是不剪。"

"孩子，听我说——"

"而且，耶稣也留了长头发呢！"迈克脱口而出。

父亲沉默了。打宗教牌是个损招，迈克明白，这可能会让这次交涉对他有利。父亲还是一语不发，只管继续往前开。

两人快到学校门口时，迈克坚信自己的"耶稣"战术已经奏效，而就在这时，父亲却一踩油门飞速开过学校。

"怎么回事，爸，你在干什么呀？"迈克道。

父亲一声不吭地又往前开了十几公里。突然，他把车往路边一停，俯过身去打开副驾车门，把哥哥推到车外，说："是啊，别忘了，儿子，耶稣去哪儿都是靠步行的！"

那天，我哥哥上学迟到了，不只是因为父亲把他扔在了离学校十几公里的地方，还因为他在去学校的路上顺道去了趟理发店。

∞

父亲一开始在德士古加油站做经理，后来又去做管道运输工，然后到当地一家叫甘士科的公司担任管道销售员。他是个挺能干的管道销售员，还为迈克在那公司谋到了一份卖管道的工作。没过多久，我的哥哥就成了一位特能干的销售员。不到一年，二十二岁的迈克就成了公司的首席销售。老板让迈克负责公司最大的订单，对接一位名叫唐·诺尔斯（Don Knowles）的买家。父亲为迈克深感自豪，但不管怎样，老子还是老子，儿子还是儿子。

我们家房子后面的土巷旁边有一座老旧的木制谷仓，父亲将他以前拉管道时用的卸完货的十八轮大货车停在里面。那是一个星期六的晚上。

"儿子，今晚咱们在谷仓里喝点啤酒、扔会儿飞刀吧。"爸爸对迈克说。

"好嘞，老爸，日落时谷仓见。"

大约十点钟，好几瓶啤酒下肚之后，父亲终于走到迈克身边，说道："儿子，咱们像以前那样去卷管子吧，有阵子没这么干了。"

所谓"卷管子"，就是把卸空了的十八轮大货车开到别人码放管子的院子里，把别人的管子装上车，开车把管子偷走。父亲还在运管道的时候，他和迈克会选定几个周六晚上干这事儿。

"老爸，你想卷谁的管子？"

爸爸摆出挑衅的架势，对迈克说："唐·诺尔斯的。"

天啊，大事不妙。

"不行，老爸，这事儿我不能做。我刚接到唐·诺尔斯的单子，你知道的。"

"我当然知道。儿子，帮你在甘士科找到那份工作的人是我，要不是我，你也拿不到那个客户。所以，你该效忠于谁，儿子？是你老爸还是唐·诺尔斯？！"

"老爸，你知道这么说不公平。"

"小子，什么不公平？！你现在翅膀硬了，不能像以前那样跟你老爸一起去卷管子了是吗？是不是？臭小子，你现在出息了？！"

唉，凶多吉少。

"喂，老爸，别激动……"

父亲脱掉了他的衬衫。"别啊儿子，咱来看看你现在翅膀有多硬。你觉得你现在够爷们儿，连老爸的话都不用听了？想证明你爷们儿，先把你爸打趴下。"

"喂，老爸，我可不想——"

啪！父亲张开右掌，照着迈克的脸猛扇下去。迈克向后趔趄了一步，然后站直了，开始撸袖子。

"看来是非打不可了？"迈克说。

"对，非打不可了，来呀，臭小子。"

父亲身高一米九三，体重一百二十公斤，迈克一米七八，体重只有八十公斤。

一场恶战是免不了了。

父亲俯下身去，向前一步，一记右勾拳打在迈克的下巴上。

迈克摔倒在地。父亲朝他步步逼近。

躺在地上的迈克回过神来，看到身边的地上有一根一米五长的窄木条。

就在爸爸又发起一拳进攻的时候，迈克抓起那根木条，像挥棒球棍一般向父亲脑袋右侧抡去。

父亲趔趄着后退了几步，虽然被打得头晕目眩，但仍然没趴下。

"别闹了，爸！我不想跟你打架，我今晚也绝不会去偷唐·诺尔斯的管子！"

双耳流血的父亲转过身来，回敬迈克一记右勾拳。

"臭小子，你非去不可。"他一边说，一边伺机靠近躺在地上的迈克。

木条已经落到了远处，父亲又向他逼近，迈克从地上抓起一大把沙砾朝父亲的脸甩过去，眯住了他的双眼。

爸爸跌跌撞撞地后退，挣扎着想要摸清方向。

"够了，老爸！结束了！"

但父亲怎会善罢甘休。双眼看不见东西的他朝着迈克的声音传来的方向猛扑过去。迈克轻松避开了。

"够了，老爸！"

现在的父亲活像一头双目失明、双耳淌血、匍匐在地的熊，他又一次向迈克扑去。

"臭小子，你在哪儿呢？我那不愿跟他老子一起去卷唐·诺尔斯的管子的儿子在哪儿？"

迈克拾起那根一米五长的木条，做好迎战的准备。

"老爸，我告诉你，不打了。如果你再攻击我，我就拿这根木条把你敲晕过去。"父亲听得一清二楚，他站稳身体，一边扑向迈克一边说："尽管来吧，儿子。"

啪！木条打中了父亲的脑袋。

父亲被打得晕头转向，倒在地上，蜷缩成一团。

"糟了，爸？！"迈克大吃一惊，怀疑自己是不是失手把父亲打死了。

这下迈克带了哭腔，他跪倒在父亲身边，大喊道："该死！爸！

我不是告诉你别再惹我了嘛！"

父亲躺在那里，一动不动。

迈克在躺倒的父亲身边跪了快五分钟，泣不成声。

"我不想动手的，爸，是你逼我的。"

这时候，父亲恢复了神志，缓缓站起身来。

"对不起，爸！"迈克哭喊道，"对不起！"

父亲站直了身体，抹去脸上的沙砾。惊惶的迈克一边哭，一边为可能来临的下一轮恶战做着准备。视线恢复清晰的父亲，将目光集中在刚刚把他打晕的这位年轻人身上，这就是他的长子。

这场战斗落下了帷幕，泪水也从父亲的脸上滚落。但这是骄傲和欣慰的泪水。父亲张开双臂走向迈克，给了他一个深情的熊抱，对着他大声宣布："这才是我的儿子，这才是我的儿子。"

从那天起，迈克便与父亲平起平坐，父亲也平等地对待他。父亲再未向迈克提出挑战，无论是身体上、道德上还是理念上。两个人成了最好的哥们儿。

你看，成人礼对于我父亲而言有着重要的意义，如果你觉得自己翅膀硬了，足以和他较量，就得证明给他看。迈克就是这么做的。

TO LOSE THE POWER OF CONFRONTATION IS TO LOSE THE POWER OF UNITY

失去了对抗的力量，也就失去了团结的力量。

下一个有幸领略父亲培养男人的方法的，是帕特。过去的四十年中，"公鸡"大哥在得克萨斯西部经营着他的石油生意，我在好莱坞全力打拼，帕特则一直全心全意忠于家庭，也总是陪在母亲身边。在成长的过程中，他照顾我、支持我，让我跟他的朋友一起玩，带我接触摇滚乐，教我打高尔夫、开车、和女孩约会，还给我买了人生中的第一瓶啤酒。

帕特是我的英雄。他的英雄是埃维尔·克尼维尔（Evel Knievel）[1]。

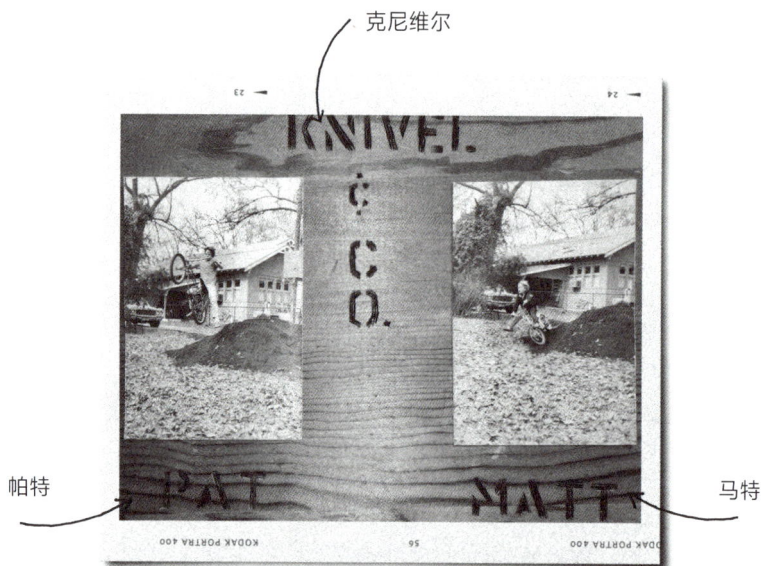

帕特与马特的童年"飙车"照

---

1 埃维尔·克尼维尔，原名罗伯特·克雷格·克尼维尔，美国特技明星和艺人，以驾驶摩托车飞越障碍物闻名。

帕特的成人礼发生在一九六九年早春一个周五的晚上，也是我"奇迹般"降生人世的八个月前。那天，父亲和几个朋友在弗雷德·史密瑟（Fred Smither）离家几小时车程的狩猎营地小聚。晚间的娱乐"节目"，已经发展到谁能尿得够高，高到滋过别人头顶的环节。

每个男人从矮到高在谷仓墙边排好，在头顶处画上标记，然后其他人便尝试着看看谁能不踮脚把尿撒到标记的上方。唯一一个能把尿滋到一米九三的父亲曾是这个游戏的赢家，而这也是他在自己头上做出的标记的高度。奖品是什么？那就是尽情自夸的权利。

但是那天晚上，父亲不是谷仓里最高的人，身高两米的弗雷德·史密瑟才是。尽管父亲以前赢过比赛，但他还是要挑战一下能不能把尿滋过弗雷德的头顶。弗雷德站起身来，在墙上做好标记。

"加油，大个儿吉姆！你能行！"父亲的朋友们为他鼓劲儿。父亲又灌了一瓶啤酒，向后仰身，把尿喷射出去。

不行，一米九三是他能喷到的最高点了。

"我就知道，大个儿吉姆，我就知道你尿不到我的头上，没人能做到！"弗雷德·史密瑟大喊道。

父亲立刻反唇相讥："我儿子可以。"

"吹牛吧，吉姆，不管你儿子还是其他什么人，都休想尿过我的头顶。"弗雷德讥笑道。

"他要不能才见鬼了。你想赌什么？"

"你想赌什么？"

父亲瞥见谷仓角落的干草垛上靠着一辆旧的本田 XR-80 越野摩托车。要知道，帕特一整年都在央求得到一辆越野摩托车作为圣诞礼物，但是父亲明白，无论是新是旧，他都买不起。

"弗雷德，我跟你赌那边那辆旧越野摩托车，赌我家儿子能把尿撒过你头顶。"

这个提议惹得大家哄堂大笑。弗雷德看了看那辆越野摩托车，然后把目光移回父亲身上，说："成交，如果他做不到，你欠我二百美元。"

"我手头可拿不出二百美元，弗雷德，但如果我儿子尿不到你头顶上，那你就留着我的皮卡吧。"父亲说道。

"成交。"弗雷德回答。

"说定了。日出前我就带着我儿子回来，你们可别回去睡觉。"

说完，父亲跳上他那辆破旧的皮卡，开了一百八十公里，回到我们在尤瓦尔迪的家接帕特。

"起床，小子，起床。"父亲一边说，一边把他从睡梦中摇醒，"穿上外套和鞋子，我们得去个地方。"八岁大的帕特下了床，穿上一双网球鞋，套了件外套遮住白色三角内裤，往卫生间走去。

"不，不，不，儿子，你得把尿憋着。"爸爸说着，就把帕特推出了门。

父亲驱车一百八十公里把帕特带回弗雷德·史密瑟的狩猎营地，又让他在路上喝了两杯啤酒。两人终于在凌晨四点四十分赶到营地，那时，帕特的膀胱已经攒足了劲儿。

"爸爸，我真的马上要尿出来了。"

"我知道，我知道，儿子，再憋几分钟就行。"

父亲和蹬着网球鞋、身穿外套和白色三角内裤的帕特走进谷仓。大家已经消停了下来，但都还醒着。弗雷德·史密瑟也是。

"兄弟们，这是我儿子帕特，他就要往弗雷德头顶上撒尿啦！"

大家又一次哄堂大笑。游戏开始。

弗雷德慢悠悠地晃到撒尿的墙边，站直身体，用粉笔在头顶新画了一条线，整整两米高，一点不差。

"这是在干什么呢，爸爸？"帕特问。

"你看到弗雷德叔叔刚才画下的那条标记了吗？"

"看到了，爸爸。"

"你觉得你能尿过那条线吗？"

"当然没问题。"帕特说完，把他的白色三角裤脱到膝盖下，双手扶好小弟弟，瞄准标记，让尿飞射出去。

帕特尿到的地方，比弗雷德·史密瑟画的两米线还要高出六十厘米。

"我儿子真是好样的！我就说嘛，我儿子能尿过弗雷德的头顶！"父亲急匆匆地跑到谷仓的角落，抓起那辆本田 XR-80 推到帕特面前。

"圣诞快乐，儿子！"

然后，他们就把越野摩托车放到父亲的皮卡后车厢，跳上车，又开了一百八十公里回到家，正好赶上吃早饭。

⚬⚬

十四年后，帕特成为密西西比三角洲"政治家"高尔夫球队的头号高尔夫球手。帕特是一名零差点球员[1]，被称为"得克萨斯种马"。他在阿肯色州野猪队主场的美国东南联盟锦标赛上赢得"低杆冠军"。教练在回家的巴士上宣布了球队开会的消息："明天早上八点整，来我

---

1 零差点球员（Scratch Golfer），是指打球水平达到具有美国业余锦标赛比杆赛参赛资格球员标准的业余球员。

家开会。"

第二天早上，教练把队员们召集到家里的客厅中，说："我怀疑昨天比赛前，我们队的几名队员在小石城的城市公园里抽大麻。现在，我们要找出把大麻从密西西比三角洲带到小石城的人是谁，还有吸大麻的人是谁。"

他发话时，双眼盯着帕特。

被父亲带大的帕特明白，说出真相能救人于水火，于是他站了出来。

"教练，是我。大麻是我带的，吸大麻的也是我。"

帕特独自一人站在那里。虽然那天早晨有三名队友跟他一起在小石城抽过大麻烟卷，但没有人站出来，也没有人说一句话。

"还有其他人吗？"教练问。

没有一点动静。

"我明天告诉你我的决定。"教练说。

"散会。"

第二天早晨，教练来到帕特的宿舍。

"我要把这事儿告诉你父亲，你下个学期暂时不能打高尔夫球了。"

帕特深吸了一口气。"教练，帮帮忙吧，我都跟您承认错误了……再说了，我是球队里最好的球手呀。"

"跟这个没关系，"教练说，"你违反了关于毒品的队规。你的队员资格被暂时撤销了，我得把这事儿告诉你父亲。"

"这样吧，教练，"帕特说，"你可以撤销我的队员资格，但你无论如何也不能告诉我爸。你不明白，如果我酒驾，你可以打电话跟他讲。但是要让他知道我抽大麻，他非杀了我不可。"帕特在十八九岁时吸食大麻被发现过两次，在接受过父亲的严加管教，并了解到父亲对大麻的深恶痛绝之后，他下定决心，绝不会有第三次。

"但是，这是你和他之间的事。"教练没有让步。

帕特深深吸了口气："好吧，教练，咱们出去兜兜风吧。"

两人坐进帕特的81版雪佛兰Z28，驱车前往密西西比三角洲。沉默了大约十分钟后，帕特终于开口了："教练，让我把话说清楚。你可以暂时撤销我的队员资格，但如果你打电话给我爸……我就宰了你。"

帕特的队员资格被暂时撤销。

大麻一事，父亲到最后也没有发现。

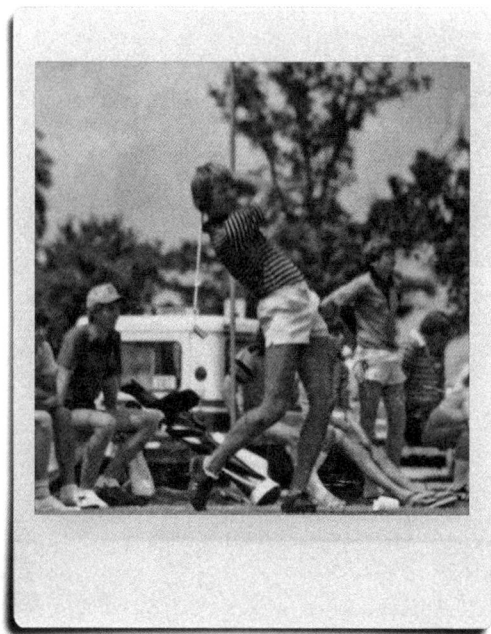

帕特在球场上

CONSERVATIVE eARLy
先保守，后自由
Liberal lATE

创造属于你的框架，你才能拥有自由。
打造属于你的气候，你才能迎风招展。
计划好自己的方向，你才能在车道上急转。
净心明志，你才能纵身尘世。

先精心编排，再翩翩起舞。

先学会读书写字，再创造自己的理念。
在纵身一跃之前，先看看池中是否有水。
学会航海，再学飞行。
先发轫，再起步。
努力工作，你才有资格在星期六享受。

在任何新事业的初期，我们都需要察明纪律、寻求指导、了解环境和认清责任。这是自我牺牲的时机，是学习、观察、多加留心的时机。
只有对领域、技术、人员和方案有所了解，我们才能彰显自己的独具一格，放手去创造。

创意需要设限。
个性需要阻力。
地球需要重力。

我在前文提过，我是个计划外的"惊喜"——母亲时至今日仍然认为我是一场意外——而父亲总是半开玩笑地对她说："凯蒂，那不是我的儿子，是你的儿子。"在我的成长过程中，父亲经常在外奔波赚钱养家，因此我大部分时间都是和母亲一起度过的。说我是"妈宝"，这话没错。对于好不容易能跟父亲相处的时光，我总寸阴是惜。

我渴望也需要得到他的认可，而他有时也的确会满足我。而其他时候，他却会以别出心裁的方式颠覆我的三观。

The best way to teach is the way that is most understood.

最易理解的教育方法才是最好的方法。

小的时候，我最喜欢的电视节目就是卢·费里基诺（Lou Ferrigno）主演的《绿巨人》。

我惊叹于他健美的肌肉，甚至会在电视机前脱下衬衫，弯曲手臂，高举拳头，努力模仿健美运动员展示肱二头肌的样子。

一天晚上，父亲看到我的样子，问道："你在干什么呢，儿子？"

"爸爸，总有一天，我也要练成那样的肌肉。"我一边说一边指着电视机的屏幕，"我要有像棒球那么大的肱二头肌！"

父亲被我逗笑了，然后脱下他的衬衣，站在电视机前模仿我的动作，说："没错，大块头的肱二头肌是能引得女孩尖叫，看上去也很帅，但是电视机上这哥们儿肌肉太僵硬，连把手伸到背后擦屁股都够不着……要说他的肱二头肌嘛，只是作秀罢了。"然后，他慢慢将双臂在身前放下，手掌朝下伸直胳膊并扭向内侧，展示出他那硕大的肱三头肌。

"但儿子，这肱三头肌嘛，"他一边说，一边用鼻子示意上臂后侧鼓出的肌肉，"这才是工作用的肌肉，这才是让咱们有饭充饥、有房子落脚的肌肉。这些肱三头肌，才是养家的真本事。"在父亲眼里，无论何时，仓库都比展厅更重要。

◉◉

一九七九年的夏天，父亲带着母亲、帕特和我从得克萨斯的尤瓦尔迪（有一万两千人口）搬到了朗维尤（有七万六千人口），这是一座位于得克萨斯东部的全国发展最快的石油城。尤瓦尔迪教会了我如何脚踏实地，而朗维尤则教会了我如何畅想未来。

和其他人一样，我们搬家也是为了赚钱。爸爸还在做管道销售的工作，朗维尤是个可以靠钻探生意发家致富的地方。来到这儿不久，帕特就去参加高尔夫夏令营，而母亲则到佛罗里达州纳瓦拉海滩的一所海滨别墅享受"长假"。二十五六岁时就成为百万富翁的"公鸡"大哥搬到了得克萨斯的米德兰，因此，只剩父亲和我一起住在城郊一幢双宽度的预制房[1]里。

父亲的双手可以伤人，但也能用来疗愈。母亲偏头痛的时候，没有

---

1 也称活动房，工厂先将房子造出，再到指定地点固定，价格较为低廉。

哪种止痛药能比父亲用他的双手帮她按摩头部更有立竿见影的效果。无论受伤的是胳膊还是心灵，父亲的双手和拥抱都有治愈的奇效，尤其是当对象是弱者或无力自助之人的时候。

那年夏天，在预制房里与父亲和我同住的，还有一只叫作"好运"的宠物鸡尾鹦鹉。父亲很爱这只小鸟，这只小鸟也很爱父亲。他每天早上都会打开鸟笼，让它在房间里飞来飞去，它则在父亲四处走动时栖息在他肩上，也会落在他的前臂享受他的爱抚。父亲会跟好运说话，好运也会与他交谈。

我们只会在晚上才把好运放回笼子睡觉。其他的时间，好运从早到晚都在屋子里度过。唯一要注意的是，在进出门的时候需要多加小心，以免好运飞出去。

七月的一个傍晚，我在乡间徒步探索了一整天后回到家里，而父亲也正好下班回家。我们走进屋里的时候，好运并没有像往常一样迎接父亲。我们把屋里找了个遍，哪里都没有好运的踪影。糟糕，我心想，是不是我早晨出门的时候不小心把它放出去了？还是今天家里没人的时候有谁进来了？

几秒钟之后，我听到父亲在后屋大喊："天哪，天哪。好运，你可别出事儿！"

我跑到后屋，看到父亲双腿跪地趴在马桶上，而好运则打着圈漂浮在马桶底部。泪水顺着父亲的脸颊流下，他把双手伸进马桶，轻轻把好运捧了出来。"哦不，好运，你可千万别出事儿。"他悲痛地呜咽着。好运已经没了呼吸，浑身湿透，一动不动。它一定是不小心掉进了马桶里，在想飞出来的时候卡在了马桶座的边沿下。

父亲仍在抽泣，他将好运湿软而毫无生气的身体凑近自己的脸，仔细查看它低垂的脑袋。然后，他张大嘴巴，缓缓将好运放进去，直到外面只剩下它的下半部分翅膀和尾羽。父亲开始口对口给好运做人工呼吸。他只通过鼻子呼吸，以保持气流均匀地进入它的肺部，他确保自己的呼吸缓慢克制，希望能唤醒它又不至于把它娇小的肺给撑破。他就那样跪在地上，靠着马桶，双手托着那只名叫好运的鸡尾鹦鹉的下半身，将它上半身含在口中，通过呼气向它体内施加恰到好处的压力。呼气，一⋯⋯ 二⋯⋯三。他的眼泪将那只已然湿透的小鸟再次浸湿。再呼气，四⋯⋯五⋯⋯一根羽毛颤抖了一下⋯⋯六⋯⋯七⋯⋯一只翅膀的翅尖拍动了。八⋯⋯父亲将双手轻轻松开了一些，双唇的压力也减少了些许。九⋯⋯另一只翅膀也勉力拍打起来。父亲稍稍张开了嘴。十⋯⋯就在这时，我们听到一声微弱的鸟鸣从父亲的嘴里传出。父亲痛苦的泪水终于化为喜悦的泪水，他轻轻将好运的身体和头部从嘴里取出。好运将马桶水和唾液从脑袋上晃掉。父亲与好运四目相对，深深凝视着彼此。刚刚还在鬼门关的它，竟然活了过来。在这之后，好运又活了八年。

天赐的好运

运气女神是福尔图娜，
福尔图娜是命运女神摩伊赖的姐妹[1]，
命运便是上天的旨意，
而神的旨意即上天的安排。
因此要我说，
如果你相信运气，你就相信这是上天赐予你的。

1 此处对应的是希腊神话诸神的关系。

◎◎

那年夏天，父亲每天都在工作，而我则在广袤无垠的得克萨斯松林区探险，赤着双脚，光着膀子，腰上系一张麂皮，手中拿着我的雏菊牌气枪。来自尤瓦尔迪的我，从未见过这样的树。成千上万的参天松树直插云霄。在这些黄松之中，有一棵枞树尤其让我叹为观止，树干直径有一米八，树冠高耸入云。

一天傍晚，我带着气枪在离家八百米远的地方追赶一只松鼠，途中遇到一道大约三米高的篱笆，篱笆被藤条和蔓生植物紧紧缠绕，挂着几张褪了色的"禁止入内"的标牌。我蹲下身子，拨开一些树叶，透过缝隙朝外看去，发现另一边是一个木材厂。几个工人戴着安全帽，几辆叉车正在作业，长木条、方木板、胶合板堆积如山。我心想，**太棒了。建一座树屋正合适。**

至于树，我心中早已选定。我一直待在那里，直到工人们把叉车熄火，收好东西，结束一天的工作。时间差不多是下午六点。我跑回家，心中拟好了一个计划，一个不能向父亲透露的计划，一个我要在接下来三个月的假期中实施的计划。

第二天早上吃完早餐，父亲像往常一样在六点半出门上班。他一离开，我就走到家里的工具箱旁，找到我要找的东西——一把钢丝钳。我围上麂皮，抓起雏菊气枪，把鞋子留在壁橱里，然后跑出去勘察我的"地盘"。

这计划该怎么实施呢？我心里寻思，木材厂一整天都有人作业，所以我得到晚上才能来。如果我被木材厂的人发现，该怎么办？如果我晚上偷偷溜出去却被父亲发现了，该怎么办？如果他发现我在离家八百米远的木材厂偷木材，又该怎么办？我心里既紧张又兴奋。

那天晚上，我吃完晚饭，像往常一样看完《绿巨人》，和父亲道了晚安。我躺在床上，盘算着该等多久再从卧室的双开窗溜出去。我能听到父亲还在他居住的那一头走来走去，因此我就等着，直到听到床铺发出极微弱的声响，又过了至少一个小时，我才开始行动。我蹑手蹑脚地慢慢下床，在腰间围上麂皮，将鞋子留在壁橱里，抓起雏菊气枪、一把小手电筒和钢丝钳。我把这些东西小心翼翼地从窗户扔到下面的草坪上，然后悄悄从窗户翻出，直奔我的秘密仓库。

当时大约凌晨一点。我估摸着自己应该在五点前回家躺到床上，因此还有几个小时可以干活。院子里非常安静。我向篱笆那边扔了几块石头，试试有没有看门狗，结果什么动静也没有。我拨开一些藤条和灌木，然后用下巴和胸口夹着手电筒，双手拿着钢丝钳，从第一个链节开始剪起。咔！我使上双手全部的力气，才把第一个链节绞断。咔，咔，咔，咔！我清出了一个大约一米八长、三米高的空间——这样的宽度足以把胶合板运出去，又不至于被人发现。但愿吧。

肾上腺素飙升的我仰面躺下，从篱笆下面扭身挪进别人的私人领地。我向那堆方木板走去，拿下一块，拖到篱笆开口处。我尽可能把木板往外推，然后从篱笆底下钻到另一边，将木板拉出来，拖着它往树林深处走了几百米，放到那棵大枞树的底部，然后再跑回去，准备偷下一块。把第二块木板拉到树旁的时候，时间已到凌晨四点半，因此我跑回篱笆旁，用灌木和藤蔓把剪出的洞口盖上，跑回了家。我从窗口偷偷钻回屋里，把气枪和手电筒放回架子上，又将钢丝钳塞到我的床垫下，钻进被窝，一觉睡到父亲六点把我叫醒做早餐。

这种情况一直持续了一个多月。由于晚上几乎不能睡觉，到了白天，我便在那棵枞树下被我越堆越高的木材旁边打盹儿，到了晚上则赶回家吃饭，如此日复一日。每天晚上我都会重复这个流程，直到集齐了足够建造世界上最大最高的树屋所需的长木条、方木板和胶合板。

我的计划中最危险的任务已经完成，暑假还剩下两个月的时间，是时候开始建造树屋了。除此之外，我还从木材厂偷了大约四十根一点八毫米的钢制枪钉，还从家里的工具箱里偷出了一把锤子和一把六十六厘米长的手锯。万事俱备，只欠日光。

在接下来的两个月里，每周七天，我都会六点起床，七点前出门建造树屋，一直忙活到天黑。我光着上身，赤着双脚，腰里围着麂皮，将两排固定在纸上的钢钉搭过肩膀，交叉放在胸前，扮相如印第安科曼奇人（Comanche Indian）[1] 和潘乔·比利亚（Pancho Villa）[2] 的混合体。我手拿锤子，埋头苦干，从底层开始，逐层向上建造。我在树干旁每一层的地板上都凿开一个大约六十厘米见方的洞，将作为梯蹬的长木条钉上去，以便在每一层之间上下。我还架设了一个滑轮系统，每建一层就往上抬高。每天早晨我都会打包好午餐，带到属于我自己的建筑工地，把棕色纸包挂在凹槽处，然后爬到最高的楼层，将三明治拉上来，在午餐休息时吃。

我的树屋在六个星期后竣工，共有十三层高。

第十三层离地面足有三十米高。在那里，我能一直眺望到二十四公里外的朗维尤市中心。接下来的两个星期，我每天都在这座位于"世

1 曾经是美国印第安人中最强大的一族，18～19 世纪北美南部大平原的一支主要部落。
2 墨西哥革命将领，20 世纪墨西哥革命中最杰出的人物之一。

界之巅"的树屋里度过，将棕色午餐袋拉上来，在这里神游天际。我敢说我能在地平线上看到地球的弧度，我也终于理解了朗维尤市名字的出处[1]。

那是我人生中最幸福的夏天。

又是一盏绿灯。

九月来临，我不得不回学校上学。母亲从佛罗里达回来，我们很快就搬到了城市另一头的一个社区。从那以后，我再也没有见过那座树屋。

我常常纳闷，不知那座树屋今天还在不在老地方。在拍摄电影《污泥》的时候，我又想起了树屋。我的树屋就是剧中孩子们"树上的船"。是一个秘密，一个谜，一个充满危险、奇幻和梦想的地方。如果这部电影在一九七九年上映，父亲肯定会找到我说："嘿，儿子，我看了一部叫《污泥》的片子，咱们可得一起看看，这片子拍得真不赖。"然后，我可能会这样回答："爸，我在树林里建了一座树屋，得带着你去看看，这树屋盖得真不赖。"

哦，对了，那年母亲去佛罗里达度的"长假"怎么样呢？直到二十年后我才知道，她当时其实根本没去度什么假，而是正和父亲闹第二次离婚呢。

IT'S NOT VANITY, IT'S COMMERCE. (UNTIL IT'S VANITY AGAIN?)

这不是虚荣自负，而是商业手段。（但虚荣心难免会再次来袭？）

1 朗维尤的英文名为"Longview"，直译过来就是"远景城"的意思。

◎◎

高中的时候，我们一家还住在朗维尤另一头的房子里。母亲刚刚开始销售一种叫作"貂油膏"的产品，她会带着这种面部护肤品挨家挨户地推销。这种护肤品被人吹捧成一种开创性的护肤疗法，可以"将你皮肤中所有的杂质清除出去"，还鼓吹"使用丝滑的貂油膏滋润面部肌肤，你将收获终生清透耀眼的容颜"。

就在这一时期，我开始进入青春期——大家都知道，就是男性特征开始显现，声音也变得低沉……偶尔还会有青春痘造访。有一天，母亲看着我的脸，说："你该抹抹貂油膏！"

我喜欢自我欣赏，也总想展现自己最好的一面，于是听了母亲的话，每天晚上睡觉前都往脸上擦貂油。结果我脸上的青春痘却越来越多。

母亲说："这一定是貂油膏把杂质都清除出来了！"

我又一次听信了她的话，继续每天晚上往脸上大把大把地涂貂油膏。

一周过去了，青春痘更加肆无忌惮。

十二天过后，我的脸上已经长满了青春痘。"妈，你确定我继续用这个没问题吗？"我问道。

"当然没问题，但我还是打电话给我的老板伊莱恩（Elaine），让她过来看看，以防万一。"

伊莱恩来到我家，看了一眼我那满是青春痘的肿脸。

"天啊！"她尖叫起来，"没错，面霜正在起效果呢，把你脸上所有的杂质都清出来了！老天爷呀，马修，你脸上的杂质可真够多的！只要每天晚上坚持用貂油膏，最终你皮肤中的所有杂质都会被清除出去，这样一来，你就能终生拥有清透而耀眼的容颜啦。"

好吧，这答案我可真没想到。听起来我只需要挺过难关就行。于是，我继续坚持使用。

三周过去了，我的整个脸颊都肿了起来，满是红色的脓包、巨大的白头粉刺和间歇"喷发"脓液的水疱。我看起来面目全非。我不顾母亲的劝告，铁了心去看皮肤科医生。哈斯金斯医生看了看我的脸，问道："我的天哪，马修，这也太离谱了……你脸上的毛孔被堵住了，油脂封闭在里面，完全没有呼吸的空间。你往脸上涂什么了？"

我拿出一瓶貂油膏。他仔细看了看标签："这个产品你用了多久了，马修？"

"二十一天。"

"哦，上帝呀，不，不，不！这是给四十岁以上的人用的，你现在才十几岁，正在青春期，皮肤分泌的油脂增多，这种面霜绝对不适合你用。马修，你的毛孔被堵得严严实实的，已经患上严重的结节性痤疮了。再多用十天，你的脸颊上就会留下冰锥形的痘坑，一辈子也去不掉了。我给你开一种叫异维 A 酸的药片。但愿我们挽回得够及时，异维 A 酸能拔干你的皮肤，让你在一年时间里摆脱痤疮。幸运的话，不会留下永久性的疤痕。"

"什么，貂油膏原来根本没用呀！是不是，马修？"母亲一脸无辜地宣布。

"没错，妈妈……根本没用。"

我立马把貂油膏停掉，开始服用异维 A 酸，而这种药本身也有一系列的副作用。几周之后，我的皮肤开始发干，脸上的皮肤结痂剥落，嘴唇干裂流血，双膝患上关节炎，脑袋胀痛，头发脱落，我出现了超敏反应，看上去活像一颗肿胀的李子。即便如此，为了摆脱貂油膏诱发的青春痘，我对这些副作用甘之如饴。

但是，故事并没有在此收尾。在麦康纳家，这是绝不可能的。父亲嗅到了一个机会。

"我们去起诉他们！该死的貂油膏公司！就这么做。我们要起诉他们，顺便捞一笔。拜托，儿子，看看你的惨样，他们根本不该让你用那个面霜，还有那个叫伊莱恩的女士，她也不该让你妈把这东西给你用！我敢说，我们赢定了。"

爸爸带我去见了他的律师杰瑞·哈里斯（Jerry Harris），他正值中年，英俊博学，潇洒自信的举止让人觉得他应该来自达拉斯，而不是朗维尤。

"一点儿没错，我们赢定了。"杰瑞说，"这种面霜绝不该给青少年使用，药瓶上也没有任何关于潜在危害的免责声明或警告，而且我敢打赌，除了你所经历的所有身体上的痛苦之外……"

杰瑞和父亲对我展开了"围攻"。

"你也感觉自己精神受到了极大的伤害，对吗，马修？"

"嗯……对。"

杰瑞取出一台卡式录音机，按下红色录音键。

"对，什么对？"他问道。

"我……现在，我的情绪非常低落。"

"为什么？"他一边点头一边问。

"因为……我现在脸上长了很多的青春痘，但我在使用这种貂油膏之前从没这样过。"

"说得没错，"杰瑞说，"这种挫折对你的信心有影响吗？"

"有，先生。"

"都有什么影响？"

"降低了我的自信心。"

"很好。这件事有没有影响到你和女孩子们的关系？"

"怎么说呢，长痘痘之前，我很受女孩们的欢迎，但现在，我不如以前那么吃香了。"

"说得真好。"杰瑞说着，停止了录音。

"我们赢定了，吉姆。情绪低落可以作为起诉的有力证据，而且老天哪，看看他那副惨样，脸都肿起来了，简直不成人样。我觉得，我们这一笔能获得三万五到五万美元的补偿。"

父亲的脸上展露出一个美国西部片里的枪手般的歪嘴笑。他跟杰瑞热烈地握手，又拍了拍我的背以示赞许。

"干得漂亮，孩子，干得漂亮。"

众所周知，诉讼需要一段时间。使用貂油膏两年过后，我的痤疮早就不见了踪影，脸上没有一个青春痘，所有副作用也都消失不见，异维 A 酸果然起了效果。就在这时，我被传唤到貂油膏公司的辩护律师那里录口供。桌上放着一台录音机，红色按钮已被按下。

"马修，你好吗，年轻人？"

"我比之前好点了，谢谢关心。"

"马修，让你承受这一切，我真的很抱歉，这段时间里，你的情绪一定非常低落吧？"

我简直不敢相信自己的耳朵。对方的辩护律师竟然挑给我一记高球，而我早已做好准备，誓要挥棒把球狠狠杀出局。

"哦，是的，先生。我这段时间情绪的确非常低落。想想看吧，我看上去跟象人没什么两样，头皮干燥，头发脱落，膝盖和后背疼痛，脸上不停掉皮，我的信心荡然无存，也不受女孩子的待见。我觉得，貂油膏可以说给我留下了一道一生都抹不去的疤痕。"

"唉，听上去就让人心疼，年轻人。你过去和现在仍在背负的痛苦，肯定是我无法想象的。"

我赶紧添油加醋："没错，先生，您说得没错。"

他盯着我看了一会儿，嘴角微微展开一丝柴郡猫似的笑容，他把手伸向桌下，拿出一本高中毕业纪念册——那正是我的高中毕业纪念册——年份是一九八八年，也就是当年。

他慢慢翻开册子，翻到做好标记的一页，把册子掉转过来对着我，推到我的面前。然后，他从桌子对面伸出胳膊，用一根手指点着其中一张照片问我："这是你吗？"

的确是我。那是我和卡米萨·斯普林斯（Camissa Springs）的合影。我们胸前都披着一条绶带，从肩膀搭到胯部。她的绶带上印着"最美学生"，我的绶带上则印着"最帅学生"。

糟糕。在那一刹那，我便意识到我们的案子输定了。我被他吃住了。

"你不是说这伤疤一生都抹不去吗……你不是说情绪低落到了谷底吗？"他脸上的奸笑越来越明显。

我的预感没错，我们被摆了一道。起诉撤销。我们输得一败涂地。

父亲简直悔青了肠子，一连几周都在念叨这件事，不停地抱怨："真该死，儿子！你爸我好不容易碰上一个我们本应该获胜的官司，赚他个三万五到五万美元！你却非要去参加什么'最帅学生'评选！儿子呀，整个官司都被你给搞砸了！你小子真是成事不足，败事有余！"

Most Beautiful is Camissa Springs and Most Handsome is Matthew McConaughey.

最美学生是卡米萨·斯普林斯，最帅学生是马修·麦康纳。

There's bullshitters and there's liars.
Difference is, the liar tries
to hide his bullshit while the
bullshitter lets you know he's lying.
That's why I like bullshitters
more than liars.

这世界上，有些人是大话王，有些人是骗子。
二者的不同在于，骗子试图掩盖自己的鬼话连篇，
但大话王却大方地让你知道自己在扯谎。
正因如此，相比于骗子，我还是更喜欢大话王。

几个月过去了，母亲到纳瓦拉海滩去度她的第二次"长假"（两人没有再离婚，而是暂时分开一段时间），家里又只剩下父亲和我了，只是这次我们不再住在预制房里，而是搬进了我们的三居室中。一天，我赶在午夜宵禁之前回到家。没想到，父亲还没睡觉，正在和谁打电话。

"好的，费尔克先生，他刚进家。让我问问他。"走进他的卧室时，我听见他说。卧室的灯开着，他穿着内裤坐在床边。他把听筒从耳边拿下来，用脖子和肩膀夹住。

"儿子，你今晚做什么了？"

我早该意识到自己会被逮个正着，却还妄想蒙骗教会我蒙骗技巧的"老师"。

"呃，没做什么，我和巴德·费尔克（Bud Felker）去了必胜客，然后他开车把我送回来了。"我说。

"你付比萨的钱了吗，儿子？"

比犯错被抓更严重的，就是隐瞒犯错的事实。他给了我第二次坦白的机会，让我免遭惩罚。我的本能告诉我，自己的所作所为已被父亲发现，但我并没有承认错误，而是继续拼命在他面前卑躬屈膝、闪烁其词。

"嗯，爸，我觉得我应该付了……我是说，我是在巴德之前上的车，我想他应该把钱给付了吧。"

我这是在自掘坟墓，我陷得太深，已经爬不出来了。

爸爸深吸了一口气，迟疑地眨了眨眼睛，表情一瞬间显得心烦意乱，然后，他把听筒重新拿回到耳边。

"费尔克先生，谢谢您告诉我，我儿子这边我来处理。"话落，他将听筒放回听筒架上。

我开始涔涔冒汗。

爸爸平静地把双手放在膝盖上，仰起下巴看着我的眼睛，这时我看到他的白齿紧紧咬在了一起。

"我再问你一次，儿子，你是有意偷比萨的吗？"

我只需回答一句："是的，爸爸，我是有意的。"这样一来，他只会训斥我坏事做得不够缜密，被人捉了个正着，然后因被人抓住这事儿拿皮带抽我几下屁股。但是，我偏偏没有这么做。

我瞪大了眼睛，牛仔裤的裆部渗出了一片二十五美分硬币大小的尿渍，我结结巴巴地回答："不是的，爸爸，我——我说过了……"

啪！父亲从床上一跃而下，右手握拳狠狠打在我脸上，让我那卑微的恳求戛然而止。我跌倒在地，与其说是因为吃了拳头，不如说是因为我那两条因胆怯、惊恐而积满了乳酸的腿颤颤巍巍，站不住了。

我这是罪有应得、咎由自取、自作自受、作茧自缚、自取其祸。这惩罚，是我应得的。

我对父亲撒了谎，这伤透了他的心。

对他来说，偷比萨不是什么大事，在此之前，他偷过很多比萨，日后也没有"金盆洗手"。我只要承认，就万事大吉了。但是，我没有这样做。

现在，就像哥哥迈克一样，我也因震惊和恐惧而双膝一软，跪倒在地，但我们的原因不同，我的颤抖是出于羞愧。与谷仓里的他不同，我卑鄙、怯懦，是个小人，是个胆小鬼。

"这不是我的儿子，凯蒂，是你的。"这就是我脑中唯一浮现的声音。这时，他已然来到我的面前。

"必胜客的服务员认出了巴德，她查了他的电话，打到他家，让他爸爸叫他把比萨钱拿来，既往不咎。巴德跟他爸说，偷比萨是他的主意，你只是帮他打了个掩护。但是儿子啊，你竟然对我撒了谎，说你不知道。"

他只想让我像个男人一样挺起胸膛，承认自己犯了错误，看着他的眼睛，然后，这件事就可以一笔勾销了，但是，我没有这样做。

我畏缩着含糊其词，父亲低头看着我，我嘤嘤抽泣。牛仔裤上的尿渍现在已经扩散到了腿部。

因为我的没骨气而更加怒火中烧的父亲，像一头熊一样四肢跪地趴在我的面前，奚落道："来吧，我让你出四次拳，抵我的一拳。你可以照着我嘴巴用狠劲打四下，我再回你一拳！"

瘫软在地、木然无措的我并没有接受他的挑战。一想到要对父亲施拳，我的双手就像纸浆一样无力；一想到父亲还要还我一拳，我的脑子便一片空白。

"为什么？！为什么不敢？！"他怒吼道。

我无言以对，只是颤抖着用膝盖支撑身体，爬到离我最近的一个角落躲了起来，直到他终于站起身来对着我摇头，思忖着自己做错了哪一步，竟养出这样一个懦夫儿子。

当天晚上我的死不承认和举手投降，让我至今仍时常后悔。

我本有机会经历我的成人礼——真正成为父亲的儿子，或成为他眼中的男人。但是，我却怯了场，尿了裤子，没能通过考验。我选择了临阵脱逃。

part 2

第 2 章

find your frequency

寻找你的频率

一九九八年春天

高中的最后一年，我可谓如鱼得水——成绩全优，拥有一份能让我的口袋里随时装着四十五美元的工作，打高尔夫球时只离标准杆差四杆，赢得了全班"最帅学生"的称号，正在和我们学校以及整个城市最漂亮的女孩约会——没错，这时的我，可谓是一路绿灯。

我绝不是那种在派对上倚在墙上抽烟、因太不合群而显得不像学生的人，不是的。我是那种爱在派对上跳舞的男生，是那种使出浑身解数追求女孩的男生，是那种无论多晚到场，都会奋力挤到前排的男生。我愿意付出，不惜下苦功。

我的代步工具是一辆卡车。放学后，我会用那辆卡车载着姑娘们在泥沼中越野。[1] 我在卡车前的格栅上架了一个扩音喇叭，到了早上，在学校的停车场里，我会俯身趴在驾驶室里通过扩音喇叭昭告天下："看看凯西·库克（Cathy Cook）今天穿的牛仔裤吧，简直太……养眼了！"

大家都觉得这很有趣。所有人都笑了起来，尤其是凯西·库克。

---

1 也就是开着四驱车从得克萨斯州东部泥泞的溪中穿过。

没错，我就是这么一个人。我逗人开心，八面玲珑。

一天，我开车经过附近的日产汽车经销店，看到一辆糖果红色的300ZX 正在出售。我从来没有见过跑车，而这辆跑车居然还有敞篷设计。

我把卡车开到停车场询问具体情况。销售员也非常想把这辆车卖出去。我当场就用自己的卡车换了那辆带敞篷的糖果红色 300ZX。

就这样，我有了一辆红色的跑车。

每个星期天的下午，我都会为这辆红色跑车抛光打蜡。它是我的宝贝。

去学校时，我会把车子停在三号停车场，那个停车场的位置很靠后，空空荡荡。在这儿，不会有谁的车门把我心爱的新车撞出凹痕，或是把油漆蹭掉。

我知道，相比于卡车，那些小妞肯定会更喜欢我的红色跑车，也会因此对我更加着迷。每天早上，我都会很早到学校，把车停在三号停车场，然后就相当有范儿地靠在车上。

我简直酷毙了。

我那红色的跑车真是帅呆了。

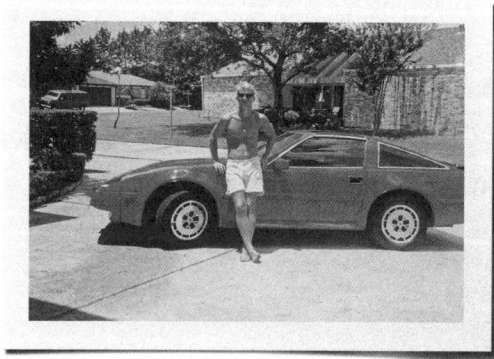

我的爱车

几周之后，我注意到一些变化。小姐们好像不如从前那么爱慕我了，仿佛已然厌倦了帅气十足地靠在红色跑车上的我。

放学后，姑娘们并没有坐在我的跑车里，放下敞篷，在街上兜风，而是坐进别人的卡车到泥沼中越野去了。

我的行情大不如从前。姑娘们似乎对我失去了兴趣。

这到底是怎么回事？我心里纳闷。

一天，我突然恍然大悟。

这是因为，我抛弃了我的卡车。

努力与人交际、炒热气氛、在泥沼里越野、扩音喇叭，统统被我抛弃了。我把这其中的乐趣给弄丢了。

我只顾着耍酷，靠在我那放下敞篷、被爱惜地停在三号停车场里的糖果红色 300ZX 上。

我滋生了惰性，开始时不时地在镜子里检查自己的头型是否帅气，靠那辆红色跑车为我脸上贴金，却适得其反。

拿卡车交换那辆红色跑车时，我就弄巧成拙地犯下了错误，从那一刻起，我把自己身上的"灵气"给弄丢了。

第二天放学后，我回到那家日产汽车经销店，用跑车把我的卡车换了回来。

翌日，我又一次把卡车开到一号停车场，拿着扩音喇叭和姑娘们打情骂俏，放学后载着她们到泥沼中越野去了。

就这样，从前的我回来了，丝毫不差，风头不减。

该死的红色跑车。

又是一盏绿灯。

我的卡车又回来了

用排除法找寻自己

在人生中，确立身份的第一步往往不是我知道我是谁，而是我知道我不是谁。这就是排除法。

太多的选择有可能让我们中的任何人成为暴君，因此，我们应该抛弃生活中那些妨碍我们挖掘更多自身潜力的东西。若能剔除那些不能滋养我们的选项，那么最终，几乎是在不经意间，更多选项便会摆在我们面前。

了解自己是谁并不容易。首先，请排除不属于我们的身份，这样一来，自然会找到属于自己的定位。

◖◗

十八岁生日那天，父母告诉我："如果有什么东西现在还没学会，那你这一辈子就别指望学会了。"在我们家，十八岁的生日是一个意义重大的时刻。这意味着不再有家规束缚，不再有宵禁限制。十八岁意味着独立，意味着自由。

从高中毕业后，和大多数孩子一样，我并不确定自己余生想要做些什么。可以说，我曾经认为自己想进法学院，然后成为一名辩护律师，但也无法百分之百地拿定主意。母亲想出了一个别出心裁的点子："嘿，马修，你不是喜欢旅行嘛，试试做交换生怎么样？"

我一下子就来了兴趣："听上去既新奇又大胆，我同意。"

我们来到当地组织国际交换项目的扶轮社[1]，了解到他们有两个到国外交换的名额：一个是去瑞典，另一个是去澳大利亚。阳光、海滩、冲浪、艾尔·麦克珀森（Elle Macpherson）[2]，又是个说英语的国家——我选了澳大利亚。

然后我便坐在了本地扶轮社的董事会会议桌前，我的对面，是十二名西装革履的人士。我的背景文件审核通过后，一位男士发话了："我们认为，你有能力在遥远的澳大利亚充当得克萨斯州和美国的优秀代言人。我们很赞成你去，但在此之前，你需要在这份文件上签字，表明你在这次为期一整年的交流结束前不会回国。"

这似乎多此一举。"但是，我本来就打算一整年待在那儿呀，都

---

1 扶轮社是一种地区性服务团体，是一个对所有人开放的非政治、非宗教组织，旨在促进不同职业、身份、背景的成员间的职业交流，并提供社会服务。
2 澳大利亚超模，早年因登上《体育画报》封面成名。

计划好了。"

"大家都这么说。"他反驳道,"之所以需要你签这份合同,是因为每个学生都会非常想家,总想要早点回来。我们得杜绝这种情况发生,所以需要你在这份文件上签字,声明'我,马修·麦康纳,保证不会提前回家,除非家中遭遇了不幸或有亲人故去'。"

"听我说,"我说,"我是不会签这份文件的,但咱们可以握手为约。我不会临时转念跑回家来,我要在那儿待上一整年。"我看着他的双眼,"同意吗?"

他同意了,我们握手约定,很快我便开始收拾行装,做好了在澳大利亚待一整年的准备。还有十天,我就要出发了。

几天后,我收到了我在澳大利亚的寄宿家庭——杜利一家的第一封信。上面写着:

"马修,我们已经迫不及待想见到你了,期待你到我们家里来做客。这里像天堂一样美好。我们靠近海滩,就在悉尼市郊,你一定会爱上这里的。"

太棒了。简直太完美了。海滩,悉尼——这就是我所期待的一切,这一定会是一段美妙的时光。澳大利亚,我来了。

马修·麦康纳
583 区
1988-89 澳大利亚
美国得克萨斯州朗维尤市
橡树街 2023 号,75605
电话:214-297-4462

交换生名片

第一天

我顺利抵达了悉尼国际机场的航站楼。我将旅行帆布包挎在肩上，顺着一条长长的坡道向下走，来到一个开阔的大厅，那里聚集着成百上千等待接机的人。在亲朋好友相聚的寒暄问候中，我突然听到了一个声音："马修！马修！马修！"我循着声音看去，看到一只手在人群的头顶上上下挥动，又看到那只手朝坡道的边缘移来。"马修！马修！马修！"

当我下到平地时，刚刚喊我名字的人，也就是那只上下挥舞的手的主人正在那里迎接我。他热切地微笑着，把那只手放了下来，与我握手，问候我。这就是诺维尔·杜利（Norvel Dooley）。他身高一米六三，体重大约一百公斤，留着小胡子，头顶几乎全秃，还带着一点英国口音——但我后来发现，这是他为了显得更加高雅而故作姿态装出来的。"哎哟，可来了，看看他，真是个健壮帅气的美国男孩儿。欢迎来澳大利亚，小伙子！你一定会喜欢这里的。"

他把我介绍给他的妻子玛乔里。她身穿一件有着绿色波卡大圆点图案的白色的涤纶裙，身高一米四七，由于脊柱后凸畸形（我们在当时称之为驼背）而扶着助步车。我俯身给了她一个热情的拥抱和贴面吻，她伸出手来捧起我的脸，热诚地对我说："马修，欢迎来到澳大利亚。欢迎来到你的新家！这是我的儿子，迈克尔。"迈克尔的衬衫从上到下扣得紧紧的，下摆用一只口袋护套别住。右侧的皮带圈上挂着一个钥匙圈，上面有五十把钥匙，后来我才发现，其中四十八把钥匙都只是摆设而已，和他父亲的口音一样，都是用来给自己助长自信心的。我想要跟他握手，他却侧步躲过我伸出的手，给了我一个大大的拥抱，又退回原处，动作僵硬地在我的后背中间猛拍了几下，口中念念有词道："我的好弟弟！我的好弟弟！"

这就是杜利一家。

我们坐上车，开车离开机场。我坐在副驾驶，诺维尔开车，玛乔里和迈克尔坐在后座。大约一个小时过后，我从后视镜里发现，悉尼市中心的天际线已经被远远抛在了后头。即便是悉尼的市郊，也仿佛已经不见了踪影。我问诺维尔："所以……严格说来，您家不算是在悉尼，对吧？"

"对，小伙子，"他骄傲地回答道，"悉尼是座大城市，乌烟瘴气、罪恶横流。你绝对不会想住在悉尼的，那儿可不是文明人住的地方。其实，我们住在中央海岸一个叫戈斯福德的小地方，就在路前面不远。这地方可棒了，海滩又漂亮，你一定会喜欢上这里的。"

我们继续闲聊，又开了四十分钟，到达了戈斯福德。这像是一座有数十万人口的城市，紧邻海边，海滩足足有数公里，是一座时尚热闹之都。"我肯定会喜欢上这里的，太棒了。"我大声宣布。他们却什么也没说。

我们在市中心穿行了十五到二十分钟，这时我注意到，戈斯福德已经被甩在后视镜里了。真蹊跷。我再次礼貌地问道："所以……严格说来，您家不算是在戈斯福德，对吧？"对此，诺维尔再次不无自豪地说道："哦，不，小伙子，这地方还是有点太城市化了，道德败坏是个问题，乡村比那种地方好太多了。我们就住在路前面不远的一个叫图克雷的地方。你一定会喜欢的。"

我们又开了四十分钟的车，到了只有五千人口的图克雷镇。镇上有一盏红绿灯，一家酒吧，还有一家小超市，但这里毕竟邻海，而且风景也非常宜人。"好吧，"我大声说，"小镇生活让我想起出生的地方，我会喜欢上这里的。"可一家人还是缄口不语。诺维尔继续开车向前。

　　我们又开了六七分钟，来到小镇另一端的环形交叉口。我一头雾水，开口问道："这么说……您家也不算是住在图克雷，对吧？"诺维尔用同样坚定的口吻回答："对的，小伙子，图克雷虽然是个不错的地方，但在我们看来稍微大了些。实际上，我们就住在这条路前面的一座房子里，那是一个叫戈罗坎的小镇，风景如画，你会喜欢那儿的，马修。"

　　人行道变成了柏油路。

　　几分钟后，我们来到了人口只有一千八的戈罗坎，这是一个安静慵懒的内陆乡村小镇，全镇只有一条道路。目之所及，看不到任何海滩。主街的左右两边有几幢木制的平房。我稍稍深吸了一口气，还没反应过来，我们已经穿过了小镇另一边的另一个环形路口，柏油路变成了土路，而戈罗坎又成了后视镜中的风景。

　　这时我已经有些恼火，我再次开口，与其说是发问，不如说是在声明："这么说……你家也不在戈罗坎，对吧？"

　　"没错，"诺维尔得意地咕哝道，"但是我们已经很——近了，小伙子，沿着这条小路再开一小会儿，那是个非常漂亮的乡村小镇，你一定会喜欢的。"

　　我们沿着那条尘土飞扬的土路开了大概十三公里。我盯着窗外的田间景色，试着重新调整自己的预期，就在这时，路边绿色的路牌挡住了我的视线，上面写着："纳维尔，人口三百零五"。在这举目不见文明迹象的地方，我们从路牌处又往前开了大约一公里半的路程，在第一个转弯处左转，开进一条砾石车道，尽头是一个车库，这是目之所及之处的唯一一座房子。诺维尔停车熄火，豪迈地宣布："欢迎来到澳大利亚，马修。你一定会喜欢这里的。"

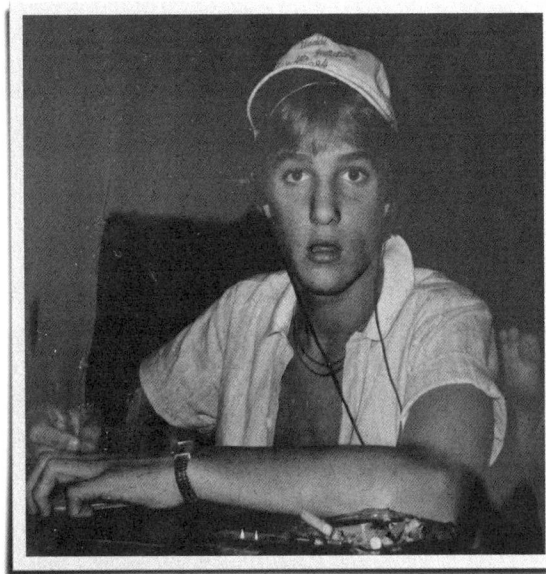

在澳大利亚时的我

第四天

诺维尔和玛乔里走进厨房时，我正在洗晚饭的餐盘。"马修，这个周末我们想把亲戚都请过来，希望你能为大家做道菜，典型的美国菜就不错。"

"我很愿意。"我说，但到底做什么呢，我琢磨着，"啊，没有比汉堡包更美国的东西了，就这么决定了，这个周末我们就吃美味的经典美国汉堡。"

"这主意太棒了，马修。"诺维尔说完，两人转身准备离开。

"等等，我改主意了！"我提高了嗓门，"我收回刚才的话。我们吃芝士汉堡吧，因为发明汉堡的人虽然聪明，但发明芝士汉堡的人简直堪称天才。"

我开始为我的烹饪杰作列购物清单——软白面包、莳萝腌黄瓜片、车达和美式芝士、红洋葱、牛油果、墨西哥辣椒、真材实料的蛋黄酱、上好的番茄酱——突然，我感觉有人在我的肩膀上拍了一下。是诺维尔。

"马修，能不能请你跟我过来一下？我有事要跟你谈谈。"我们走出厨房，穿过客厅，顺着走廊走到右手边第二扇门处，"这边走。"他一边说，一边把我领进了一间房间。那是他的办公室。他在我身后把门关上，指了指办公桌前的座位。我坐了下来。然后，他走到办公桌后，踏上把办公椅垫高的台子，在椅子上坐下。

奇怪的是，坐在那里的时候，身高只有一米六三的诺维尔却比我高出四五十厘米。他在椅子上坐好，然后俯身向前。他把胳膊肘放在桌上，双手十指交叉，看着我的眼睛，然后严厉地说："马修，我想跟你谈谈你的措辞问题。"

"没问题，先生，"我回答道，"您想说什么？"

他用指关节托着下巴，将目光转向墙上的一幅温斯顿·丘吉尔（Winston Churchill）的画像，从容不迫地吸了口气，说道："你说，发明汉堡的人虽然聪明，但发明芝士汉堡的人简直堪称天才，对不对？"

"没错，先生，这话是我说的。"

他用清高的姿态吸了一口气。"马修……那只是你个人的意见。在你和我们共处的这段时间里，你要学会品尝美酒和上等的芝士，而不能随意把个人的意见公之于众。"

"诺维尔，这只是一种表达方式而已。"我说道，"我的意思就是说，比起汉堡，我更喜欢芝士汉堡。"

"喂！喂！喂！"他一边呵斥，一边在我面前晃了晃食指，"我刚刚说过，跟我们杜利一家待在澳大利亚这段时间里，你要学会品尝美酒和上等的芝士，不能随意把个人的意见公之于众。"

他一副严肃的神情。

除了杜利一家把好几个小时车程的小镇视为"悉尼市郊"之外，这次荒谬的说教，是我在澳大利亚遇到的第一件古怪的事情。

虽然困惑，但我还是把这事归结为"文化差异"。

第八天

就这样，开学的时间到了。

虽然在美国已经高中毕业，但因为我是期中入学，这所学校还是决定把我招进二年级。之所以这样做，是想让我和同一班孩子一起在第二年升入三年级。

课程进行了两周，我已经学了一年半之久的教学大纲对我来说简直就是小菜一碟。数学简单得让人感到无聊，英语课的创意写作则让我很感兴趣。然而，几位英语老师乏味至极。由于我用了缩写、委婉语、自造词，且偶尔会插进几句脏话，他们便用红笔在我的每一篇文章上圈圈点点，一律打上"不及格"。

"拜托，我知道该怎么写文章，考试我全都通过了。我是故意这样写作的，我这是在发挥创意、自我表达。"我据理力争。而他们对此的回应是什么呢？"不及格！"

学校的社交生活也是一团乱麻。每位学生都穿着制服，在午餐休息时玩捉人游戏。没人考过驾照，没人想开派对，姑娘们对我也没什么兴趣。我感觉自己仿佛回到了初中。我开始想念我的卡车、我的朋友、我的女朋友们、我的自由，还有得克萨斯。但我安慰自己一切都好，这些，都是冒险的一部分，只不过是"文化差异"罢了。

不久之后，我便开始每天翘课去图书馆，在那里，我发现了伟大的英国诗人拜伦勋爵（Lord Byron）的作品。我有三盘磁带：澳大利亚摇滚乐队 INXS 的《极度刺激》（*Kick*）、英伦雷鬼歌手神父马克西（Maxi Priest）的《马克西 / 神父马克西》（*Maxi / Maxi Priest*），还有爱尔兰摇滚乐队 U2 的《神采飞扬》（*Rattle and Hum*）[1]。我会一边阅读情诗，一边用随身听听这几盘磁带。

两周之后，校长来到图书馆找我。"马修，"他说道，"小伙子，看来在学校待着不是很适合你。我想，也许你可以转进我们的'工作体验项目'，在校外参加一项实习。你拿不到工钱，但可以换取学分。"

真是天助我也。我回答道："我同意。"

◐◑

我的第一份工作是在澳新银行当出纳员。和成年人在一起的感觉让我耳目一新。我和银行经理康纳·哈林顿（Connor Harrington）成了兄弟，我们共享午餐，还会在下班后一起喝几杯啤酒。

---

1 这张专辑至今还是我的最爱之一。——原注

但在杜利家，古怪的事情却仍在上演。

杜利家的晚餐吃得比较早，一般安排在下午五点到五点半之间。坐在厨房餐桌旁吃饭的总是我、诺维尔、玛乔里、迈克尔，还有他的女朋友梅雷迪思。梅雷迪思当时二十二岁，患有轻微的发展障碍，使得她不能开机动车。紧张的时候，她习惯用五根手指去挤捏脸颊上偶然出现的白头粉刺。我喜欢梅雷迪思，我俩相处得非常融洽，她也很有幽默感。

一天傍晚，大家坐在餐桌旁吃饭时，我把起居室的电视调到转播夏季奥运会的频道，在厨房里刚好能够看到。美国队即将参加女子4×100米接力赛的决赛。我似乎是唯一一个感兴趣的人。"砰"的一声，发令枪响了，美国女队在四十二秒之内摘得了金牌。我带着自豪感和爱国情怀握紧拳头，喃喃自语了一句"太棒了"。

诺维尔显然认为这是一个给我上历史课的最佳时机。他从椅子上跳起来，小跑到起居室，把正在播放赛后庆典的电视机硬生生地关掉，然后走回厨房。他居高临下地站在我身边，说："马修，你能跟我来一下吗？我想和你聊聊。"大事不妙。他陪着我走出厨房，穿过起居室，沿着走廊来到右手边第二扇门前。没错，我们又回到了他的办公室，这次，他从书架上取下一本《百科全书》，坐在高脚椅子上，瞥了一眼墙上的丘吉尔画像，把《百科全书》翻到折角的一页，开始给我上课。"马修，这位来自大不列颠的名叫大卫·布鲁姆（David Broome）的年轻人，是一位真正的运动员，也是一位伟大的运动员，在一九六〇年的夏季奥运会上，他摘得了马术越障比赛的铜牌！"

"嗯，诺维尔，他挺厉害的。"我说。

"还有一件事，马修，你几天前的晚上看的那部叫《杂牌东征军》

的电影，实在是太——愚蠢和幼稚了！这是美国幽默比英国幽默低劣的又——一个例子。"

我简直无言以对。"好吧……我能先把奥运会看完吗？"

在杜利家中的不适感与日俱增。但是我又一次安慰自己：看开点，这只是"文化差异"。

第九十天

现在的我获得了当大律师助理的机会，也很享受在法庭度过的时光，我会帮忙撰写结案陈词、仔细观察陪审团、研究法律历史，并为所协助的大律师做笔记。这些经验，也为我将来成为一名律师的计划做了很好的铺垫。但是，在杜利家，所谓的"文化差异"已经开始让我忍无可忍了。

我的身份认同出现了动摇，我需要找到一些抵抗的力量来帮我站稳脚跟。我需要克服一些障碍，找到某项值得坚持的原则，形成目标感，这样，我才能在这怪异的处境中更好地保持清醒。我决定成为一名素食主义者。但问题是，我对具体的做法并不了解，于是，我便开始每天啃一颗涂着番茄酱的卷心莴苣作为晚餐。

另外，每天下班之后，我还会跑步大约十公里。我变得精瘦。

此外，我还下定决心，要在这一年接下来的九个月时间里过禁欲的生活。

我开始相信，我的人生在召唤我成为一名僧侣。

我计划在一年的交换生期满后到南非去解救纳尔逊·曼德拉（Nelson Mandela）。

我给父母和之前的几个女友写信。我生平的第一封信，就是在来到杜利家的第一周写的，那是一封用大号黑色记号笔潦草写成的信：

"Hey, throwin some shrimp on the barbie. Love you, Matthew."

"喂，再烤一只虾。马修，敬上。"[1]

但现在，我的信件逐渐增至九页、十页、十一页、十二页、十六页长，一笔一画、工工整整，一句话能洋洋洒洒写上八行，因充斥着过多形容词和副词而臃肿不堪、结构错乱。除了母亲之外，只有我的发小罗伯·宾德勒（Robb Bindler）给我回信。本身就是一名作家的他，对我疯子般的长篇大论照单全收，还会给我寄来长度相同但不那么语无伦次的回信。但绝大多数时候，我的信其实是写给自己的。

即便如此，我没什么大碍，是吧？我只是有点想家。不过是"文化差异"而已。我能应付得来……

---

1 "再烤一只虾"这句话最先源于澳大利亚旅游委员会在 1984 年到 1990 年推出的一系列电视广告，后来成为澳大利亚轻松惬意的社交文化的"代名词"。

自由的边界

想要拥有秩序，我们需要极限、边界、重力、界线、形状和
阻力。
秩序，产生了责任。
责任制造出判断。
判断延伸出选择。
自由存在于这选择之中。
要创造出能带给我们最宜人的风的气候，我们必须剔除给我
们存在的核心造成最大阻力的事物。
这种排除法以空缺制造秩序，让值得向往的东西变得更多，
让应当规避的风险变得更少。
接着，我们便对这些确定的存在甘之如饴，因为这样做会增
加我们的快乐，减少我们的痛苦。
因此，我们将这些肯定性培养成习惯，直到这些习惯成为构
成我们体格的一部分，
然后，这些习惯便得以迅速繁殖，成为由内而外散发出的人
性光芒。
真正的人格同一性，就是这样诞生的。
认为自由意味着摆脱周围的束缚，才是愚弄了我们自己。
这是一门生活的艺术，也是一门自我满足的艺术，与我们的
过去一脉相承。
展望未来，我们需要处理好与当下的关系，做出明智的选择。

第一百二十二天

下午五点十五分。我与诺维尔、玛乔里、迈克尔和梅雷迪思坐在餐桌旁，静静地啃着我的莴苣配番茄酱，这时，薄荷果冻和羊肉被传到了我的手里，我立即递给了下一个人。看到这儿，诺维尔猛然站起身来，对我说："马修，你是个年少轻狂又不成——熟的美国人，在你待在澳大利亚，与我们同住一个屋檐下的时间里，你要认识到，薄荷果冻配羊肉才是正确的吃法。"

"我以前吃过薄荷果冻，"我回答说，"我不太喜欢那种味道。而且，反正我是不会吃肉的。"

几周后的一个周六，我们又举办了一次有杜利家的亲戚来参加的烧烤派对（这次的聚会上没有汉堡），接近尾声的时候，正在厨房洗碗的我听到玛乔里喊我的名字。"马修！过来。"她喊道，"马修！到这儿来。"走进客厅时，我看到婶婶、叔叔，还有表兄妹们一家老小十八个人都靠着墙站成一排。梅雷迪思站在队伍的最后，满脸羞怯地低着头，用几根手指挠着前额。大家都在等着我的到来。"怎么了？"我问道。迈克尔站在屋子对面的一个角落里，紧张地摆弄着他的五十把钥匙。此时的玛乔里已经喝了一整天的酒，醉醺醺地对我和屋里的所有人说："马修，梅雷迪思就要走了，你为什么不给她一个临别之吻……要亲嘴唇哦！"

每个人都在哼哼哈哈地起哄和咯咯窃笑。梅雷迪思一直低着头，用五指捂住脸颊。迈克尔双臂垂在身体两侧，握紧拳头，开始踱起步来。

"玛乔里，我已经跟梅雷迪思道过别了，我还给了她一个拥抱。"我说道。

但玛乔里不依不饶，继续窃笑着怂恿道："别这么说呀，马修，去给她一个吻吧……要往嘴唇上亲哟！"

"这怎么回事？"说完，我看了看队伍尽头的梅雷迪思，她稍稍仰起下巴，刚好能与我四目相对，然后又迅速低下了头。

我试着弄清事情的原委。在过去的几个月里，梅雷迪思是不是把我热情的幽默和善意误认为一种示爱的表现，并在此期间对我产生了好感？还是玛乔里喝得太多，想要用一个低级的恶作剧来羞辱我和梅雷迪思，特别是想让迈克尔无地自容？具体的答案我无从知晓，但无论如何，这种处理方式肯定是不对的。

我的"大哥"迈克尔愈加感到屈辱，愤愤不平地踱来踱去，焦躁地摆弄着五十把钥匙。

除了这两人之外，每个人都在怂恿我："来呀，亲吧，马修！亲她一口！"

该如何缓解局势呢？我在心中暗想，然后深吸了一口气，走到梅雷迪思旁边，平静地对她说："梅雷迪思，我是不是已经跟你拥抱道别过了？"

梅雷迪思因尴尬而不敢抬头，一语不发。

然后，我把两只手放在她的肩膀上，温柔而耐心地等着她，终于，她抬起眼睛与我四目相对。

房间里的人们已经开始清醒了。

"我已经跟你拥抱道别过了，是吧，梅雷迪思？"

她缓缓点头，表示肯定。

"谢谢你。"我说。

"我该谢谢你。"她低声回答。

然后我转向玛乔里，严正地直言道："玛乔里，再也不要这样拿我开涮了。这不公平。这对我不公平，对梅雷迪思不公平，对你的儿子迈克尔也不公平。"

然后我便走出了房间，回到厨房洗碗去了。

可恶的"文化差异"。

第一百四十八天

我的体重下降到了 63.5 公斤，还经常不停地流鼻涕。

过去一个月中，每天晚饭后，我都会回到自己的卫生间里泡个热水澡，从三盘磁带里选一盘用随身听播放，给自己写一封十五页长的信，然后一边读拜伦勋爵的诗，一边自慰。

每天晚上都是如此。

我现在正在做我的第七份工作。我曾经当过银行出纳员、船舶修理工、照片处理师、大律师助理、建筑工人，还给职业高尔夫选手做过助理。

一天，我又低着头坐在餐桌前吃我的莴苣和番茄酱，等待着五点四十五分的到来，好回到浴室里进行我的晚间仪式。没想到，诺维尔突然发话了："马修，玛乔里和我决定，在你跟我们待在澳大利亚的这段时间里，你应该称呼我们俩爸爸和妈妈。"

这话令我猝不及防。我思考着该如何回答，一时间竟无言以对。

"谢谢你，诺维尔。"我说道，"谢谢你……把我当儿子，但是……

我有妈妈和爸爸……而且，他们还都在世呢。"[1]

诺维尔立马反驳道："就像我刚才说的，玛乔里和我已经决定，你在澳大利亚和我们住在一起的这段时间，在这个家里，你应该称呼我们俩爸爸和妈妈。"

我什么话也没说，把最后一点涂满番茄酱的莴苣吃完。饭后，我相当客气地收拾了每个人的盘子，拿到厨房洗干净。在我个人的夜间活动开始之前，我在餐桌前停下来，清楚明确地跟每个人道了晚安："晚安，诺维尔；晚安，玛乔里；晚安，迈克尔；晚安，梅雷迪思。"

一百四十八天以来，我的头脑、心灵和精神首次不假思索地达成了一致：不。除了自己的父母之外，我绝对不会称呼任何人"妈妈和爸爸"。一点商量的余地也没有。这不是什么文化差异，即使是，我也不会感觉抱歉，就当我与众不同吧。

独自一人在这个陌生的国度，孤立无援地处于这个令人不安的世界中，我为自己的身份和信仰肩负起责任。我做出了判断，也做出了选择。我不需要任何肯定和保证，这种清醒的认识让我找到了自己的身份。无论是出于原则还是为了生存，我都不会失去属于自己的锚。

◗◖

第二天早晨，从房子另一头传来的女人尖叫声把我从睡梦中吵醒。当时是早晨六点整。

"他！不愿意！叫！我！妈妈！他！不愿意！叫！我！妈妈！"

---

[1] 我也不知道自己当时为什么觉得有必要加上"他们还都在世"这个背景，仿佛他俩已经双双离世，但我确实是这么说的。——原注

我从床上一跃而起，赶忙跑了过去，发现玛乔里在号啕大哭，仰天长啸，泪水在桌上积成一小片一小片的水洼。

我用胳膊搂住她的肩膀："别这样，玛乔里，这不是针对你。如果你的儿子迈克尔喊别人爸爸妈妈，你会怎么想？"

我们抱头痛哭，流泪的原因却不尽相同。

就在那时，我下定决心，在澳大利亚余下的这段时间里，去寻找另一个寄宿家庭。

那天下午有一场龙卷风过境。街上没有一辆车。外面狂风暴雨，风速达到每小时七十二公里，天空则被一片暗粉和褐黄色笼罩。尽管如此，我还是一如既往地出门跑步，一路跑到了当地扶轮社社长哈里斯·斯图尔特（Harris Stewart）家。

他开了门。"小伙子，你怎么跑到这儿来了？出什么事儿了？"

"我只是出来跑跑步，哈里斯，有件事想找你聊聊。"

"好吧，赶紧进屋来，龙卷风警报都来了，你怎么还在外面跑步呢？"

我走进屋，用毛巾把雨水擦掉。

"出什么事了，小伙子？"他问道。

我深吸了一口气："是这样，如果可能的话，我在想，扶轮社还有没有其他家庭可以接纳我？"

"杜利家有什么问题吗？"

"没事，没事，一切都很好，"我并不想在背后说别人闲话，"我只是想到一个新的家庭体验体验……如果可以的话。"

"马修，如果一个家庭要接纳你，就意味着要多养活一个人，"他说，

"而且这段时间，这儿的经济一直不景气，但是……我想想办法吧。"

哈里斯·斯图尔特，好人一生平安。

他找到了我的朋友康纳·哈林顿，也就是我曾经当过出纳员的那家银行的经理。康纳和他妻子同意收留我。康纳·哈林顿，好人一生平安。那个星期四，在扶轮社的每周例会上，哈里斯·斯图尔特通过麦克风对整个房间的人宣布："在过去的六个月里，我们的交换生马修与杜利夫妇度过了一段愉快的时光——谢谢你，诺维尔。"大家热烈鼓掌。"但是现在他就要搬去和哈林顿家同住了——谢谢你，康纳。"大家继续鼓掌。

会议结束了，大家热情地互相握手致意。

一切都圆满结束了，大家并没有闹什么不愉快。诺维尔·杜利就在会上，哈里斯宣布消息的时候，他就坐在我旁边。现在，他正在与大家握手，对这一决议表示同意，并在其他扶轮社社员面前大肆赞扬我，对新的计划表示了完全理解和同意。"我下周二下午六点半就来接你。"康纳在诺维尔面前对我说。诺维尔回答道："完全没问题[1]，康纳，我们到时见。"太好了，万事俱备。

我和诺维尔一起坐车回了家——一路上，他一句话也没跟我说。

那天晚上睡觉前，我跟诺维尔和玛乔里道了"晚安"，两人也跟我回了一句"晚安"，除此之外什么也没说。第二天早上起床后，我吃完早饭便去上班，然后回家吃晚饭，睡觉前又跟他们道了"晚安"。他们还是什么也没说。

---

1 诺维尔的回答是"Fair dinkum"，这是一句澳大利亚俚语，表示绝对没问题。

星期六到了——没有家人齐聚的告别派对，也没有人跟我商讨"你在这儿的最后几天我们应该做些什么"……什么都没发生。

星期天——无事发生。

星期一——风平浪静。

到了星期二——还是没有动静。

我早早下班回家，早在上周四的晚上，我就已经将两个行李箱收拾妥当，也再三检查，确保一切准备就绪。

下午五点整，我、诺维尔、玛乔里、迈克尔和梅雷迪思坐在餐桌前吃我们的最后一餐。五天过去了，没有人对我的离开发表过任何言论。我大口吃着自己的莴苣蘸番茄酱，他们则默不作声地吃自己的饭。

五点半，我从桌旁站起身去洗碗。仍是一片寂然。

洗完碗后，我回到自己的房间，又检查了一遍行李是否收拾妥当。再过不到三十分钟，康纳就要来了。真巴不得他早点过来。我在卧室的地板上踱来踱去，每过半分钟就看一眼手表。

突然，我听到有人敲我的门。

我把门打开。

站在门口的是诺维尔，他双手叉腰，两腿微微叉开，摆出一副彪悍的挑衅架势。

"嘿，诺维尔，有什么事吗？"

他开门见山地说："马修，玛乔里和我已经决定了，在澳大利亚的这段时间里，你要跟我们待在一起，跟我们同住在这个屋檐下。把你的行李打开，把衣物拿出来。"

　　这简直是我的《阴阳魔界》[1]中最为阴森的一刻，如晴天霹雳，但我还是振作精神，强颜欢笑。

　　"嗯……谢谢你，诺维尔，谢谢你邀请我在澳大利亚剩下的日子里住在你家，"我边说边尽量保持镇静，"但我要在你的国家、在纳维尔待整整一年的时间，我希望尽可能多地体验些东西……换一个家庭生活，能够给我另一种体验。"

　　他仰起下巴，两只脚的脚跟紧压在地板上。"马修，打开你的行李。玛乔里和我已经做好决定，在澳大利亚的这段时间，你要和我们住在一起。"他把刚才的话重复了一遍。

　　我的情绪陡然失控。我愤怒地一跃而起，狠狠地打出一记左勾拳。由于用力过猛，我的拳头打透了卧室门。我抽回被胶合板的碎片划得鲜血淋漓的胳膊，浑身发抖，怒不可遏，感觉人生再次陷入困惑。诺维尔也开始颤抖起来，双眼震惊得鼓了出来。

　　"诺维尔，"我怒吼道，"你这个死胖子，快他妈的把路给我让开，否则我就把你打趴在地，在你家的砾石车道上把你拖着走，拖到你死了，背上都开始冒石头子儿才算完！"

　　他开始抽搐起来，双唇颤抖，张口结舌，接着向后退去。

　　我站在原地，怒视着他，双拳紧握，一只手臂鲜血淋漓，怒不可遏得快要小便失禁了。

　　他转身沿着走廊落荒而逃。

　　我弄掉胳膊上的碎木屑，在浴室的水槽中将胳膊冲洗干净，又用

---

1 *Twilight Zone*，1959 年开播的美国科幻单元剧影集。

冷水浸湿毛巾擦拭胳膊和脸。我在房间里来回踱步以使心率降下来，想回过神来，弄清刚才到底发生了什么。突然，汽车喇叭声传来。我看了看手表，时间刚好是六点半。

我把行李推过走廊，经过诺维尔的办公室，走过客厅和厨房，穿过车库，来到行车道上。康纳·哈林顿就坐在他的兰德酷路泽[1]里。诺维尔也在场，身边是玛乔里、迈克尔和梅雷迪思，每个人都与我拥抱道别，仿佛要把家里的最后一个儿子送到国外参军一般。玛乔里撑着她的助步车泪如雨下。迈克尔给了我一个熊抱，哭得像个孩子。我亲吻了一下梅雷迪思的前额，她一边抽泣，一边挠着自己的脸颊。就连诺维尔也抹了一滴眼泪。他们帮我把行李箱装到车的后备厢里，我和康纳驱车离开。我从后视镜里看到杜利一家在行车道的入口处排成一排，就站在我初来乍到时站着的地方，搂着彼此，边擦眼泪边挥手告别，直到我消失在他们的视线中。

第三百二十六天

那是一个星期六的晚上，也是我在澳大利亚的最后一晚。第二天，我就要登上回家的飞机了。我在澳大利亚的时间距离一整个历年还差一天[2]。过去的几个月我一直生活[3]在哈里斯·斯图尔特家，在那之前的两个月里，我和姓特拉弗斯（Traver）的一家人住在一起，再往前的一个月，

---

1 丰田的一款越野车，也叫陆地巡洋舰。

2 国际扶轮社的历年开始日会随着委员会开集会日期的不同而变化，一般从一年的七八月开始，在后一年的 6 月 30 日结束。

3 在后文中，你就会明白为什么我会把"生活"这个词加粗了。——原注

我住在哈林顿家。他们都是很棒的人，彼此也是挚友。今晚，大家齐聚在哈里斯家里，参加我的告别派对。我们一起进行着每周六的"固定节目"——哈里斯弹吉他，大家轮流朗读伍迪·艾伦（Woody Allen）的《副作用》[1]，一边捧腹大笑，一边畅饮波特酒，一直闹到凌晨三点。

午夜刚过，康纳·哈林顿突然脱口而出："喂，麦卡（他给我起的澳式昵称），你跟杜利一家住了那么久，到底是怎么熬过来的？"

我有些疑惑地问道："你这话是什么意思？"

房间里的人开始咯咯笑了起来。

"我是说，他们可是一群疯子呀！"他大声喊道。

整个房间的人都捧腹大笑起来，笑声歇斯底里，震耳欲聋。

我目瞪口呆地环顾着他们每一个人，一句话也说不出来。大家觉得这是天大的笑话，笑得直不起腰来。我终于大吼出来："你们这群王八蛋！原来你们一直都知道！你们知道他们不正常！你们怎么忍心让我待在那儿？！我都快被逼疯了！"他们却笑得更厉害了。然后，我也跟着笑了起来，很快，所有人都笑得在地板上滚作一团。

原来，这是澳大利亚给我开的一个惊天玩笑。

◯◯

说实话，在杜利家的那段时间的确是一场折磨，他们家不啻一座活生生的精神炼狱。在当时，那是一盏彻头彻尾的红灯，我对澳大利亚的一切美好愿景，都成了海市蜃楼。

---

1 美国导演伍迪·艾伦在 1975 年至 1980 年创作的十七篇喜剧短篇小说选集。

但是，"握手协定"断绝了我回家的后路，我只能忍受。直到后来我才意识到，当时所经历的痛苦和孤独，是我人生中最重要的一次"献祭"。

在赴澳之前，我从来不是个喜欢自省内观的人。在那次旅行中，我却被迫第一次审视自己的内心，以便应对周围的环境。

我在得克萨斯老家的生活仿佛四季如夏。"最帅学生"称号、成绩全优、跟我们学校（以及全市）最漂亮的女孩恋爱，还有一辆父母花钱买给我的卡车，另外，**我还没有宵禁的束缚**。

澳大利亚，一个拥有我未曾有机会体验的阳光海滩、比基尼和冲浪板的国度，却赋予了我尊重冬天的能力。整整一年时间，我只能依靠自己。每天傍晚日落前，我都在浴缸里对着拜伦勋爵的诗和 U2 的《神采飞扬》自慰。每天我都要告诉自己："我没事，我很好。麦康纳，你能挺过去的，这只是文化差异而已。"在那段时间里，我成了素食主义者，体重降至 63.5 公斤，曾有一段时间，我滴酒不沾，还计划着出家成为一名僧侣和帮助纳尔逊·曼德拉重获自由。

没错，我被迫进入了人生的寒冬，被迫审视自己的内心，因为我没有任何人或任何事可以依靠。我失去了我的拐杖。没有父母，没有伙伴，没有女朋友，没有全优的成绩，没有电话，没有卡车，也没有"最帅学生"的头衔。

除此之外，我还有了宵禁的禁锢。

那一年，造就了今日的我。

那一年，我找到了自己，因为我别无选择。

那一年，也播下了一颗理念的种子，这个理念至今仍然指导着我：生活艰难，不如意事十之八九，有些不如意，是我们自己造成的。对我来说，待上一整年是板上钉钉的事，因为我已经与人握手为约。我自愿对自己做出了一个"不许反悔"的承诺。因此，我选择了主动适应。我否认了杜利一家头脑不正常的事实。这件事的确是一场危机，只是我没有将之视为一场危机。我努力在困境中站直身体、步履维艰，直到跨过终点线的那一刻。我坚持不懈，没有给父亲的诚信抹黑。

快要发疯的时候，我不断地告诉自己，身处这种境遇之中，一定有值得我学习的经验教训。在这不幸之中，总有一线曙光，想要达到彼岸，我就必须先穿过炼狱，而且，我也的确做到了。没有阴影，我们就无法充分地享受光明。想要站稳脚跟，我们就得先失去平衡。相比于自甘堕落，不如跳起一搏。这些，铸就了今天的我。

又是一盏绿灯。

对了，杜利夫妇的儿子里斯也参与了交换生项目，我和他的父母同住的时候，他也来到了美国，跟我的父母住在我家。而他的体验又如何呢？

我的父母带他去了美国国家航空航天局（NASA）和六旗游乐园，还带他到佛罗里达过暑假，在那里，他每个周末都会举办派对。他带着我的一个前女友开着我的卡车约会，有人告诉我，他的"种子"在两个对他特别着迷的美国女孩的私处"安了家"。酒柜里的酒被喝得一干二净。他可真算是尽兴而归了。

怪兽

床下的妖怪不是怪兽，
未来才是。
过去只是明日的我们想要
逃避的东西。
未来才是真正的怪兽。
那是未知之域。
是尚未跨越的界线。
是尚未迎接的挑战。
是尚未实现的潜力。
是尚未驯服的恶龙。
在一条必将发生冲撞的无
可回头的单行道上，

那只叫作未来的怪兽始终
等待着，
时刻注视着我们将要到来
的身影。
因此，我们应当高仰起头，
看着它的眼睛，
时刻准备着。

回到得克萨斯的家时，我已经十九岁了，有了在澳大利亚一年的经历，也到了喝酒的法定年龄。一天晚上，在沃尔玛买完狗粮和纸巾回家的路上，我和父亲顺道经过休斯敦西南边的一条购物街，决定在一家霓虹闪烁的台球酒吧小酌。

几杯啤酒下肚，我见到了父亲的几位朋友，虽然我大多只是用"是"

和"不是"回话，但也有了足够的自信和经验，能在大家高谈阔论时偶尔插几句嘴了。几个小时后，我们在吧台付了钱，准备离开。我走出大门，父亲跟在我的身后，突然，站在门口的一位身材魁梧的保安跨步来到父亲面前，问："你付账了吗？"

父亲没有放慢脚步，一边回了一句"当然付了，老兄"，一边继续往前走。就在这时，门口的那位保安做了一个我至今仍能在脑中用慢镜头回放的动作。为了阻拦父亲，**他竟然把手放在了我父亲的胸口**。竟然有人把手放在我父亲的身上。没等父亲亲自给这位自以为是的肌肉男"上课"，我已经出手了。

记忆跳接的下一幅画面是：这位保安四仰八叉地躺在酒吧里四五米开外的一张桌子上，我骑在他身上，用右拳猛击他，直到酒吧里其他看好戏的人醉醺醺的窃笑声渐渐低下来，变成悄声细语。胜负已定。其实，胜负早已分了出来，但我仍然不依不饶。然后，我感觉有人把我从保安身上拽起来，架着我往后拉。我继续对着地板上的保安又踢又打，还啐他，直到一个坚定而平静的声音在我耳边响起："够了，儿子，够了。"

那个夜晚便是属于我的成人礼。那天晚上，父亲认可了我。那天晚上，我真正成了他的好儿子，他眼中的男人。那天晚上，我们成了朋友。也是在那天晚上，他打电话给他所有认识我的朋友，说："我家小儿子以后会出息的，你真该看看他在台球吧胖揍那个大块头的样子，他把那家伙打得满地找牙……但是，咱们得多盯着他点儿，他身上好像有个狂暴战士的开关似的，一开起来就有点儿收不住。"

从那天晚上起，我就可以跟父亲、哥哥迈克和我一直尊称为"先生"的男人们一起去酒吧了。这是我得到父亲尊重的原始"入会仪式"，从今以后，我不必等到第二天再听大家复述前一晚发生的故事，而是成了他们之中的一员。

又是一盏绿灯。

Sometimes, we find our frequency
by holding on to a moral
bottom line in the midst
of chaos.
Sometimes, we find it
by breaking the rules
and running the red light
to get home.

想要寻回我们的节奏，有时我们要在混乱中坚守道德底线。
而有的时候，我们则要打破规则，闯红灯回家。

> **66Style is knowing who you are, what you want to say, and not giving a damn.99**
>
> **Gore Vidal** (1925-   )

风格就是认清自己是谁，明白自己要说什么，而毫不在乎别人怎么想。

——戈尔·维达尔[1]
（Gore Vidal，1925 —   ）[2]

-A   I ain't that the fuckin truth. To have style you have to have those in this order. You've got to know who you are before you know what you want to say then not give a damn. But knowing who you are is the base that everything else comes from. I've got more style now than ever before but I'm still adding to my style. You know who you are when you become independent enough to believe your own thoughts and become responsible for your actions and you not only "believe" what you want but you <u>live what you believe</u>. LIVE WHAT YOU BELIEVE..."LIVE THE QUESTIONS FIRST, THEN WHAT YOU BELIEVE (slight changes)... THEN YOU HAVE YOUR OWN PERSONAL

这句话是事实。要想拥有格调，就必须得按照它的顺序来。你得先认清自己是谁，明白自己要说什么，然后才会不在乎别人的想法。但认清自己这件事本身就是一切的根源。我比以前更有格调，但仍然在不断增强自己的风格。当你足够独立、能控制自己的情绪、为自己的行为负责、不会只相信自己想要的事物而是喜欢自己相信的事物时，你就懂得自己了。按照你的想法去活……

"先经历问题，再接纳你相信的事（小改变）……你才能得到属于自己的格调。"
天哪，写这些话真有趣啊！

STYLE"....

Man
That was fun to write

1 美国作家和公共知识分子，以机智、博学、文明而闻名，其小说和散文对主导美国人生活的社会与文化中的两性规范提出了质疑。

2 维达尔于 2012 年去世，这页日记是马修 1989 年在澳大利亚写下的。

part 3

第 3 章

dirt roads
AND
autobahns

沙土路与高速路

一九九八年春天

在澳大利亚的时候，我开始申请大学，杜克大学、格兰布林州立大学、得克萨斯大学奥斯汀分校和南卫理公会大学。我想学习法律，成为一名辩护律师。我从九年级¹开始就是这么打算的。我擅长辩论，我家有个看似玩笑实则正经的说法："马修一定会成为我们家的律师，为我们家的生意保驾护航，起诉几个大人物，帮我们发点'貂油膏'财。"

我决心已定，要选南卫理公会大学，很大程度上是因为这所学校位于达拉斯这座大城市，而我相信达拉斯会有更多在律师事务所实习的机会，这样一来，一毕业就能找到一份工作的概率便会更大。

一天晚上，父亲打来电话："儿子，你确定不想成为长角牛队²的一员吗？"（我爸爸总爱用学校的吉祥物代称学校，得克萨斯大学奥斯汀分校的吉祥物尤其招他喜欢。）

"不，老爸，我很确定我想当'野马'（南卫理公会大学的吉祥物）。"

他咕哝了一声。

1 美国高中的第一年。
2 长角牛队是得克萨斯大学奥斯汀分校的篮球校队。

"爸，你同意我这个决定吗？"

"哦，当然了，儿子，当然了，我只是觉得，你可以考虑考虑加入长角牛队。"

"不，老爸，我想当野马。"

"好吧，没问题。"他说道，然后，我们就挂了电话。

一个小时后，哥哥帕特打来电话。

"怎么了？"我问。

"老弟，你确定不想加入得克萨斯长角牛队？"

"我确定，老哥。"

"你真的确定吗？"

"是啊，我真的确定。你和老爸为什么一直问我这个问题？"

"嗯，老爸无论如何都不肯告诉你，但现在的石油生意情况很不妙。他现在手头吃紧，正在硬撑着不破产呢。"（1979 年促使我们举家从尤瓦尔迪搬到朗维尤的石油热潮已逝，在过去的几年里，父亲一直为了养家糊口而四处奔忙。）

"真的吗？"

"是啊，南卫理公会大学是私立学校，一年要花一万八千美元，但得克萨斯大学是公立学校，一年学费只要五千美元。"

"真没想到，我一直都被蒙在鼓里呢。"

"是啊，老弟，你去过奥斯汀吗？"

"没去过。"

"你会喜欢那儿的，老弟，那座城市很适合你，你可以穿着人字拖走进任何一个地方，在酒吧随便找个位置坐下，右边可能会是一个牛仔，左边是个女同性恋，对面坐着个印第安人，酒保则是个侏儒。在那个城市里，你尽可以放心做自己。"

第二天我给父亲回了电话："我改主意了，我想当长角牛。"

"真的吗？"他毫不掩饰自己的激动。

"没错，老爸。"

"哎哟，老天哪，你这家伙选得真明智！怎么改主意了？"

"比起野马，我更喜欢长角牛呗。"

出于对我父亲尊严的守护，我选择了得克萨斯大学奥斯汀分校而并未向他吐露原因。我知道，改变主意会让父亲开心。没过多久，我又改了一次主意，但这次父亲的反应会如何，我就没那么十拿九稳了。

知道自己想做什么时，确定何时行动才是难事。
先发制人，以免日后不停地收拾烂摊子。
先谈预防，再说治疗；先谈适应，再说康复。

那是大学二年级快结束的时候，期末考试迫在眉睫，而我的睡眠也出了问题。问题不在床垫，而在我的思想。原来，我对成为律师的规划起了怀疑。四年本科毕业时，我就二十三岁了，再上三年法学院，我要到二十六岁才能走出校园找工作。开始在这个世界上留下自己的印记时，我已经年届三十了。我不想把二十多岁的年华浪费在为余生做准备上。

与此同时，我一直在日记本里写一些短篇故事。我给正在纽约大学读电影专业的好友罗伯·宾德勒看了几篇，他觉得这些故事挺有新意，也值得与更多人分享。"你想过读电影学院吗？"他问道，"你挺会讲故事的。"电影学院？这主意让我受宠若惊，但又感觉如此遥不可及，仿佛带着一股激进、不负责任、自我放纵的欧洲色彩——太过"文艺"了。我甚至没法把这个主意称为"梦想"，更别说作为一种理性的"志向"了。不行，这条路不属于我。

距离心理学期末考试还有几个小时，我来到兄弟会，吃了午饭，然后穿过后巷到两个 Delt[1] 兄弟会的哥们儿的宿舍去备考。他俩前一晚都在通宵复习，所以现在还在上下铺上睡觉。我坐在他们的沙发上，打开了课本。我学习很刻苦，会抓紧每一秒空闲时间为考试做准备，也因此面对任何考试都能气定神闲、胸有成竹，这使我倍感自豪。对我来说，获得优等成绩是家常便饭。

但这一天，面对只有几个小时就要开始的考试，我却莫名其妙地告诉自己："麦康纳，你已经准备好了。"然后就把课本和笔记放回背包，打开电视，看起了 ESPN 体育频道。无须多言，我热爱体育。就算播的是"世界大力王"比赛，我也会照看不误。现在电视里正好在播棒球赛，这本应更合我意，但不知为何，我就是提不起兴趣，五分钟后便关掉了电视。

---

1 指 Delta Tau Delta 兄弟会，成立于 1858 年，是美国规模最大且最古老的兄弟会之一。

我环顾了一下房间。左手边的地板上是一堆杂志。《花花公子》《好色客》什么的。众所周知，我喜欢女人，也爱欣赏女性的裸体。但不知为何，今天不行，我就是没有兴致。我翻过七八本杂志，在那堆书的底部发现了一本小小的平装书。书的封面是白色的，标题是漂亮的大红色花体字。上面写着：

"世界上最伟大的推销员"

"世界上最伟大的推销员是谁？"我一边想，一边从书堆里拿出书，读了起来。

两个半小时后，我读完了第一卷。作者在文中写到，书名中"最伟大的推销员"指的就是阅读这本书的读者，也就是我，现在，我需要按要求每天阅读一卷，一天读三遍，然后再看下一卷。

我看了看手表，离考试还有二十分钟。

我把朋友从床上推醒，问道："布雷顿，这本书能借我吗？"

"没问题，伙计，送给你了。"

我拿着书离开，及时赶到了考场。

我精神抖擞。这本书有一种神奇的魔力，书名、我目前所读到的故事，还有书中十个羊皮卷里蕴含的秘密，都让我感到神奇，仿佛是这本书找到了我一般。

我急急忙忙答完了考题。我不重视心理学这门课，也不在乎考出什么样的成绩，我关心的，就是阅读羊皮卷的第一卷。不知为何，我确信这本书的书页中蕴含着比学校考试更伟大的东西。

羊皮卷之一
"我要养成好习惯，受好习惯的支配。"

我意识到，继续自欺欺人就是个坏习惯。律师这条路不适合我。我想要成为一个讲故事的人。我在自己的宿舍里踱来踱去，想找个最合适的时机给父亲打电话，告诉他我改了主意，不想去上法学院，而是想读电影学院。到了晚上七点半，我心想，这会儿他刚刚吃完晚饭，应该正在沙发上喝第一杯鸡尾酒，跟母亲看电视放松心情。很好，七点半打电话正合适。

父亲教育我们把朝九晚五的工作认真做好，在公司里级级晋升。一直以来，"成为家里的律师"便是我的人生规划。我们是个靠固定薪水过活的蓝领家庭。电影学院？简直是天方夜谭。

我深呼吸，焦虑得都出汗了。七点三十六分，我拨通了电话。

接电话的是父亲。

"喂，老爸。"我说道。

"喂，小子，怎么了？"他问道。

我又深吸了一口气："嗯，我想跟你谈点事。"

"什么事？"

成败在此一举。

"我不想读法学院了，我想去上电影学院。"

一阵沉默。一、二、三、四、五，整整五秒钟。

然后，我听到了一个声音，一个和蔼而带着好奇的声音。

"你想做这一行？"他问道。

"对，爸，没错。"

一阵沉默。又过了五秒钟。

"好吧……可别半途而废。"

在我以为父亲会给出的所有回答中，在我以为他会表现出的所有反应中，"可别半途而废"是我万万没有想到的，也是他对我说过的最贴心的话。这寥寥几个字不仅表达了他的祝福和认同，也给予了我许可和肯定。关键不仅在于这几个字的内容，也在于他说这句话时的态度。他不仅赋予了我一份特权，也给了我荣誉、自由和责任。他的话语中仿佛有某种威力强大的火箭推进剂，就这样，我们当天便达成了协议。老爸，谢谢你。

又是一盏绿灯。

天赋与驱动力

基因与努力。

遗传与毅力。

人生，就是一种组合。

有的人天赋异禀，但缺乏职业道德或韧性。

有的人拼命努力，但无奈没有天资。

还有的人先天后天兼备，却从不仰赖前者。

我没有参与过一部短片，也没有一部能让电影学院评判我的演技的影视作品，但我有3.82分[1]的平均学分绩点。这不仅让我进了电影学院，还敲开了荣誉学士课程[2]的大门。

但现在，我所追求的是一条职业道路，与法学不同，在这条道路上，我的平均学分绩点没那么重要。我知道，好莱坞和艺术家们不会在乎我的成绩是"优"还是"差"，他们需要看到他们想看到的、有价值的东西。我需要创作些什么——无论是电影还是演出。我急需一份工作。

我跟当地的唐娜·亚当斯（Donna Adams）经纪公司签约，并利用课余时间在一家广告公司实习，每周四天。我把传呼机别在胯上，时刻准备毫不犹豫地走出教室，开车跑到圣安东尼奥或是达拉斯参加音乐录影或啤酒广告的试镜，但是收到的只是一次又一次的拒绝。

我得到的第一份工作是做手模。唐娜·亚当斯在签约时便说我有一双"漂亮的手"，如果"别再咬指甲"，我或许能在手模行业找到出路。她说得没错。从那以后，我再也没有咬过指甲。

长得好看虽然不能当饭吃，但至少能帮你换来在餐桌旁入座的机会，我下定决心，无论得到什么席位，我都要物尽其用。我用十六毫米的宝莱克斯相机拍过黑白短片，做过剪辑，在别的同学的电影里担任过助理导演，也做过摄影指导，还充当过编剧和演员。因为开车去圣安东尼奥和达拉斯，我缺了许多课。

一天，院长把我叫进他的办公室。"马修，学校课程的出勤是强

1 换算为百分制，为 85~90 分。
2 荣誉课程是西方公私立大学的特殊课程体制，即优等生的一种荣誉学位。

制性的，特别是荣誉课程。你不能再像从前那样连续缺课或是中途离开了。再这样下去，我只能给你打不及格。"

"院长先生，"我直视着他的眼睛说，"你我都知道，电影制作的学位对于好莱坞和纽约的制片厂负责人来说一文不值，对于真正做电影的人来说毫无意义。他们想看到的是作品，无论是一部电影、一场表演，还是别的什么。我翘课的唯一原因，就是要到外面的世界去制作那些人愿意为之埋单的作品。我在课堂之外追求的东西，正是课堂教我去追求的。"突然，我心生一计，脱口而出，"如果我保证参加每次考试，你能给我的成绩全部打 C[1] 吗？"

他没有回答。

尽管如此，我还是选择坚守自己的提议。我继续逃课，响应传呼机的"召唤"，同时为每场考试尽可能做好准备。

学期结束时，我的成绩单上是清一色的 C，但我学到的东西却比拿全 A 时多得多。

又是一盏绿灯。

I'LL TAKE A LITTLE COMMON SENSE WITH THAT KNOWLEDGE

我要学习知识，也要精明处世。

1 等于百分制的 70 ~ 79 分。

我本来就是班里的异类。我是这所电影学院里唯一的兄弟会成员，脚蹬皮靴，身穿笔挺的扣领礼服衬衫，还把衬衫掖在裤子里。我拥有小麦色的皮肤，待人和善，不像其他人那样神经质。

除我之外，班里几乎所有人都爱穿黑色的衣服。他们皮肤苍白，一副哥特派打扮，爱各自在隐秘的角落里扎堆。

学院的一位教授让我们每周末都去看电影，星期一回来上课时与全班讨论。我总会去大都会剧院看大片，然后在周一回来上课时对大家说："喂，我这个周末看了《虎胆龙威》……"

"不不不，那是烂片，伙计，简直是狗屎，烂透了。"我一句话还没说完，班里的同学就插嘴说。他们全都趁周末去看了俄罗斯导演谢尔盖·爱森斯坦的影片重映会。

我开始对自己的品位起了疑心。"麦康纳，这是成为艺术家的必经之路。你必须到艺术电影院里看文艺片，而不是跑到大都会影院看大片。你不够特立独行，你需要更自命不凡一点，别再那么平易近人。"于是，我开始把掖进裤腰的衬衣搜出来。

虽然如此，我依然会去看大片。周一的时候，我站在全班面前讨论周末看过的电影，同学们又一次犯起了嘀咕。"兄弟，那片子是大制片厂的烂片……是为了商业抛弃底线的货色。"

而这一次，我却这样回答："等等。跟我说说这片子为什么烂，为什么是狗屎。说说你们不喜欢的地方。"

大家鸦雀无声，开始面面相觑。最后，其中一个人发话了："嗯……我们其实没看过这片子，我们只是知道这是部烂片。"

"去你们的吧。"我说，"太可恶了，竟然只因为片子卖座就说这是烂片！"

那天之后，我终于接受了兄弟会成员和电影学院学生的双重身份。

我又把衬衫掖回了裤腰。

∞

我对不同人种和文化之间的差异非常着迷，因此一向喜欢挖掘和发现差异之下潜藏的共同价值观。我和大学时的朋友们去奥斯汀第六街泡夜店时，他们会跑到经常有女大学生联谊会的成员出没的高人气酒吧，而我则会跑到"鲇鱼餐吧"，这是一间黑人经营的餐吧，一进去就容易热得汗流浃背，这里卖鲇鱼和啤酒，演奏蓝调音乐。轮到凯尔·特纳（Kyle Turner）吹萨克斯风或是盲人乐队蓝雾上台时，餐吧里就会人满为患，挤得只有站位。我会在啤酒冷却器旁边找个站位，斜靠在上面，吹着凉气让自己不至于汗如雨下，并自己拿啤酒喝。拉伦（Laron）负责管理餐吧。塔米（Tammy）是一位如摇滚明星般受人欢迎的黑人女招待，她像深邃午夜般美丽迷人，以至于所有男人都觉得自己有机会，并因此而愿意多掏点小费。其实，他们全都没有机会，我也包括在内，即便如此，我们还是会多给一点小费。一天晚上大约打烊的时候，我将我喝的六瓶啤酒钱付给拉伦，告诉他我想找一份服务员的工作。手模的工作很少，我需要多赚点零用钱，另外，我也很喜欢蓝调。拉伦笑了起来。因为，我是来这里的唯一一个白人，男女都包括在内。

"我是认真的，我手头紧，而且也喜欢这里的音乐。"我说道。

他又笑了，然后盯着我看了一会儿。

TRIBES

部落

我们渴望接受我们本来模样的爱人、伙伴、新成员、战友和同盟。

人们相信，拥有价值的群体和个体都想要生存下去，并希望至少在达尔文进化论的意义上繁衍出更多的后代。

刚开始的时候，这是一个凭借眼缘做出的选择。

以何地、何事、何时、何人……作答我们的"为什么"。

顺应当今政治正确气氛的崛起，我们更加仔细地观察彼此，并学会用我们所最重视的东西去掂量他人价值的竞争力。

这时，性别、种族和诽谤的"政治学"便会让位于我们的共有价值观。

越是走遍千山万水，我们越能意识到人类的需求是多么相似。

我们渴望被爱，渴望家庭，渴望社群，渴望拥有可期的未来。

这些基本需求存在于一切社会经济和民族文化之中。

我在北非的沙漠中见过许多部落，他们一家要养九个孩子，没有供电，却比我见过的大多数丰衣足食的人拥有

更多的快乐、爱、荣誉和欢笑。

我们可以选择去热爱一些人，与他们交友，号召他们加入我们的队伍，与我们结成联盟，并给予他们支持。

这些，是我们信任的人，更重要的是，他们也信任我们。

我认为这是人人都需要的。我们要相信别人，也要被人信任。

我们每个人都必须首先得到自己的信任，然后再信任彼此。

先赢得自己的信任，然后赢得我对你的信任，接下来，再建立彼此之间的信任。

旅行和人性是我的两位最伟大的导师。

这两位导师帮助我理解了人类之间的共同点，即价值观。

先融入自己，再融入世界。

价值观可以传播千里。

有的时候，只需走到街道的另一头，我们的护照上便多出了一枚印章。

"好吧，你简直脑子缺根弦。"他一边说，一边拿出一支笔在收据上写了几个字，"星期二上午九点到这个地址去找霍默。他是餐吧老板。我会提前通知他。"

我在约定的时间到了指定的地方。这是一家俱乐部，也在第六街，但是面积更大，也要开阔得多。鲇鱼餐吧的生意很好，很快就会搬到一个更大的场地——也就是这里。房间的中央站着一个黑人，体重足足超过一百五十公斤，身穿一件全白的保洁员制服，汗水滴在他正在用拖把拖着的地板上。另一个黑人背对着入口站在吧台前，正在处理文件。

"霍默？"我大声喊道。

吧台前的那个人没有动弹。另一个人只顾继续拖地。

"霍默·希尔（Homer Hill）！"我提高了嗓门儿。

吧台前的那个人从右边扭过头来，一副被人打扰了的样子。

"对，我就是。"

"我叫马修，拉伦安排我过来跟你见见面。我想去鲇鱼餐吧当服务员。"

他朝身后的我说："哦，没错，有这码事儿。去拿根拖把，跟卡尔（Carl）一起打扫男厕所吧。"

卡尔拿着拖把转过身，提着他的水桶往厕所走去。他头也不回，指指靠在后墙放着的另一套拖把和水桶。

这让我有些始料未及。我对霍默笑了一下，但他没笑。就这样，我打起精神，走到男厕所，开始拖起地板来，那股劲头简直就像是上赶着要抢卡尔的饭碗一样。

十几分钟过去了。正低头打扫厕所隔间的时候，我听到有人说："伙计，把拖把放下。"

我转过身去，说话的是霍默。

"你是真想当服务员吗？"

"是的，真的想。"我说。

霍默轻轻摇了摇头，从鼻子里嗤笑出声。"好吧，周四晚上六点到鲇鱼餐吧上班。你先让塔米带带你，摸摸门道。"

周四晚上五点四十五分，我来到鲇鱼餐吧。从前都是在夜晚以酒吧常客的身份跟塔米打交道，但现在，来找她讨教的我却不太招她待见。塔米是这里的"女王"，整个场子都归她管，而现在，我不仅入侵了她的领地，还要瓜分她的小费。即便如此，在接下来的三个晚上，塔米还是带着我熟悉了流程。上班时在哪里打卡，如何操作收银机，怎样给厨师报菜，一晚的工作结束时如何给厨师小费，哪些餐桌不久后会交给我负责，哪些大手笔的顾客我最好连看都别看。

下一周的周四晚上，我正式成了一名服务员。动真格的时候到了。顾客中百分之九十是黑人男性，百分之十是这些男性带来的黑人女伴。这些黑人男性中有百分之八十是单身，虽然也钟爱蓝调音乐，但他们却是为了塔米来餐吧的。这些人不想被一位年轻的白人男子招待，从他们给的小费就能看得出来。第一天晚上结束时，我赚了三十二美元，而塔米则拿到了九十八美元。

在接下来的两年里，每逢周四到周六，我都会到鲇鱼餐吧当服务员。这些黑人男性顾客中的很多人都成了我的朋友，甚至主动坐在我负责的区域。但是，很多人不代表大多数人。塔米和我成了好朋友，但是就像对待餐吧里的所有直男一样，她连在她脸上轻吻一下的机会也没给过我。

我从未停止努力，但在小费上，我从没占过上风。

鲇鱼餐吧

这么多年以来，霍默和我一直保持着朋友关系。上个赛季，我们还一起去看了一场长角牛队的比赛呢。

又是一盏绿灯。

人生在世，我们不是来忍受人与人之间的差异的，而是来接受它的。
我们不应颂扬人与人之间的一致，而要尊重我们的不同。
我们并非出生在同样的环境中，能力也各有千秋，但我们应该享有平等的机遇。
作为个体，我们因价值观而团结为一。
让我们为此而高歌。

鲇鱼餐吧的工作让我的口袋里多了些闲钱，但还没有多到让我对免费饮料说不的程度。我会接上女朋友托尼娅（Tonia），把她带到凯悦（Hyatt）酒店顶层的酒吧，我的同学山姆（Sam）在那里当酒保，免费的饮料就是这么来的。

"山姆，两杯伏特加汤力。"

山姆端来饮料，说："酒吧那头的那个男人正在奥斯汀做电影。他每晚都会来这儿，我帮你引荐一下。"

就这样，我认识了生命中独一无二的唐·菲利普斯（Don Phillips）。

我表示了对他来奥斯汀的欢迎。我们俩都打高尔夫球，打球的球场有所交集。跟我一样，他也爱喝伏特加汤力，而且酒量惊人。

几个小时后，唐站在一把椅子上口若悬河地高声讲述他的一段故事，酒店管理人员走过来劝他冷静下来，但无济于事。当管理人员看出唐与"收敛"二字不共戴天之后，便试着把他从酒吧赶出去。

我下肚的酒和唐不相上下，因此也懒得管唐冷静下来没有，就这样，我们俩被不客气地"请"出了凯悦酒店。时间已是凌晨两点，在他打车送我回公寓的路上，我拿出一支烟，跟他一起抽了起来。

"马修，你演过戏吗？"他问道。

我告诉他，我在一支米勒啤酒的广告里露过大约一秒半的脸，还在特丽莎·伊尔伍德（Trisha Yearwood）的一支音乐录影中担任过男主角。

"是这样，我现在担任选角导演的一部片子里有一个小角色，你说不定合适。明天早上九点半到这个地址来取剧本，我会把角色的三场戏标出来。"

出租车司机把我送到公寓，我与唐道了晚安。

第二天早上九点半（其实是同一天的六小时后），我来到了唐所说的地方，那里放着一部写着我名字的剧本，还有一张唐手写的字条："这是剧本，角色的名字是'伍德森（Wooderson）'，我帮你安排一场两周后的试镜。"

多年以来，我一直将剧本里让我找到感觉、尽情发挥的台词称为"起飞台词"。在我面前的，便是电影《年少轻狂》的剧本，让我抓住放飞快感的起飞台词是：

"老兄，我之所以这么爱这些高中女生，是因为我会变老，但她们总是芳华不易。"

伍德森这个角色虽然已经二十二岁，但还是终日在高中闲混。这句台词打开了通往他整个内心世界的大门，就像一部直指他灵魂深处的百科全书。我回想起哥哥帕特上高三时的一件事，那时我十一岁，帕特是我的哥哥，也是我的偶像。一天，帕特的雪佛兰 Z28 正在店里保养，于是母亲便开车带我去学校接他。

我们开着那辆七七年的木质旅行车缓缓穿过校园，母亲开车，我在后座往窗外看。帕特不在我们约好接他的地方。

"他在哪儿呢？"母亲问道。

我扭头左右张望，又透过后车窗向外看。帕特就在我们身后大约九十米，靠着砖墙站在学校吸烟区的庇荫处，只见他屈着一膝，靴底踏在教学楼的外墙上，口中抽着一根万宝路，看上去比詹姆斯·迪恩（James

Dean）更加酷劲十足，而且比他还要高出半米多。

"他在——"我正要大喊出来，突然又把话咽了回去，因为我意识到，他会因为抽烟而挨训的。

"你说什么？"母亲问道。

"没什么，妈妈，没事儿。"

在十一岁的我看来，哥哥的那个形象仿佛罩上了浪漫的光环，他靠在那堵墙上，手肘低垂，腕部放松，手指慵懒地夹烟的样子，简直就是"酷"字最经典的写照。在我看来，他的身影足有三米高。这个形象，在我的心灵和大脑中都刻下了挥之不去的印记。

大约十一年后，伍德森的形象就是从那个印象中诞生的。

> **酷**
>
> 酷是一种自然法则。
> "一时"的酷，能够成为"百世"经典。
> 而时尚，却只是酷的树干上长出的一根树枝，
> 无论时尚如何想要拉拢人心，
> 这转瞬即逝的风潮却只能昙花一现。
> 而酷却经得起时间的考验。
> 因为酷从不会趋炎附势。
> 酷，向来安然自得。

❨❩

我有十天的时间为试镜做准备，而我对"我的好兄弟"[1]已经了如指掌。但是从严格意义上来说，这次试镜算是一次工作面试，所以我特地刮了胡子，穿上我最好的一件长袖扣领礼服衬衫，并掖进裤腰里。我来到现场，与导演理查德·林克莱特（Richard Linklater）打了招呼，他很快就问我："你并不是角色这种人，对吧？"

"不是，"我回答，"但我知道他是谁。"然后我向后靠去，垂下眼睑，把香烟夹在食指和中指之间，将我心中的伍德森呈现给他。

我被选中了。

里克[2]嘱咐我不要刮胡子。

拍摄工作已经全面展开。很快，我就被叫到拍摄现场"试妆"，也就是说，我要在拍摄现场为演员安排的房车里尝试妆容和发型，试穿专门为角色挑选的服装，然后导演会趁着拍摄间隙过来，认可我的整体"形象"，或给出修改建议。

那天晚上，剧组在奥斯汀的"顶级汉堡"得来速快餐店拍摄。片场设在奥斯汀北部，我还记得我化好妆容、穿好戏服，从房车里出来，走到距离片场差不多三十米的伯纳特街人行道上。里克迎面走来。他一边朝我靠近，一边笑吟吟地打量着我。他摊开手掌、张开双臂，上下端详着我的扮相。

"桃红色裤子……泰德·纽金特[3]的 T 恤……油头……络腮胡……

---

1 "我的好兄弟"是马修对他出演的所有角色的爱称。

2 导演理查德的昵称。

3 马修所穿的 T 恤上印有摇滚明星泰德·纽金特（Ted Nugent，昵称 the Nuge）的头像。

你前臂上的是黑豹刺青吗？"

"没错，导演，你觉得怎么样？"

"我挺喜欢的。效果很好，伍德森就该是这样。"

顺便提一句，那天晚上我并不是去拍戏的。当晚拍摄的所有戏里都没有伍德森。我到现场，只是为了让里克对我的发型、妆容和服装给出意见。

这时，里克突然心生一计，于是我们便玩起一个叫作"问答创意"的游戏，这个小诀窍，我俩至今仍会用到。

"我知道，伍德森很可能会跟那些传统意义上的'性感'高中女生约会，"他说，"比如啦啦队队长、军乐队队长这种女孩——但是，你觉得他会对红发的书卷气女生感兴趣吗？"

"当然了，导演，伍德森各种妞儿都喜欢。"

"对吧，没错吧……是这样的，玛丽萨·瑞比茜（Marissa Ribisi）扮演的辛西娅（Cynthia）就是这种红发的知性女孩，她现在就在得来速那儿，她的书呆子朋友们就坐在车后座。你觉得伍德森会把车开到旁边跟她搭讪吗？"

"给我三十分钟。"

我一个人独自散了会儿步。

"我的好兄弟是个什么样的人？"我问自己，"今天晚上这场戏讲的是什么？"

"这是他们放假前的最后一天，大家都想找个地方开心一下。我的角色应该会说点西班牙语。"

还没来得及多想，我就在拍摄现场坐进了我的车里（其实是伍德森的车），身上别好了便携式麦克风。

"我一喊'开拍'，你就拿出伍德森的架势把车停到她身边，跟她搭讪。"里克指示道。

"好的，明白了。"

要说明的是，新加的戏没有台词，这又是我第一次在电影片场拍片，之前从未有过类似的经验。我心神不定，又开始翻来覆去地思考起角色的背景来。

"我的好兄弟是谁？伍德森是谁？他有什么爱好呢？"

"我爱我的车。"

好吧，我正坐在我的七〇年款雪佛兰里。这是爱好之一。

"我爱抽烟后的感觉。"

好的，斯雷特（Slater）正坐在副驾驶位上，他总是随身带着卷好的烟。这是爱好之二。

"我爱摇滚乐。"恰好，车载八轨磁带播放器里正放着纽金特的《锁喉》。这是爱好之三。

就在这时，我听到了"开拍"的指示。

我抬起头看着停车场那边带着书卷气的红发姑娘"辛西娅"，我对自己说："我爱小妞。"

我挂好挡，缓缓把车开出去，在心中告诉自己："好嘞，四个爱好里我已经拥有了三个，现在我要去追寻第四个了。"然后，我大声说道：

不赖，

不赖，

不赖。 [1]

这三个词，这三个对于我——伍德森——现已拥有的东西的肯定，是我在电影中说的头三个词。在这部电影里，我的角色只有三场有台词的戏，但最终，我却为拍摄这部电影花了三周的时间。

车中的我

现在，二十八年之后，这三个词依然常伴我左右。有人把它们挂在嘴边，有人把它们偷来自用，有人把它们印在帽子和 T 恤上，有人把它们文在手臂和大腿内侧。我求之不得。这是一种荣誉。因为，这三个词是我从事演员这份工作的第一晚所说的第一句台词，这份原本只当作爱好的工作，却成了我的职业。

又是一盏绿灯。

1　"Alright，alright，alright"，这不仅是马修在大银幕上的第一句台词，后来也成了他颇具代表性的标签。

> **"连"胜**
>
> 任何成功，都有前因后果。
> 先把一件事做好，再把另一件做好。
> 一次，再一次。
> 一次次重复，直到最后，然后，迎接
> 下次"连"胜。

∞

拍摄的第五天，晚上七点左右，我接到了母亲的电话。当时，我正在厨房。

"你爸去世了。"

我的膝盖一软，不敢相信这一切。父亲是喜马拉雅的雪怪，力大无穷，体魄像熊一般强壮，有着维京人般的免疫系统和公牛般的蛮力。这不可能。他是我的父亲。没有什么人或事能让他丧命。

除了母亲。

父亲总是告诉我和哥哥们："孩子们，我要在跟你们的妈妈翻云覆雨时离开这个世界。"

真被他说中了。

早上六点半醒来时，他突然来了兴致，于是就和这个与他离过两次婚、结过三次婚的女人做起了爱。这个女人就是他的妻子凯蒂，也就是我的母亲。

高潮时，他的心脏病突然发作。

没错，对于自己，他也算是一语成谶了。

我的父亲

顺境

顺境让我们忘记逆境。

身陷窘迫时，好时光仿佛遥不可及。

二者看上去仿佛都是绝对的终点站，是我们一生的结论。

爱开玩笑的宇宙却爱作弄人，昨天的情景已然逝去，一切皆是逗号，没有句点；一切皆是停顿，没有停留。

快乐是租来的，痛苦也是。

◯◯

那天晚上我开车回到休斯敦的家。两天后，我们举行了一场爱尔兰式的守灵会，数百名亲友齐聚一堂，分享关于父亲的故事，而这也正是父亲在谈到后事时指示我们做的事。

和很多人一样，失去父亲是我步入成年最重要的仪式。我失去了安全网，也不再有法律和政府之外的人给我关照。是时候长大成人了，是时候与那个曾在半夜里搭建树屋的小男孩说再见了。

突然之间，我茅塞顿开，把这几个字刻在了一棵树上：

少些动容，

多些投入。

我们越早对自己的生活、成就、事业、人际关系和未来的前景"少些动容"，或者说，越是能对这些少动些心，而是"多些投入"，我们就能以越快的速度把这些事情做得更好。我们不能把心里痛快当成唯一的目标。

所有我在一生中曾经敬畏过的凡间事物，我曾带着尊崇抬头仰望的一切，瞬间都降低到了与我齐平的高度。一切我在一生中曾经鄙视过或居高临下俯视过的凡间事物，却又突然之间抬升到了让我平视的高度。

现在，世界变平了，而我，则直视着命运的双眼。

是时候卖掉我所有的红色跑车了。

是时候停止幻想，开始面对现实了。

足够强大

我足够强大
敢于承认我会害怕
敢于认识自己的胆怯
我足够强大

我足够强大
敢于挺身而出
敢于做个男子汉
敢于做自己
我足够强大

我足够强大
敢于感受爱
敢于认识爱
敢于去爱
我足够强大

我足够强大
敢于想我所想
敢于勇敢去追
敢于身陷车流，但向往远征
我足够强大

我足够强大
敢于醉生梦死
敢于醒醉参半
敢于超脱这游戏人生，探寻绮梦
我足够强大

我足够强大
敢于开拓引领
敢于遵循跟从
敢于同床共枕
敢于独守空床
我足够强大

我足够强大
敢于为生而死
敢于向死而生
我足够强大

我足够强大
敢于崇拜偶像
敢于成为自己的偶像
我足够强大

我足够强大
敢于有所不知
敢于推本溯源
我足够强大

我足够强大
敢于知错就改
敢于迷途知返
我足够强大

是时候好好照顾母亲了。

是时候好好照顾自己了。

是时候从儿时的胡思乱想中清醒过来了。

是时候真正鼓起勇气了。

是时候成为一个男子汉了。

◐◑

制作团队告诉我好好料理家事，不要急着回来，我的家人却坚持让我回到奥斯汀，把尚未完成的工作做好。守灵仪式四天后，我开车回到奥斯汀，当晚就回到了剧组。

那天晚上，我们在足球场拍摄电影最后一场戏中的一个场景。和以前一样，虽然我在这场戏中没有台词，但林克莱特还是希望我出现在里面。当晚拍摄开始前的日落时分，我与导演绕着体育场散步，讨论着人生、失去和生命的意义。

"兄弟，我觉得生命的意义就在于好好生活。"我说道，"虽然我父亲的身体已经不在人世，但只要我将他的精神延续下去，他的精神就能继续活在我的身体里。我还可以和他交谈，可以尽我所能地按照他的教诲去生活，让他的精神永存。"

在那个晚上的戏中，兰德尔·平克·弗洛伊德（Randall Pink Floyd）[1] 要决定是否为了留在足球队里而签署"不吸毒"誓言，也就是在这个晚上，我将这个理念永远留在了镜头中。

---

1 《年少轻狂》里的角色。

August 2, 1992 *

"兄弟，你得做兰德尔·平克·弗洛伊德想做的事。

告诉你，你的年纪越大，他们就越会拼命让你遵守更多的规矩，但你必须继续活下去，老兄，生! 命! 不! 止! "[1]

生命不止……之所以不加引号，是因为这不是任何人的专有名词；之所以加粗，是因为生命是一个动词。

一九九二年八月二日[2]
生命不止

j.k. livin

　　失怙之痛使得我在《年少轻狂》里饰演伍德森的三周时间显得很是难熬，但我受益匪浅，又让我对这段时间心怀感恩。去年，父亲给了我做我想做的事的自由，却没来得及亲眼看到我从事这份工作的成果，不过，他亲眼见证了我如何开启这份必须完成的事业，这个最终演变为一份职业的爱好。父亲生命的终点与我银幕内外人生的新起点合二为一，我从中感受到了一种难以言说的机缘巧合。

　　在《年少轻狂》拍摄现场积累的三周实践经验，让当年秋天回到

1 这是马修在《年少轻狂》中对兰德尔·平克·弗洛伊德所说的一段台词。

2 这是父亲生前最后一张照片。当时他正在佛罗里达的纳瓦拉海滩，梦想着若能"发笔横财"退休的话，就在这里开一家自己的牡蛎餐厅。——原注

if you're not a starter
and you think you should be,
give em no choice in the decision.
play so well it's undeniable.

如果你不是主动寻找机遇的人，但你觉得
你应该一试，那就拿出无懈可击的状态，
别给对方对你说"不"的机会。

电影学院读大四的我的导演能力有了飞跃。我导演了一部叫作《奇卡诺¹战车》的关于美国南部西班牙低底盘骑手文化²的纪录片，并对成片非常满意。同年，我尽己所能地多参与表演，在电视纪录片《未解之谜》中出演了一个角色，也在另一支音乐录影中露面。我已经做好了毕业的准备，不愿再"眼巴巴地期盼"，而是要"将梦想变为现实"。

我计划毕业的第二天就开车到好莱坞去，暂时睡在唐·菲利普斯的

1 奇卡诺人指出生于美国而祖先为墨西哥人的美国人。

2 低底盘骑手文化是一种社会、文化、审美的象征，此文化由墨西哥裔美国人于 20 世纪四五十年代开创，他们会对老式汽车进行改造，放低底盘，并对车身进行个性化喷绘。

沙发上，直到我能得到有报酬的角色，或是在电影制作行业找到有薪水的工作。《年少轻狂》的制片经理阿尔玛·库特鲁夫（Alma Kuttruff）暂定让我在科恩兄弟（Coen Brothers）的下一部电影《影子大亨》中担任片场制片助理，电影计划在几个月后开拍。

但在此之前，我在奥斯汀本地拍摄的电影《德州电锯杀人狂再临》中当了一天演员。我的角色是蕾妮·齐薇格（Renée Zellweger）扮演的女主角的白马王子，一个在影片开头从她的校门前骑摩托飞驰而过的穿黑色皮衣、戴墨镜的神秘男子，在她在惊悚一夜死里逃生之后来接她，骑车奔向落日。这个角色没有任何台词。

周六拍摄的几天前，我与导演金·汉高尔（Kim Henkel）见面，他问我认不认识适合饰演男主角维尔默（Vilmer）的男演员，这个角色是一位安了一条机械腿、开着一辆房车的杀手。我把两位在唐娜·亚当斯经纪公司认识的演员介绍给他。

我把已经堆得满满当当的 U-Haul 搬家卡车挂在四缸道奇上，开着这辆我叫它"朗维尤冲浪者"的皮卡，顺道来到用作这部片子制片办公室的一座小房子，领取当周周末要拍的两场戏的剧本。下周一一到，我就要"一路西行"，去追寻我的好莱坞之梦了。

拿到这两场戏的剧本后，我走出房子，顺着一条柏油小道穿过一个圣奥古斯汀草肆意丛生的小院，来到车子停靠的路边。我用钥匙打开驾驶座一边的门锁，把门打开，正要坐进驾驶室里时，一个念头突然浮现在脑海中："我为什么不能试试维尔默这个角色呢？"

我从车门大敞的车上下来，在身后关上门，然后大步流星地顺着步道走到办公室的门口，没敲门就直接走了进去。

"嘿，马修，你忘什么东西了吗？"金问道。

"没错，有事儿忘了。我想试试维尔默这个角色。"

不难看出，金始料未及，他说道："呃，没问题，是个好主意，你想什么时候试？"

"就现在吧。"我脱口而出。

他回答说："呃，我们这儿没有女演员，只有你、我和米歇尔。"我看了看坐在办公桌后的秘书米歇尔。

"行，我来吧。"她说道。

"你介意我试着把你吓个半死吗？"我问。

"不介意，没问题，尽管来吧。"她摆出勇敢的样子。

我走到厨房，抓起一把超大号的金属调羹，拿出维尔默那穷凶极恶的架势大步走回房间，仿佛安了一条机械腿一样，我一瘸一拐地把米歇尔的桌子从我面前拉开，把她逼到角落里，直到把她吓得哭了出来。

"如果你想要，这个角色就是你的了。"金说。

"嗯，演得太棒了，真的很吓人。"米歇尔表示同意。

我碰了碰运气，幸运地拿下了角色。拍摄要持续四周时间。

我的所有家当都已装入了搬家车，之前居住的公寓的合同已终止，因此，我给一位朋友打了电话，暂时睡在他家的空沙发上。我的"西行"之旅不得不再推迟一个月，因为我的第二个电影角色正等着我呢。我要扮演的是维尔默，一个开着房车，安装了一条机械腿，可遥控器不幸被盗[1]的杀手。

---

1 在电影中，蕾妮·齐薇格扮演的女主角珍妮偷走了维尔默用来控制机械腿的遥控器，成功出逃。

精灵在烟雾中

人们想知道，如何在生活中功成名就。
才能意义重大，勤奋也不可或缺。
的确如此。
但是，不要忘了那团烟雾。
那无以名状的星标，那不可定义的玄妙。
有人称之为灵感。
有人称之为魔法。
精灵就藏在这魔法之中。
魔法就隐于这烟雾之中。

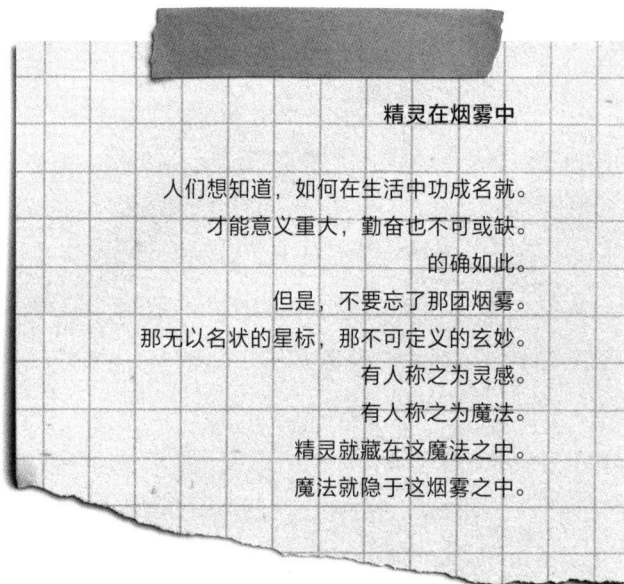

　　四周过去了，我将四千美元酬劳装入囊中，开着"朗维尤冲浪者"，拉着满载的搬家卡车，驶上了 10 号州际高速公路，驱车二十四小时前往好莱坞。

　　到达目的地加州印第奥时，我已经连续开了二十多个小时的车，肾上腺素直线飙升。就在那时，我看到了一个高速路出口的标牌，上面写着"日落车道"。是日落大道吗，还是哪条也叫'日落'的小路？管他呢，那一定是通往那条独一无二、大名鼎鼎的日落大道的出口。当时，是晚上八点。

　　"老天，我这一路开得还真快。"我心想，一边踩油门加速。

　　还在奥斯汀的时候，我已经做好计划，要在第一次踏入好莱坞时播放一直放在副驾驶座上的那张 CD，就是大门乐队的《洛杉矶女人》。我把 CD 放进播放器，把音量调大，雷·曼扎克（Ray Manzarek）的键盘和杰里·谢夫（Jerry Scheff）的低音吉他开始让我渐入佳境。我把音量调得更大，这首是迎接我来到加利福尼亚好莱坞的独一无二的"主题曲"，扬声器震彻的声音充斥在我的血管中。

但是，此日落车道并非彼日落大道。实际上，10 号州际高速公路西段旁的日落车道，距离同一条高速公路连接的日落大道还有大约二百六十公里的距离。而当时对此两眼一抹黑的我，却把《洛杉矶女人》这首歌循环播放了二十二遍，总以为"好莱坞"几个璀璨的大字会在下一座山头上闪现。

晚上十点三十六分，我来到了唐·菲利普斯位于马利布海滩的别墅。我按响了门铃，没人回应。我又按了一次。

"来了来了，谁呀？"终于，唐在门后发话了。

"是我，麦康纳！"我大喊道。

"哦，是麦康纳呀，你能不能晚点回来？我正跟屋里的小姐忙活着呢。"

连续二十四小时的车程，加上对日落大道的过早期待已让我身心俱疲，我大声吼道："想都别想，我没法晚点再来，我告诉过你我今晚就会过来，我可是从奥斯汀一路开过来的！"

唐开了门，只见他赤身裸体，身体兴奋。

"对，你说得没错，"他说，"给我二十分钟。"然后，他就在我面前关上了门。

欢迎来到好莱坞。

又是一盏绿灯。

◖◗

寄宿唐家的生活很悠闲，沙发也舒服。每天晚上，他都会给我们做一份菲力牛排，餐后再来一勺浇着草莓果酱的香草哈根达斯冰激凌，他总会用自己能拿出的最标准的法国口音宣布"压——轴菜来啦"。冰箱里总存着一瓶新放进去的红牌伏特加。尽管如此，我还是需要一份工作。

我接到通知，《影子大亨》的制作被延后到了下半年，我一直指望的制片助理工作泡汤了。我六神无主，急着想开始工作，找个经纪人，读读剧本、试试镜，再不济，我也可以再找一份制片助理的工作。但这两个选项都没有什么进展，而唐则是我在好莱坞唯一的人脉。

好莱坞

渴望她，但别需要她。
若能如此，那你尚有机会；如若不能，你便难求芳心。
那永恒的未知之域，人人都会贪求，但这未知，只能借用，
不能拥有。
那可望而不可即的白水牛 [1]，在每次月下幽会时诱惑你，
挑战神性。
她是否真的存在？
答案在于我们需要什么，但真正的问题是我们渴望什么。
渴望她，但别需要她，如此一来，她才可能让你一睹芳容。

1 白水牛被数个美洲原住民文化奉为神圣之物，拉科塔民族将白水牛女神视为代表丰饶和灵性的神灵。传说酋长派两名男子外出寻找食物，见到一位白衣女子，其中一人对她产生了欲望，拥抱了女子，最终因亵渎白水牛女神丧命。

一天晚上，我正在吃牛排时，漫不经心地问唐："喂，唐，你能帮我找个经纪人安排一次会面吗？我只有几千美元了，必须得找份工作了。"

唐厉声说："你这蠢货给我闭嘴！这座城市嗅得到你汲汲营营的穷酸劲儿，还没开始，你就已经败了，你记住了吗？！你需要的是冷静下来，是从这儿滚出去！离开好莱坞，到欧洲去，随便去哪儿都行！把你'必须得到什么东西'的想法清理干净再回来！然后，我们再谈经纪人会面的问题。你给我记清楚了！"

他是认真的，我知道他是认真的，我也明白他的用意。清清楚楚，明明白白。

◉◉

拍摄《年少轻狂》时，我跟科尔·豪瑟（Cole Hauser）和罗里·考克伦（Rory Cochrane）成了朋友，利用我刚刚获得的空闲时间，我们聚在一起，决定一起去欧洲旅游一个月，租几辆摩托车骑行。我们收拾好背包，凑了些零钱，买好阿姆斯特丹的往返机票，便开启了欧洲之旅。

到达目的地后，我们租了一辆车往南开，在德国的罗森海姆找到一家最高档的摩托车店。身穿无袖衬衫和脏牛仔裤的我们，与店主约翰（Johan）分享了我们准备骑摩托穿越欧洲的计划。

"让我来为你们的冒险找几辆最带劲儿的摩托吧。"他说。

科尔选了一辆车身庞大的川崎 1000，罗里选的是杜卡迪怪兽 900，我则选了一辆宝马耐力越野 450。[1] 这几辆摩托车都是崭新的，从未被人

---

1 事实证明，这辆宝马耐力越野 450 并不适合在欧洲的高速公路上骑。如果你的摩托车时速只有大约 170 公里，就会被半挂式卡车和巡航定速为时速 290 公里的 12 缸发动机跑车撂到路边去。——原注

骑过。一切就绪。约翰把账单加在一起，总价超过了一万两千美元。

"我们的钱不够租一个月。"我说。

"好吧，你们有多少钱？"他问道。

"够租三天吧。"罗里回答。

约翰深吸一口气，盯着我们看了许久。他那腋毛浓密的妻子站在后面，丈夫的语气和表情都让她快快不乐。

"我像你们这么大的时候，曾经骑着一辆摩托车和朋友游遍了欧洲。之所以开这家店，就是为了让你们这样的顾客像我一样去探索。你们真的应该租下这些摩托，试试驾车驰骋的感觉。"约翰语气坚定。

"但我们的钱不够，我们每辆摩托只能给你四百美元。"

"不要相信他们，"他那腋毛旺盛的妻子说，"他们可能再也不会把摩托骑回来了。"

"我们会骑回来的，如果需要的话，我们可以把回美国的经济舱机票放在这儿抵押。"我说。

他的妻子看出这笔交易走向不妙，心中很是不满。她使劲地摇头劝阻。

"四百美元一辆，总共一千二，给我一千二，然后骑着这几辆摩托玩一个月吧，"他说道，"我不需要你们拿回程票做抵押。去吧，去骑行，去探索，去冒险吧，等你们回来的时候，我想听听你们沿途的故事。"

我们不敢相信自己运气这么好。约翰给了我们每人一个热情的拥抱，说："玩得开心！"我们相视而笑。就这样，我们将崭新的摩托车从展厅里推了出来。

"别着急，""腋毛"夫人插话了，"把你们的机票交给我。"

我们把票交给了她，然后骑出了停车场，后视镜里的约翰一脸自豪与满足地目送着我们离开，妻子在他的耳边骂骂咧咧。

我们穿越了德国、奥地利、瑞士阿尔卑斯山脉和意大利。沿途地貌壮美，能骑行领略，真是一大幸事。大约骑行了十一天，在前往意大利的海滨小镇塞斯特里途中，罗里以近一百九十公里的时速冲出高速公路出口，不慎翻了车。神奇的是，他只受了很轻的伤，磨破了一条皮裤，在医院待了一晚就出院了。但是，那辆崭新的杜卡迪怪兽 900 报废了。

第二天，罗里打电话告诉约翰这个坏消息。"我把杜卡迪撞坏了，约翰。我把摩托给弄报废了。"

"等等，罗里，你说你把车撞坏了？"约翰问道，"你没事吧？"

"嗯，我没事，但是摩托车报废了。真对不起，老兄。"

"我不在乎摩托，你没事儿就行。"

"我没事儿。"罗里回答。

"那太好了，摩托车在哪儿呢？"

"在塞斯特里莱万特 74 号出口旁边的一片地里。"

"好的，我现在就派卡车和司机过去。他明天下午应该就能到那儿去把报废的摩托拉走。你们在那儿等他。听到你没事儿，我就放心了。"

第二天下午大约三点，我们三个人站在地里，身边是毁得不成形的摩托车，这时，一辆大卡车开了过来。开车的是约翰，他热情地跟我们打了招呼，看了看那辆报废的杜卡迪，然后打开卡车的后备厢。

罗里、科尔和我把惨不忍睹的摩托装进卡车时，约翰从卡车上卸下了什么东西。原来是另一台全新的杜卡迪怪兽 900。"我很高兴你没出事儿，"他说，"继续尽情地骑吧。"

我们便"恭敬不如从命"了。

三个星期后，骑行了几千公里的我们回到了约翰位于罗森海姆的门店。胯下的摩托车虽然不再崭新，但没有再报废过。

我们一到，约翰就在停车场用热情的熊抱迎接我们。

"快进来喝杯咖啡，跟我说说你们的冒险经历。"他面带微笑地说。

"简直太棒了，"我说，"我们在高速公路上赛车，从奥地利的河里取水喝，穿越瑞士阿尔卑斯山脉，在墨索里尼的藏身处吃晚餐，又在里米尼狂饮到天亮。"

"谢谢你，约翰，这是我们经历过的最棒的旅行。"科尔说。

讲了几个小时的故事后，我们所租的汽车到了，是时候回阿姆斯特丹赶第二天回美国的飞机了。

约翰的妻子不情愿地把返程机票还给了我们。

罗森海姆的约翰，真是个值得尊敬的好人。

一整个月里，我都没有想过找经纪人或工作的事。带着几位值得结交一生的挚友和更多值得分享的精彩故事，我回到了马利布。

又是一盏绿灯。

沙土路与高速公路

少有人走的路不一定是沙土路；
对于一些人来说，这可能是一条高速公路。

罗伯特·弗罗斯特（Robert Frost）是对的，踏上那条少有
人走的路，人生便从此不同。

然而，这条路不一定是最人迹罕至的路。
它也可能是我们自己不常走的那条路。

内向的人或许得走出家门，投入世界，敞开胸怀。
外向的人或许要待在家里，品读一本书。

有的时候，我们需要求之于外。
有的时候，我们需要沉寂于内。

对于我们来说，有时，少有人选择的是一条孤单的沙土路；
而有时，少有人选择的却是人潮拥挤的 7 号地铁线。

part 4

第 4 章

The ART of running
DOWNhill

"下坡"的艺术

一九九四年一月

　　知道我跟约翰的"好老弟们"一起骑摩托穿越欧洲，唐开心极了。我们三个在《年少轻狂》中的角色，都是由他亲自挑选的。又一次回到他的沙发上暂住的我，对于见经纪人的事情只字不提，连想都没想过。因为，我不需要去想。

　　一天晚上，一起吃哈根达斯香草冰激凌配草莓果酱时，唐说道："你准备好了。明天早上，我们要与威廉·莫里斯精英经纪的布莱恩·斯沃兹特伦（Brian Swardstrom）和贝丝·霍顿（Beth Holden）见面，这是唯一一家愿意跟咱们见面的经纪公司。告诉他们你除了演戏还想做导演，这样一来，人家更会觉得你没那么想要这份工作，他们一定会对你垂涎欲滴的。"

　　我在《年少轻狂》中塑造的伍德森就是我的简历，这部电影几个月前在少数影院[1]上映。（《德州电锯杀人狂再临》还未上映。）

　　我脚踩靴子，身穿牛仔裤，将扣领礼服衬衫掖进裤腰，与两位握

---

1. 这种发行模式通常指在一个国家主要城市的少数影院发行新电影，从而权衡纪录片、独立电影和艺术电影的潜力。

了握手，然后坐下来接受新一轮的面试。我给他们的感觉是我虽然渴望他们，但不需要他们。斯沃兹特伦的回应较为谨慎，霍顿却狠狠地咬钩。第二天，我便与威廉·莫里斯经纪公司签了约。

　　故事发展到这里，一般的情节是：想要成为演员的年轻人来到西海岸，低声下气地争取到几百次试镜，却无一例外地"与成功失之交臂"，因而不得不靠做服务员过活。

　　但是，我的故事并不是这样发展的。

　　与威廉·莫里斯经纪公司签约一周后，我得到了在好莱坞的第一次试镜机会，选角导演是汉克·麦肯（Hank McCann），角色是《潇洒有情天》里德鲁·巴里摩尔（Drew Barrymore）诚恳老实的丈夫亚伯·林肯（Abe Lincoln）。他们对我的试镜挺满意，安排我在六周后与导演赫伯·罗斯（Herb Ross）再试一次镜。第一次试镜的一周后，我又接到了另一次试镜，这一次的电影是迪士尼影片《棒球天使》，角色是一位名叫本·威廉姆斯（Ben Williams）的全美职业棒球运动员。我戴上印有美国国旗的棒球帽，穿了一件白色 T 恤去参加面试。面试地点安排在华纳兄弟片场 22 号平房的停车场。我打开门走进去，身后洒满午后的阳光。

　　"哇！看看你！全美职棒运动员小子！"大门对面的沙发上传来一个低沉的声音。

　　我在门口停下来，低头看着那个眯着眼睛对我说话的人，回话说："没错，就是我。"

　　"你打过棒球吗？"他问道。

　　"打了十二年，从六岁一直打到十八岁。"

"很好，这个角色是你的了，我们两周后开拍！"

在奥克兰打十周棒球，赚四万八千五百美元。**这不是做梦吧?**

我需要这笔钱，当时的我，名下仅剩下一千二百美元了。

我打电话给哥哥帕特，跟他分享这个消息。

"你太牛了，老弟。超级碗[1]就要开始了，我们去拉斯维加斯庆祝吧，哥哥请客！"

又是一盏绿灯。

我喜欢赌博下注。主要是为自己下注，但偶尔也会在体育比赛上试试手，尤其是橄榄球。无论输赢，我赌的钱从来都不足以给我的生活带来质的变化，而仅够买一场球赛的门票。也就是说，这钱只够让我近距离观看比赛，调动起我的兴趣，让我兴奋起来。对于我来说，五十美元足矣。我从来没有使用过所谓的赌球服务（专业人员帮你挑选能胜出的球队），这么做有什么乐趣可言？如果赌输了，我会试着找出我在哪里看走了眼，但归根结底，我还是喜欢自己选择赢家，因为一旦赌赢，那种"我就知道"的体验是无与伦比的。

赌赢时，一切都如此一目了然，得心应手。我就像是占卜师、预言家诺查丹玛斯、魔术师，这全是因为，这种"我就知道"的感觉是不会出错的。这就是我喜欢下注的原因，相比于"我怎么会失手"的徒劳

---

1 美国国家橄榄球联盟年度冠军赛，一般在每年 1 月最后一个星期天或 2 月第一个星期天举办。

无功，我更相信这种"**我就知道**"的胸有成竹。下注的价值就在于这种娱乐刺激，这种"**我早就知道**"的快感。

在下注的时候，我尤其喜欢关注那些玄虚无形的因素。之所以赌加州会在主场赢巴尔的摩，是因为巴尔的摩队乘长途飞机来到西海岸会产生时差。之所以在周一晚上赌布雷特·法弗（Brett Favre）和绿湾包装工队获胜，是因为他的父亲上周二刚刚去世。之所以下注刚刚迎来新生儿的明星球员所在的球队能赢，是因为这些球员已不仅仅是为自己而战了。之所以赌费城老鹰队会输，是因为这是他们在自家新球场的第一场比赛，还请来了西尔维斯特·史泰龙（Sylvester Stallone），也就是洛奇·巴尔博亚（Rocky Balboa）的扮演者来参加体育馆开幕仪式，而这些庆典所关注的都是球场之外的东西。我的这些直觉和线索既不科学，也无法被拉斯维加斯的博彩投注线制定者衡量，但当我因此而赌赢时，我相信自己摸到了门道，在赌球中披荆斩棘，像马基雅维利[1]一样运筹帷幄。这一切，全是因为我早就知道。

我乘坐美国西南航空的飞机来到拉斯维加斯观看这场重大比赛，这是达拉斯牛仔队和布法罗比尔队连续第二年的超级碗对战。此时的我有了一位经纪人，手头有一份四万八千五百美元的工作，准备在这个周末玩玩二十一点、喝喝酒，和哥哥帕特一起看场球赛。这感觉真是爽呆了。

达拉斯牛仔队在那个赛季的表现很出色：队里有特洛伊·艾克曼

---

1 马基雅维利，文艺复兴时期意大利著名政治思想家，为达目的不择手段，心理学中的马基雅维利主义则指一种擅长驾驭人心、玩弄权术的、以自我为中心的黑暗人格。

（Troy Aikman）、艾米特·史密斯（Emmitt Smith）、查尔斯·哈利（Charles Haley）、迈克尔·欧文（Michael Irvin）这几员猛将。他们在上一届超级碗比赛中击败了比尔队，开局便以 -10.5 的让分点数[1]成为热门球队[2]，而赔率也向达拉斯队偏移，上升到了 12.5。

在超级碗开始前的周六晚上，我和帕特用了十一个小时横扫了二十一点赌桌，然后在天大亮时走出赌场。我赢了将近两千美元，而帕特则赢了四千多美元——对于当时的我们来说，这可是笔大钱。

我们在周日中午醒来，开始筹划该押哪支球队，并分析选择的原因。

我说："我觉得 +10.5 的让分已经很多了，现在，阿拉丁赌场已经把让分加到了 +13。咱们就押个败者转胜，选比尔队。"

"你还别说，我觉得他们甚至可能会翻身把牛仔队打个落花流水呢。"帕特说，"我们把钱全都砸在比尔队身上，把各种可能的情况全押上。"

比赛开始前一小时，我们找到了一家布法罗队让分点数高达 +14.5 的赌场下注。我们将六千美元合在一起，把能想象到的所有可能性全部押了一遍。

用四千美元押比尔队覆盖 14.5 的让分盘。

用一千美元投注比尔队，奖金为三千二百美元。

用二百五十美元以 8 : 1 赌瑟曼·托马斯（Thurman Thomas）的传球码数多于艾米特·史密斯。

1 所谓让分点数，就是热门获胜队预期比另一队额外获得的分数。

2 为了在赌球中使押注热门和冷门球队获胜的概率趋同，冷门球队的比赛结果一般要加上让分后再与热门球队的比赛结果相比较。

用二百五十美元以 12：1 赌安德烈·里德（Andre Reed）的传球码数多于迈克尔·欧文。

用二百五十美元以 6：1 赌吉姆·凯利（Jim Kelly）比特洛伊·艾克曼的传球码数更多。

用一百美元以 18：1 赌布鲁斯·史密斯（Bruce Smith）会成为最有价值球员。

用一百美元以 4：1 赌达拉斯牛仔队会出现 1.5 次以上的掉球或被拦截失误。

除了一百美元的啤酒钱外，我们把所有的钱都赌上了。

中场休息时，比尔队已经以 13：6 的比分领先。我们又跳又唱，狂买啤酒。"天哪，我们要把回家的飞机升成头等舱。我们简直是天才。还要加上 14.5 的让分点数呢! 我们的感觉真是太对了。"

但结果大家都知道，对吧? 达拉斯牛仔队在下半场得到了 24 分的快攻得分，不仅赢得了比赛，还以 31：13 的结果覆盖了 14.5 的让分盘[1]。

艾米特·史密斯的传球码数超过了瑟曼·托马斯。

迈克尔·欧文的传球码数超过了安德烈·里德。

吉姆·凯利的传球码数并未超过特洛伊·艾克曼。

布鲁斯·史密斯没成为最有价值球员，而达拉斯牛仔队只出现了一次被拦截失误。

我们下的每一注都输了。一笔不落。

我们俩垂头丧气，激动的心情一落千丈。身上只剩下二十美元的

---

1 即便将比尔队 13 分的实际得分加上让分的 14.5 分，也仍然不会超过牛仔队的 31 分。

我们走出赌场,叫了辆出租车送我们回酒店。一辆落着灰尘的八六年庞蒂亚克停了下来,左后侧的保险杠紧擦着人行道。我们坐进车里,告诉司机:"去假日酒店。"

开车的是一个头发蓬乱的老人,估计有三个月没刮胡子、三天没洗澡了。显然,他对我们垂头丧气的样子很感兴趣,于是在起步的时候抬手调整了一下后视镜的角度,以便更好地打量我俩。

帕特和我目光呆滞、默不作声地从后座的车窗向外望去,还在想刚刚究竟发生了什么。这时,一个仿佛无所不知的声音从车里传来:"你们赌比尔队了,对吧?!我早该告诉你们,这选择真是蠢透了。我就知道牛仔队会把他们踢得屁滚尿流,你们俩真是脑子进水了!"

帕特怒目圆睁地盯着后视镜里的司机,难掩心中的怒火。

"哦,是吗,老混账?!如果你早就知道牛仔队能赢,那你他妈的还开什么出租车!"

人人都希望掌握天机。即便我们输二胜一,也会更加看重那一个胜局,而非两场败局。我们相信,我们选出的那一个胜者是我们更为本真的自我带来的产物,那时的我们发现了自己的潜质,能够预知未来,有如神助。与之相反,那两场失利的概率虽然更大,但只是我们的天才大脑一时脱离正轨,出现了异常和小故障而已。游戏结束后,每个人都说自己早就知道赢家是谁。每个人都在说大话。没有人能提早知道谁会大获全胜、谁得愿赌服输,所谓注定的事情是不存在的。赌注之所以被称为赌注,就是因为这个。拉斯维加斯和雷诺[1]不断发展壮大是有原因的。

---

1 人称赌城鼻祖,与拉斯维加斯同在内华达州。

这两座城市早就知道，我们这些赌徒爱相信自己"掌握天机"。这，就是控制人心的那把锁。

MOST OF THE TIME IT'S NOT STOLEN, IT'S RIGHT WHERE YOU LEFT IT.

大多数时候，你的东西并没被偷走，而是还在你把它落下的地方。

◎◎

《棒球天使》拍摄到一个月时，《潇洒有情天》的制片厂让我飞回好莱坞，在导演赫伯·罗斯面前进行第二次试镜。每天晚上打完棒球后，我都在为这个角色排练，觉得自己已将角色摸透。赫伯喜欢我在试镜中的表现，就这样，我拿到了角色。

我在好莱坞的第一次试镜带给我第二次试镜的机会，并最终让我得到了在由德鲁·巴里摩尔、玛丽·路易斯·帕克（Mary Louise Parker）和乌比·戈德堡（Whoopi Goldberg）主演的大成本电影里饰演第四主角的机会。这部片子也给我带来了一张十五万美元的大支票。

在奥克兰打完棒球后，我便立即前往亚利桑那州的图森市，在那里开展《潇洒有情天》的拍摄。我没有选择大多数人入住的酒店，而是在城外的巨人柱国家公园边上租了一座古色古香的土坯房。我从当地的动物收容所收养了一只黑色的拉布拉多，给它取名为铁汉小姐，这个名字来自保罗·纽曼（Paul Newman）在我最喜欢的一部电影[1]中饰演的一个角色。土坯房里还配有一名女佣，可我从来没有雇过女佣。

一个星期五的晚上，下班后，我的朋友贝丝来家里吃饭喝酒。就像圣诞节清晨兴奋难抑的孩子一般，我把我对新住处所有满意的细节对她一一道来——泥砖的建筑风格，打开自家大门就能看到国家公园，还有上门服务的女佣。尤其是女佣。

"她会在我去上班之后来打扫房间，给我洗衣服、洗碗，把新鲜的水摆在我床边，把做好的饭菜放在屋里，还帮我熨牛仔裤呢！"我一边对贝丝说，一边拿起我的李维斯牛仔裤，给她看裤腿上那条如上了浆一般白净挺括的线条。贝丝对我的激情澎湃报以微笑，然后说了一句我之前从未问过自己、之后则从未忘记询问自己的话。

"挺好的，马修，要是你想要有人帮你熨牛仔裤的话。"

从来没有人给我熨过牛仔裤。

我从来没有让任何人帮我熨过牛仔裤。

我也从未问过自己是否想让人帮我熨牛仔裤，因为，这是我人生中第一次有选择的余地。

以前从未有过的奢华选项，现在却变成了现实，既然如此，我当然希望有人帮我熨牛仔裤了。

不过话说回来，事实真的如此吗？

不，其实，我并不想。

1 指 1963 年的西部片《原野铁汉》。

When you CAN,
ask yourself if you WANT to
before you do.

在你能够选择的时候，
请在选择之前，问问自己是否真的想要。

∞

　　《潇洒有情天》拍完后，回到马利布的我，已经有了属于自己的海滩公寓。我第一次上起了表演课，因为我觉得，是时候好好学习这一门我误打误撞掌握的手艺了。 过去，我总是跟随着自己的直觉走，也因此而尝到了不少甜头。现在，我重新回到学校，学习如何阅读剧本，寻找哪些要素，如何为角色做准备，如何深入研究。我以为，我是在学习如何成为一名专业演员。

　　然而，拍完《潇洒有情天》后的六个月里，我一直没有接到工作。从上表演课开始，我就没有工作过。我参加过很多次试镜，也收到好几次复试通知，但就是拿不到角色。我暗自思考原因。我发现，我的神经比之前更紧绷，在试镜时也不像从前那样敢于冒险突破了。我变得拘谨严肃起来，太过纠结字面意思，因紧张而过于激动。这种太过理智的全新训练，影响了我自己的发挥。

理智

理智不应太过超出表象，
以至于掩盖表象或使之更加复杂。
理智的目的，是更加清楚地揭露真相，
通过更多视角让简单的事变得更加显而易见。
理智应该简化万物，而不是让人更加费解。

⬤⬤

终于，我在一部名叫《蝎子泉》的小成本独立电影里得到了一个不必试镜的小角色。出场镜头只有一个。他们出价一万美元，我接受了。不必试镜，两周后开拍，我掌握的信息只有这些。

我下定决心，我要了解的信息只有这么多就够了。拿到剧本后，我一页也没翻，一个字也没看，连我要出镜的那场戏也没扫一眼。为什么？因为我心里自有打算。

为了让自己更顺畅自如地发挥创造力，摆脱上一部电影和这些表演课加在我身上的理论负担，我下定决心，要重拾刚入行时的表演方法。在扮演大卫·伍德森这个角色的时候，剧本中的短短一行字，便能让我完全参透自己的角色。

拍《年少轻狂》时，在增设的几场戏中，即兴发挥对我而言轻而易举，因为我自信已经摸透了角色，无论导演把我安排到哪场戏里，我都能收放自如地按伍德森的方式说话和做事。那时，我遵循本能，全凭天赋。

我告诉自己："好吧，我欠缺的就是这种状态。远离这些学术、保守、刻苦钻研式的蠢方法，是时候回归本真了。"

在《蝎子泉》中，"我的好兄弟"是一位得克萨斯南部的美国毒贩，与把他的毒品带回美国的墨西哥走私犯接头，然后出尔反尔，拒绝支付费用，把这些走私犯杀死，将可卡因据为己有。

只需知道这些就够了。只要成为角色，**像他一样随机应变**，即兴发挥，按我的好兄弟的方式行事即可。小菜一碟。

两周之后，我来到片场为我准备的房车里。

我了解我的好兄弟。我已经勾勒出了背景故事，把他设定成一个效力于美国得克萨斯贩毒集团的中上阶层的运毒犯。我需要可卡因和钞票，还带着一把上膛手枪，为了带着钱和可卡因突出重围，不惜开枪杀戮。我的样子看起来也很有角色的感觉：胡子拉碴，头发油亮，脚踏黑靴，身穿皮夹克。谁需要什么剧本？我已经对角色了如指掌，直接开拍也完全没问题。我胜券在握。

是时候去片场了。拍摄时间到。没问题的。

来到片场时，我已经进入了角色。我不跟任何人说话。我不会向这场戏里的其他演员做自我介绍，因为我的角色根本不把他们放在眼里，他要在戏里把他们全杀了。我的心里，只想着把这批可卡因据为己有。

就在我们站好位置准备开拍的时候，一位制片助理走到我跟前说："需不需要这场戏的剧本，麦康纳先生？"我把几张纸接过来，看也没看就塞进了口袋。所有的演员都已各就各位，等着"开拍"的指令。好戏要开始咯。

记得我可能是有点"熄火"，因为我突发奇想，竟然选在开机前的这一刻快速浏览这场戏和对话的内容。你问我当时心里是怎么想的？"如果剧本写得好，那我立马就能记住对话，因为这些话本就是我的角色应该说的；如果剧本写得不行，那我就直接从角色出发，做他会做的事，说他会说的话。"

我打开脚本，浏览起来。

一页。

两页。

三页。

四页……

全都是独白……

而且还是西班牙语的独白。

大事不妙。我感觉脖子后面渗出一颗汗珠。我的心开始狂跳起来。该怎么办才好？我顿觉口干舌燥，想要努力保持冷静。然后我抬起头来，目光茫然地对着片场大声喊道："能给我十二分钟吗？"

我情急之下的仓促想法是这样的：（一）十二分钟足够记下所有的西班牙语的台词，因为**我毕竟在十一年级**[1]**上过一学期的西班牙语课**；（二）十二分钟说长不长，不会给拍摄人员造成不便。

我拿着剧本散了一会儿步。确切地说，是散了十二分钟的步。之后我回到现场，把剧本重新塞回口袋里，然后站好位置。导演下令"开拍"，我们把戏拍完了。

我从来没去看过《蝎子泉》。

不过那天我确实得到了一个深刻的教训。

我们必须准备万全，才能自由发挥。

我们必须先做好功课，才能做好工作。

我们必须为工作做好准备，才能在实践中自由发挥。

只摸透了角色是不够的，很可能还会有说西班牙语这样的困难等着我。

---

1 相当于中国的高二。

we must learn the consequence
of negligence —
it's not just what we do, it's what
we don't do that's important as well.
we are guilty by omission.

我们必须认识到疏忽大意的后果——
不仅要明白"我们做了什么"会造成坏的后果，
而且要知道审视"我们没做什么"同样重要。
忽视，是我们的罪过。

几个月后，退出表演课但得到了教训的我回到华纳兄弟的片场，来到导演乔·舒马赫（Joel Schumacher）的办公室，探讨他的下一部影片中可能让我出演的一个角色。电影名叫《杀戮时刻》，是根据约翰·格里森姆（John Grisham）的小说改编的。

没有为上部电影的角色做好充分准备的轻率举动是有参考价值的。我颜面扫地，这种狼狈惹得我恼羞成怒，而这愤怒又让我更加勇往直前。

乔和我一起讨论了弗雷迪·李·科布（Freddie Lee Cobb）这个角色，这是密西西比州一个小镇上一名年轻的 3K 党[1] 首领。这一次，我不仅阅读了剧本，还读完了原著。弗雷迪·李·科布这个角色虽然性格鲜明且能激起观众强烈的情绪，但并不是我想演的。而我想饰演的是主角

---

1 奉行美国白人至上和恐怖主义的民间团体，主要反对非洲裔美国人、犹太人、移民等群体。

杰克·布里根斯（Jake Brigance），一名受雇于黑人的年轻律师，这位黑人杀了强奸自己女儿的人。那天来到乔的办公室时，我心里已经做好了打算。

我身穿印有约翰·麦伦坎普（John Mellencamp）[1] 头像的 T 恤，漫不经心地抽着万宝路香烟，在导演的办公桌对面坐下。

"马修，我觉得你演弗雷迪·李·科布非常合适。"导演说。

"是的，我也这么认为，舒马赫先生。我知道他的背景，明白他为何会走到今天这一步，只是……主角杰克·布里根斯谁来演呢？"

乔愣了一下，稍稍歪了歪头。"我不知道，"他说，"你认为该让谁演呢？"

但愿

"但愿"意味着你想要实现某个愿望，却没能遂愿。它总有原因，要么是因为你自己的无能，要么是由于外界的干预。

有的时候，这便是中场休息，我只能优雅地躬身退场。然而我们或许不愿承认，之所以没能遂愿，是因为我们放弃得太早，或是不愿为努力争取而承担必要的风险。

越是勇于拆穿"但愿"，我们就越有可能实现自己的愿望。不要在"已经太迟或时机尚早"的钢索上一路走到终老。

---

1 约翰·麦伦坎普，美国音乐家、唱作人、画家、演员和电影导演，奉行民粹主义。

我向后靠在椅背上，深长地吸了一口烟，吐出烟圈，紧紧盯着他的双眼说："我觉得应该让我演。"

乔放声大笑："啊！马修，我觉得这个主意很棒，但这是不可能的！电影公司无论如何也不会让一个没什么名气的演员担任主角。"

我捻灭了香烟，仍然没有移开目光。我已经完成了计划的第一部分。

◎◎

接下来发生的事情当然不在我的计划之内，但是，有很多超出控制的事情最后还是鬼使神差地落入了我的计划之中。

已被选中在《杀戮时刻》里饰演艾伦·罗克（Ellen Roark）的桑德拉·布洛克（Sandra Bullock），最近主演了一部名叫《二见钟情》的影片，该片刚刚上映，便获得了首周末票房近一千万美元的瞩目成绩。自从我在乔那里"播下种子"之后，《二见钟情》的全国票房收入已经攀升到了八千万美元。这部电影的大获成功，让桑德拉成了好莱坞新晋的"绿灯"明星，也就是说，制片公司对她的人气有足够的信心，相信她能够在一部影片中独挑大梁。《杀戮时刻》中有了这样一位女演员担任女一号，这立即给了华纳兄弟一定的空间，可以考虑让一位不那么能保证票房的男演员饰演主角。

但是，这是否意味着乔·舒马赫开始认真考虑我的毛遂自荐了呢？答案显然是否定的。制片方正在考虑让伍迪·哈里森（Woody Harrelson）出演杰克·布里根斯。现在，我与哈里森已经成了情同手足的挚友。

然后，事态又一次出现了反转。原来，原作者约翰·格里森姆也获得了杰克·布里根斯的选角许可权，因为这个角色的原型就是他本人。一九九五年三月七日，一个叫比尔·萨维奇（Bill Savage）的男人在密西西比被谋杀。凶手是一对年轻男女，他们表示，杀人的灵感来自鸳鸯杀手米基（Mickey）和梅洛里（Mallory），也就是伍迪·哈里森和朱丽叶·刘易斯（Juliette Lewis）在奥利弗·斯通（Oliver Stone）导演的《天生杀人狂》里塑造的角色。比尔·萨维奇是约翰·格里森姆的朋友，因此，曾在那部电影中饰演米基的演员，是无论如何也不能在这部电影里扮演杰克·布里根斯的。

拍摄计划于六到八周后在密西西比州的坎顿进行。所有角色的演员都已选好，除了杰克·布里根斯。

几周后的一天下午四点，我正在洛杉矶一家墨西哥餐厅的顶层与经纪人贝丝·霍顿喝玛格丽特鸡尾酒，突然，我的电话响了。

"我想让你来试镜。"乔·舒马赫在电话里说。这时距离我"播下种子"已经过了两个月的时间，"下周日，我们在费尔法克斯附近的一家小型私人摄影棚试镜，不让其他人知道这件事，因为即便你表现得很出色，电影公司批准你出演的可能性也微乎其微，我不希望这种别人眼里的'失败'被贴到你身上，传得尽人皆知。我想让你试的，是杰克进行辩护总结的那场戏。"

星期天到了。那天是母亲节。黎明时分，我给母亲打了电话。

"马修，走进屋里的时候，不要让人感觉你渴望这个角色，而要让人感觉这个角色非你莫属！"

这正是我需要听到的金玉良言。

"谢谢，妈妈。母亲节快乐。"

纵身当下

我们每个人都要纵身于我们所经历的每一个
当下。
无论是这当下塑造我们，还是被我们所塑造。
无论当下的我们是手足无措，还是运筹自如。
无论当下的我们是主动出击，还是束手就擒。
我们，都要纵身于那个当下。

上午十一点，一辆黑色汽车接上我，把我带到了费尔法克斯的摄影棚。棚内有一位化妆师、一位戏服设计师、一位摄影指导，还有一支大约三十人的拍摄团队。大约下午一点，我走进被搭成一间法庭的片场，片场中有十二位演员，都坐在布景搭建的陪审席上。我虽然紧张，但已准备充分。大家安静下来，各就各位。

"马修，等你准备好了，随时开始。"乔说。

我屏息凝神，开始逐字逐句地按照剧本里的描述重现辩护总结的那场戏，一直背到现在已成经典的最后一句对白："想象一下，如果她是白人，事情会怎样。"

我表现得不错，但算不上精彩。我记住了自己的台词，把剧本里的每一拍[1] 悉数呈现，从容不迫地把故事完整讲述了出来。及格肯定没问题，但没有什么特别的亮点。

"太棒了，马修，"乔说道，"现在，把剧本扔掉，说说你自己想说的话。"

这就是乔·舒马赫的天才所在。做你自己，你就是角色。这句点评正是我想听到的。我会说什么，我会做什么。如果一名还是处女的年轻女孩被三个恶棍强奸，我会作何感想？那天，他们把女孩心中的什么杀死了？如果受害的是我的妹妹呢？如果是我的女儿呢？那天正好是母亲节。

我把剧本彻底抛诸脑后。我开始慢慢踱步，双眼迸出怒火，火焰在心中越烧越旺，我在脑海中描绘出那幅可怖的图景，并将它诉诸语言。我虽然还不是父亲，但"父亲"是我始终坚信自己想要成为的角色。我想象着自己的女儿被人强暴的情景。我忘记了预先排演，也忘记了时间。我把一位律师绝不会在法庭上做出来的事或说出来的话全都释放了出来。我破口大骂，愤怒地啐唾沫。我描述了一个孩子的纯真被人剥夺的惨不忍睹的图景，语言之狠毒，足以让我跟那些我所谴责的人一起入狱。我怒不可遏，咬牙切齿，使出了浑身解数。

我的表现远超预期。

两周后，在得克萨斯州伊戈尔帕斯拍摄《小镇疑云》时，在午夜满月下的沙漠中，我接到了一个电话，是乔·舒马赫和约翰·格里森姆打来的。

---

1 剧本中的故事节拍是叙事的一种最小的基本元素，动作和情绪的转变都可以算作节拍。

"想演杰克·布里根斯吗？"

"非常想！"

我奔入夜色之中，跑到远离所有人一两公里的地方。然后眼含热泪地双膝跪下，面朝满月，向它伸出我的右手，发自内心地说了一句：

"谢谢。"

又是一盏绿灯。

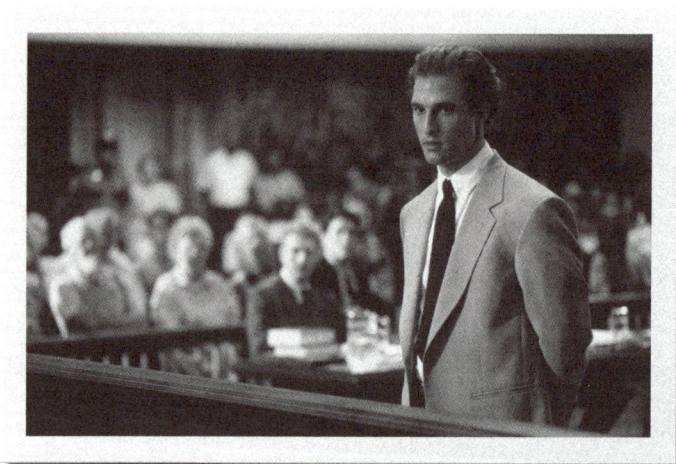

我饰演的律师杰克·布里根斯

A Roof is a man-made thing

所谓上限，皆是人为

　　一九九三年一月三日。职业橄榄球大联盟的季后赛。休斯敦油工队对布法罗比尔队。中场休息时，油工队以 28：3 的比分领先，第三节开始不久便以 35：3 领先。在加时赛中，教练弗兰克·赖希（Frank Reich）率领的比尔队以 41：38 扳回比分，这是职业橄榄球大联盟历史上最伟大的转败为胜。没错，比尔队赢了比赛，但战胜油工队的，其实并不是他们。是油工队自己输了那场比赛，他们被自己打败了。

　　为什么这么说？因为在中场休息的时候，他们给自己的自信上了限，封了顶，自甘于所谓的"预防型防守"。或许他们在中场休息时就已经开始考虑对战下一个对手的情形了，他们心神不宁，整个下半场都丧失了那股韧劲，果不其然，输了比赛。在区区两节比赛的时间里，"最有望成为明年主教练"的防守协调员吉姆·艾迪（Jim Eddy）便丢掉了橄榄球大联盟的饭碗……甚至在第二年的大学橄榄球比赛中仍找不到工作。

　　你在紧急关头掉过链子吗？你知道我的意思，我是说，你是否在马上就要射门时踟蹰不前？是否在想要把心仪的女孩约出来时舌头打结？是否在面对准备万全的考试时突然大脑停转？是否在只需把球打入一米远的洞口就能摘得高尔夫锦标赛的冠军时，你的球偏偏从洞口转出？抑或，你是否会用"老天，竟有这等美事，我真的配得到命运如此的眷顾吗"的想法给自己撒气？

　　这些，我都经历过。

　　这种感觉出现时，我们的反应如何呢？我们会紧握拳头，呼吸急促，浑身不自在。我们会有一种灵魂出窍般的体验，仿佛在以第三人称的视角看待自己，我们不再身处当下，因此没能把本该完成的任务做好。我们成为当下的偷窥者，因为我们让这一刻将自己吞噬，与此同时，我们心浮气躁，不再静心投入。

　　为什么会这样？

　　这是因为，将某个人、某个地方或某个时刻的重要性放在自己之上时，我们就对自己在那一刻的表现的预期创造了一个虚构的上限，一种臆想的限制。我们变得紧张起来，关注结果而非行动，也因此错过了行动本身。我们要么认为结果就是一切，要么认为结果太理想，不可能成真。然而，事实并非如此，我们也无权以这样的视角去审视结果。

不要制造想象的镣铐。出演主角，标志着胜利的蓝丝带，决胜的得分，伟大的创想，此生的挚爱，天堂般的欢愉，当这些财富落到我们手中时，我们有什么资格觉得自己不配拥有？我们有什么资格觉得这些不是我们当之无愧的呢？

如果我们能投身于过程之中，进入内心深处，沉浸在行动本身的乐趣之中，我们就永远也不会在终点线上掉链子。为什么呢？因为我们没有为终点线挂心，我们没有不断看表，也没有在巨幕上观望自己的表现。我们只是在真实的当下做着自己该做的事，将过程作为目的本身。我们的眼里没有终点线，因为我们的进程永远不会终结。

当博·杰克逊(Bo Jackson)得分时，他跃过球门线，穿过底线区，跑进了隧道。世界上最伟大的狙击手和神枪手不会瞄准目标，他们瞄准的，是目标的另一端。当我们真正懂得自己终有一死的时候，便能更加全身心地安于当下一刻。

超越你的能力，设下永不终结的终点线，把红灯变成绿灯。因为，所谓上限，只是人为造出来的东西。

∞

《杀戮时刻》首映当天，我漫步到加州圣莫尼卡第三步行街我最爱去的一家熟食店，点了一份烤酵母面包夹金枪鱼，里面有加量酸黄瓜，还加了番茄酱调味。

对我来说，那天的散步与往常没什么两样。一路上，我大约和四百人打了照面，除了四个人之外，余下的三百九十六个人并没有注意到我。

几个姑娘觉得我挺帅气，还有一个男生喜欢我的鞋子。

那天晚上《杀戮时刻》在全美影院首映，首周末票房直冲一千五百万美元，成为一九九六年的卖座大片。

接下来的星期一，我又到步行街买了一份烤酵母面包夹金枪鱼，仍然佐以加量酸黄瓜，搭配番茄酱。

对我来说，那天的散步却不同寻常。我一路上大约和四百人打了照面，其中有三百九十六个人都盯着我看，只有四个人没有注意到我。其中三个是婴儿，还有一个是盲人。

我检查了一下我的裤子拉链，用拇指轻扫鼻子，看看上面有没有挂着鼻屎。

还好，一切正常。

这到底是怎么回事？！

原来，我出名了。

> 有的时候，你拥有身外之物。
> 有的时候，你被身外之物所拥有。
> ——法蒂玛·阿尔维斯（Fatima Alves）

◎◎

　　围绕我的"闪亮登场"的炒作铺天盖地。在登上行业杂志封面时，被誉为"下一位大热明星"的我的脑后，竟然赫然印着"马修·麦康纳，电影的大救星"的粗体大写字母。"大救星"？别扯了，我根本就不认为电影还需要人来挽救，就算事实真的如此，我也不确定我真的是让影片转败为胜的救星，更不想将这个大梁挑在身上。

　　我只是单纯想要演戏，在我认为有意义的故事中扮演感兴趣的角色。

　　从那天开始，世界变成了一面镜子。陌生人会把手搭在我的身上，用老友般的语气跟我说话。实际上，他们已经根本不能算是陌生人了。

　　与我素未谋面的人竟会向我走来，说："我的狗狗也得了癌症，很抱歉听到铁汉小姐得病的消息……"

　　你是怎么知道我养狗的事的？你怎么知道它的名字？你怎么知道它可能得了癌症？人跟人之间已经无须自我介绍了吗？

　　每个人心中都有一份关于我的预设履历。

　　坦诚的第一印象已成过眼云烟，时过境迁，一去不返了。

　　我的整个世界都变了。借用詹姆斯·麦克默特里（James McMurtry）的歌词来说："如今一切上下颠倒、前后倒置，早已物是人非。"

　　现在，"爱"我的人俯拾即是，大家完全不羞于大声而频繁地对我抒发爱意。

　　而"爱"这个字，我只对四个人说过。

　　隐姓埋名成了永远的奢望。

　　剧本的挑选也与从前大不相同。

　　电影首映之前的那个周五，我想要尝试一百部剧本，其中有九十九部都将我拒之门外，只有一部敞开大门。而首映之后的周一呢？

九十九部剧本都对我敞开大门，只有一部大门紧闭。

哇。

不可思议。

简直跟做梦一样。

什么是真？什么是幻？天空对我张开双臂，脚下的地面已然踩不踏实。我仿佛一分为二，精神的根基已然飞上天际，需要重力的牵引。是时候弯下双膝，虔诚祈祷了。

沙漠基督修道院（The Monastery of Christ in the Desert）就坐落在新墨西哥州阿比丘市查马河畔绵延数公里的原始沙漠中。从高速公路通往修道院约二十二公里的土路损毁严重，因此无法开车过去。托马斯·默顿（Thomas Merton）[1]很喜欢这个地方。他说过，这家修道院是一个可让人"重新校准自己观点"的地方。我在一本书上读到了这家修道院，心想，这正是现在的我所需要的。我需要一次精神的重新校准。当时的我，头脑一片混乱。我迷失在刚刚获得的盛名之中，认为自己不配得到这一切，这种没有上限的生活不仅迫使我找寻着自己的立"足"之地，也一"脚"踏在我身上，压得我喘不过气来。一个来自得克萨斯州尤瓦尔迪工人家庭的孩子，怎能配得上这等财富和荣誉？我不知如何驾驭成功带来的纸醉金迷，更不知如何相信自己有权去享受这一切。我不知道

---

1 美国天主教作家，神秘主义者，诗人和社会活动家，代表作为自传《七重山》。

Why we all need a walkabout

为何人人都需要徒步旅行

噪声越来越大，信号却越来越弱。

现在的我们，正在遭受有史以来最频繁的非自然刺激的轰炸。

我们需要置身于感官输入更少的场合，好聆听心理活动的背景信号。

随着噪声的减小，信号愈加清晰，这时，我们便能再次听到自己的声音，再次与自己合二为一。

独处的时间能让心灵变得简单纯净。

记忆重现，观点形成。

我们再次与真理相遇，它教会我们在拓展和回缩之间找准自己的立场，也让我们知道，我们是独身一人，但并非无依无靠。

现在，我们的潜意识有了展示自我的空间，因此，我们又一次与之相遇。

这潜意识通过各种图像想象、感知、思考，而现在的我们，得以体验这一切。

在这种孤寂之中，我们也开始通过画面进行思考，并将思考的画面变成实相。

我们的灵魂再次隐姓埋名，我们意识到，我们困于那个永远无法摆脱的身体，即我们自己之中。

苏格拉底式的对话[1]或许丑陋、痛苦、孤独、艰难、充满罪恶感，是一场噩梦，可怕得需要我们戴上护齿器，才不至于在惊恐狂躁和冷汗涔涔之中把尖牙磨平。

我们被迫直面自己。

而这是件好事。

这份权利，我们值得拥有，也应当拥有。

诚信之人的睡枕，是他内心的安宁，无论每晚有谁与我们同床，我们都要与自己共枕。

我们要么选择原谅，要么选择嫌恶和厌倦。

所谓进化，就在于此。

我们无处可逃，只得反躬自省，我们那平日里被压抑的丑陋情绪逃窜而出，胡作非为。

而我们与这些情绪同台竞技，要么决心斩草除根，要么选择顺其自然。

无论最终做何选择，我们都在成长。

我们与自己相伴，我们是自己永远而唯一的伴侣。

我们要照顾好自己再次与之其乐融融、和睦相处。

如此之后我们再次回到文明社会之中，而此时的我们，已能更好地把握自己的秉性。

为什么会这样？因为我们进行了徒步旅行。

1 苏格拉底式对话鼓励人们在回答一个具有普世意义的问题时提出疑问并达成共识。这是一种辩证的质问形式，在一问一答之中深入根源。

该相信谁，包括我自己。修道院的修士们在那本书中写道："如果你找到我们，只需按下门铃，我们就会迎你进门。"

我和一位好友从好莱坞开车来到那条土路上，我从那里下车，沿着二十二公里的土路朝修道院走去。我在太阳下山后一个小时到达修道院，按响了门铃。迎接我的是一位身穿蒙头斗篷和束腰外衣的矮小男子，即安德烈修士（Brother Andre），他说："欢迎你来，兄弟，所有旅人都能在这儿找到落脚处。"

洗完澡后，我去参加集体晚餐，人们在那里大声朗读赞美诗，而交谈则被严格禁止。晚餐后，安德烈修士把我领进一间简陋的小房间，里面有一张折叠床，地板上铺着一张睡觉的垫子，就这样，我在垫子上睡了一夜。

第二天，我问安德烈修士："我需要找人聊聊生活和思想中的一些难题，你知道我该找谁吗？"

"我知道，"他回答说，"克里斯蒂安修士（Brother Christian）很适合跟你探讨这些问题。"

我与克里斯蒂安修士见了面，我们在沙漠里走了很长一段路。

我将自己的罪恶感倾吐而出，那些我曾在脑中神游过的粗鄙和淫邪之地，还有那些偏激而执拗的思想。我坦言说："自从成名以来，我一直想努力做个好人，尽量不欺人也不自欺，希望心灵和思想变得更加纯净，但我被欲望所充塞，用物化的视角去审视自己和他人。我感觉不到与过去的联系，也看不清通往未来的路，感觉彷徨无依。我觉得，我好像失去了自己。"

整整三个半小时里，我向克里斯蒂安修士倾诉着心中的恶魔，狠狠斥责自己。他却一句话也没有说，完全一语不发。他只是一边耐心聆听，一边与我一起肩并肩穿过沙漠。

差不多四个小时之后，我们回到了教堂，一起坐在门口的长凳上。现在的我已经泣不成声，忏悔也终于步入尾声。我静静地与克里斯蒂安修士坐在一起，等待着他的审判。终于，我在这让人不安的寂静中抬起头来。这么长时间一直默不作声的克里斯蒂安修士看着我的双眼，轻声告诉我："我也一样。"

有的时候，我们并不需要建议。有的时候，我们只需听到，自己并非孤身一人。

又是一盏绿灯。

克里斯蒂安修士

我与克里斯蒂安修士

双面归一

我是个天生的乐观主义者,我志向高远、满怀希望,与我同床共枕的,就是那个我想要成为的人,无论是思想、心灵、精神还是身体。但是,我并不总喜欢和他待在一起,这全怪那喋喋不休的杰明尼蟋蟀[1],我却无法把这蟋蟀从肩上掸开。而这也是理所当然的。

即便在我偏离了音准,失掉了频率,无法在本心和行动之间感觉到任何引力或黏性之时,抑或,当我沉浸于音乐之中以至于失去了觉知的时候,我那最本真的自我永远都在,总会在我不愿洗耳恭听或是早已充耳不闻时进行苏格拉底式的诘问,因为,他的好奇心是无法餍足的。

当然,最终我还是听到了他的声音,而此时,是否选择聆听便成了重中之重。一旦选择了聆听,一旦不再将命运与责任、真理与虚构、罪恶与理想、自私和无私、死亡和永恒对立起来,我便能从中学习,然后开始成为真实的自己,为自己做事——而不是为了除我之外的所有人。只为我与上帝,我们之间,没有分歧。然后我便意识到,我要对命运负起责任。虚构之中也有真理,我既是罪人也是圣者;既秉承本位主义,也想将功利带给他人。我终有一死,这,是永恒的事实。

现在,每迈出一步,我的脑中都装着一幅宏大的蓝图,我成了自己理想的样子,肩上的杰明尼蟋蟀变成了幸福的蓝鸟,而苏格拉底的声音也由分裂合而为一。

1 杰明尼蟋蟀是《木偶奇遇记》里的角色,在迪士尼的动画电影版本里,他受蓝仙女之任命,经常会对匹诺曹提出一些触及良知的问题,引导匹诺曹成为一个真正的男孩。

我并未肆意滥用新获得的名声，反正我本来也对它无可奈何。我麻木迟钝，偶尔还会犯浑，卷入一些不该卷入的冲突。如果我偶尔失控，那是因为我还在乎，还在为事情的有所谓和无所指而挂心。但绝大多数情况下，我都能轻巧地躲开雨点。有钱往卡车里加入高级无铅汽油，和朋友出去玩时负责付账，拿着后台通行证串场，和这么多有才之人一起工作，这些感觉，都是我很享受的。我试着保持绅士风度，优雅地接受人们的鱼子酱、美酒和"我爱你"，但是很多时候，我的感觉却仿佛是虽然告知女佣不必再熨牛仔裤，但对方却执意不收手一般。每到周末，我都会坚持给母亲打电话。

然而电话那头的人，已不是我的母亲。

电话那头的人，已不是认真听我说话的母亲。

电话那头的那个人，已不是与儿子推心置腹的母亲。

在电话那头的，是一个比当时的我更沉迷于我的名声的女人。

一天晚上，我接到了一个朋友打来的电话，而这件事，也让真相赤裸裸地摆在了我的眼前。

"兄弟，你看了吗？"

"看什么？"

"把电视调到七频道的《铁证如山》[1]！" 我的朋友说。

我打开电视，调到七频道……

电视上的人是我的母亲，正在一边对跟拍她的摄像机说话，一边

---

1 这是一档 1989 年至 1999 年播放的八卦新闻节目，聚焦名人新闻和丑闻。

带领摄制组参观我们家的房子。

"他就是在这张床上把第一次交给梅丽莎（Melissa）的，她好像是叫这个名字吧，不管那么多了，反正他俩也没长久下去……这是他的浴室，里面只有淋浴，没有浴缸，你们肯定能猜到我逮到他在里面干些什么，哈哈！但是说真的，这都是人之常情，我逮到他好多次了。"

大事不妙。

我打通了母亲的电话。

"妈，你在干什么呀？"

"你说什么？"

"《铁证如山》。"

"什么'铁证如山'？"

"妈，我现在正看着呢！我知道你也在看，我能听到背景音！"

"哦，那个呀……"

"没错，就是那个！"

"我以为你不会发现呢。"

"妈，这可是国家电视台，我怎么能看不到呢！"

很遗憾，在接下来的八年里，我和母亲的关系一直剑拔弩张。

"祸从口出"，这是我一直告诉她的话。她也做过努力，但效果甚微，因为她就是控制不住自己。她想要在我的名声中分一杯羹，但当时，就连我自己也仍在努力找准平衡，因此还没有足够的自信与任何人分享，尤其是自己的母亲。她越是想在我的领地占据一席，我就越是想要把她关在门外。如果父亲还活着，他肯定会为我的成功而高兴，但与母亲不同，他会坐在前排观看，而不是去抢我的风头。

母亲就不一样了，我才刚刚到家，她便会催着我下次早点回来，而这反倒逼着我提早离开。我给她留出一寸，她就会前进一尺，既然她不肯让步妥协，我便故意放慢速度，拖长她等待的时间。我不再与她分享我的任何生活点滴或经历，因为我无法信任她。我那光鲜的花车上不需要多加一个乘客，我需要的是我的母亲，但遗憾的是，她已不亦乐乎地沉浸在另一种新的"长假"中了。

几年之后，站稳脚跟、事业有成的我终于选择放手，松开了母亲身上的缰绳。当时的她已经年逾古稀，我心想，不如放任她随心享乐吧。时至今日，她依然在纵情享受人生。她热爱走红毯，喜欢接受采访，也很享受告诉全世界她"知道儿子的天赋是从哪里来的"——想必是遗传自她。

这话不无道理。

下坡的艺术

下坡时，不要把自己绊倒。
若问你想要攀登的那座山在何处，
它就在前方不远处。
不必自寻烦恼。
烦恼自会来找你。

∞

距离《杀戮时刻》首映已经过了四个月的时间,我成了十分抢手的演员。在拍摄《杀戮时刻》之前跟我签下了三部电影合约的华纳兄弟,已经在迫切期待我的下一个角色。我收到了几十部电影的合约,还开办了一家制片公司来创作自己的内容。我渴望工作,只是不知道自己想做什么。一直以来,我都有一个强项,那就是对任何事物都能找到切入的角度,但现在,因为有了几乎能够实现一切的能力,我的强项便成了弱点。

在我看来,所有项目都是可行的。

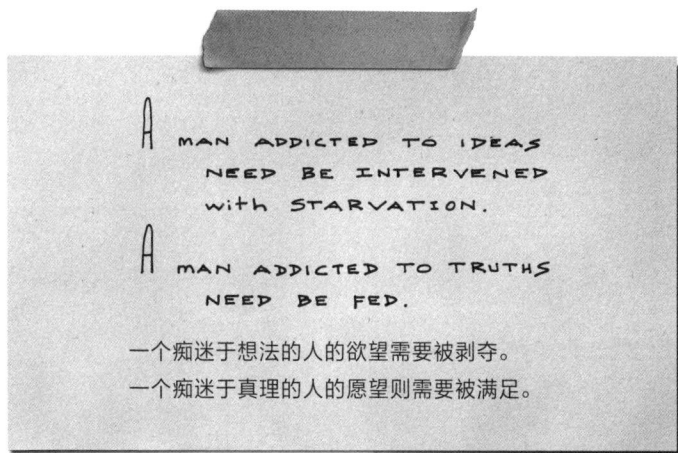

A MAN ADDICTED TO IDEAS
NEED BE INTERVENED
with STARVATION.

A MAN ADDICTED TO TRUTHS
NEED BE FED.

一个痴迷于想法的人的欲望需要被剥夺。
一个痴迷于真理的人的愿望则需要被满足。

为下一部电影做出决定的重压在肩,新获得的名气带来的盲目崇拜让我喘不过气,再加上情绪突然变得阴晴不定的母亲,这些,都让我想要逃到一个没人知道我名字的地方去。我需要再次确定,我本人,马修,而不是我膨胀的名声,是配得上我得到的赞誉和追捧的。我需要去一个地方，在那里，我所得到的所有盛赞全都基于这些陌生人与我相识之后做出的评判，而不是囿于在相识之前的先入之见。我需要聆听自己的想法，远离喧嚣，回归本心，这样，我才能适应这新获得的地位并加以公正的衡量，少些动心动念，更加清晰地加以洞察，好好考虑自己接下来想在什么样的电影里扮演怎样的角色。我需要一些饥饿感。就在这时……**我做了一个春梦。**

没错，就是那种在睡梦中进行的不自觉的、不必交媾、不必用手也不必动口的夜间射精。这种梦虽然不常出现，但却让人喜闻乐见，且通常都与性爱这一主题相关。然而，这次的春梦与众不同。

我看到自己仰面朝天地在亚马孙河中顺流而下，身上缠着南美水蟒和各种蟒蛇，身边则满是鳄鱼、食人鱼和淡水鲨鱼。在左边的山脊上，我的视线所及之处，满是肩并肩站着的非洲部落成员。

我内心平静如水。

十一帧画面。十一秒钟。

然后，我梦遗了。我从梦中醒来。

天哪。**这些噩梦的元素，竟然组成了一个春梦。**

又是一盏绿灯。

这是什么意思？我心中纳闷。

在梦中，有两件事我是肯定的。一是我在亚马孙河中，二是山脊上站着的是非洲的部落成员。我从床上爬起来，抓起我的《世界地图册》，翻到非洲大陆的部分，然后开始寻找亚马孙河。

　　大家可能都知道，若是在非洲大陆上搜寻亚马孙河，你可能要找很长一段时间，因为无论怎么搜索也不会有结果。我整整找了两个小时，才突然意识到……

　　我找错大陆了。亚马孙河在南美洲呢。

　　该死，原来梦境这么误导人。但无论如何，这是一个征兆，也正是我在苦苦搜寻的答案。

　　是时候跟随我的梦遗去进行探索了。

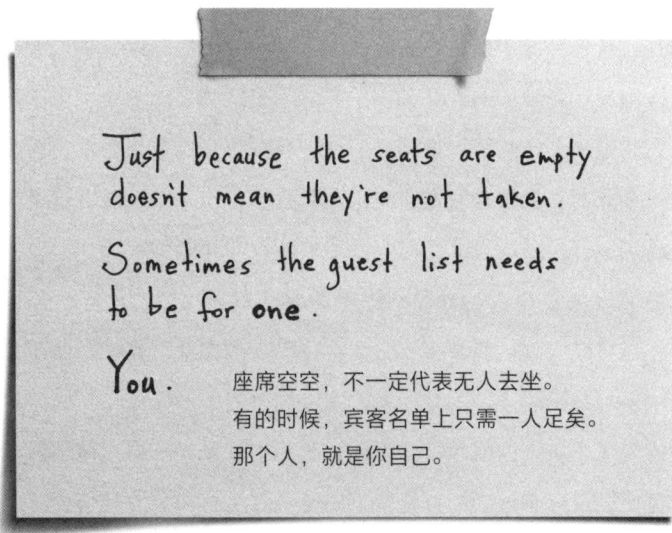

Just because the seats are empty doesn't mean they're not taken.

Sometimes the guest list needs to be for one.

You.

座席空空，不一定代表无人去坐。
有的时候，宾客名单上只需一人足矣。
那个人，就是你自己。

　　我在背包里塞了最少量的衣物、日记本、相机、医疗箱以及我最喜欢的发带，然后便开始了为期二十二天的一人旅行，我要到秘鲁去寻找亚马孙河，要在亚马孙河上随波漂流。没错，就是南美洲的那条亚马孙河。

我飞到利马，然后继续飞到库斯科，在那里遇到了一位导游，我们一边吃着烤牛心[1]、喝着皮斯科酒，一边为我三周的亚马孙河之旅制定行程。我徒步穿越了安第斯山脉，沿着乌鲁班巴河走进失落的古城马丘比丘，一边登山，一边听着随身听里播放的约翰·麦伦坎普的专辑《嗯》[2]。然后，我便搭乘公共汽车、轮船和飞机，来到了世界上无法驱车到达的最大的城市伊基托斯，即"秘鲁的亚马孙之都"。

那是为期二十二天的探险中的第十二夜，我正在准备扎营。到那时为止，我已经徒步走过了差不多一百三十公里的路途，第二天我就可以踏入出现在春梦中的亚马孙河了。旅途进行到目前为止，由于对亚马孙会为我带来怎样的启示而满心期待，我一直难以进入当下，因此也与沿途大多数的美景失之交臂。我仍在与自我身份斗争，对自己过去的罪行充满了愧疚，顾影自怜，对与我相伴的自我充满了厌恶。

我躺在帐篷里，与自己的心魔做着斗争。我辗转反侧，最后干脆不再强迫自己入眠。我脱下衣服，也将身上的徽章、旗帜、期望和归属统统脱下。我扔掉了作为我的爱国主义图腾的美国棒球帽，摘掉了象征着我的爱尔兰血统的凯尔特结吊坠，收起了代表我的得州情结的孤星旗护身符，以及所有过去的冒险留下的给予我灵感和启发的信物。父亲用他与母亲的毕业纪念戒指和母亲的一颗金牙铸造的金戒指，也被我摘了

---

1 将烤牛心作为在发展中国家吃的第一顿饭，再合适不过了。这顿饭会让你在旅途刚开始时就闹肚子，这样一来，在之后的旅途中你就不会上吐下泻得那么严重了。——原注

2 1983 年，哥哥帕特让我爱上了这张专辑。这张专辑里我最喜欢的一首歌叫《粉红房子》（*Pink Houses*），对我来说，这首歌永远是关于美国的最经典的金曲，歌里写到几代人的生活、信仰、失去和寻回的梦想。我之所以成为一名爱国主义者，这首歌功不可没。——原注

下来。我抛弃了每一位曾经给我带来慰藉、安全感、自豪或自信的偶像。所有的橱窗装饰和陈列，我这件产品的所有外包装，统统被我除去了。仿佛这还不够，我又在自己的脸上补了几拳。我到底是谁？不只是在这次旅行中，更是在此生此世里。现在的我，已是赤身裸体，一无所有，我只是上帝之子，仅此而已。我冷汗涔涔，大口呕吐，直到体内的胆汁一滴不剩，然后便精疲力竭地昏倒在地。

Sometimes we have to leave
what we know
to find out what we know

有的时候，想要探索自己的所知，
我们就得放下自己的所知。

　　几个小时后，旅途第十三天的清晨，我迎着朝阳醒来。没有想到，我竟感觉如此神清气爽。我穿好衣服，泡了些茶，然后起身散步。我并没有朝着目的地行走，没有任何预期，而是漫无目的地信步。我感觉好极了——精力充沛，清爽洒脱，无拘无束，心旷神怡。

　　我走在一条泥泞的小路上，转过一个弯，只见小路的中央是一片我见过的最壮观的粉红、湛蓝和鲜红组成的海市蜃楼。那景色如电如光，生机勃勃，悬浮在雨林满地的落叶之上，那起伏脉动的奇景，就仿佛背后有一家氖气发电厂在供能。

我停下脚步，后退了一步，定睛观看。这是唯一的一条路，而且，这也根本不是什么海市蜃楼。悬浮在我眼前地面上的，其实是由成千上万只蝴蝶组成的万花筒。那场景如梦如幻，壮观极了。

我瞠目结舌地站在那里。恍惚之间，我听到脑中一个微弱的声音告诉我：

我所渴望的，便是我的双眼所见，

我的双眼所见，已经尽在面前。

我不再急切地想要到别处去，也不再期待拐角处、接下来或是正前方的景色，时间慢了下来。我仰面朝天，默默说了一句"谢谢"，然后低头将目光沿着小径投射到大群悬在半空的蝴蝶后方，就在那里，我第一次看到了亚马孙河。

现在，所有高耸如塔的焦虑都平铺在了我的面前，就像那涓涓流淌的河流。几个月来，我第一次感到如释重负。

南美回忆

几个小时后，我重新回到营地，收拾行李，继续上路。一到营地，我的导游便用西班牙语对我喊道："Sois luz, Mateo, sois luz!" 意思是："你就是光，马修，你就是光！"

此时得到宽恕的我，放下了自己的罪恶感，我的困惑消失不见，我的苦修得到了回报，重获新生的我与自己握手言和。从那个早晨开始，我安于当下，只拥抱眼前所能看到的一切，给予这一切应有的尊重。接下来的两周里，我徒步行进，泛舟河上，甚至借着那颗小药丸的劲头在亚马孙雨林中用砍刀劈开前路。

没错，**我的确赤身裸体、仰面朝天地在亚马孙河上顺流而下**，但并未像在梦中那样被蟒蛇、鳄鱼、淡水鲨鱼或食人鱼所包围。我猜，它们已经不再有袭击我的必要了。旅途的最后一天，正在河里洗澡时，我清清楚楚地看到了一条人鱼尾巴状的东西，它摆动了一下，便潜入水中，朝着河的下游而去。我向它挥了挥手。

我与真理打了个照面。我找到它了吗？我不知道，但我觉得，是真理找到了我。为什么这么说？因为我把自己放在了一个易于被找到的地方。我把自己摆在了一个能够接受真理的状态。

如何判断我们什么时候遇到了真理或是被真理撞见？

我相信，真理无时无刻不在我们身边。那些无名的天使、蝴蝶和答案永远都在，我们却无法每次都辨识、捕捉、听到、看到或接触它们——因为，我们没能置身于"对"的位置。

我们必须做好迎接的准备。

这又是一盏绿灯。

泛舟亚马孙河上

⚬⚬

　　我回到了好莱坞，很快就决定出演罗伯特·泽米吉斯（Robert Zemeckis）导演的《超时空接触》，与担任女主的朱迪·福斯特（Jodie Foster）演对手戏。在亚马孙的灵性之旅结束之后，饰演一个身处科学世界却信仰上帝之人这一选择，不仅契合我人生所处的阶段，也符合我想在镜头前塑造的形象。朱迪·福斯特是这部片子当之无愧的主角，人们不理解我为什么要出演当时人们口中的"通常由女孩饰演的配角"，而不是其他找到我的主角。但是，我对自己的选择非常满意，因为，我所谓的"拥有大爱的角色和自我发现的故事"以及与伟大导演合作的机

神啊，当我遇到真理时，请赐给我
接收它的意识、
认识它的觉知、
内化它的临在、
收藏它的耐心，
以及实践它的勇气。

首先，我们要把自己置于接受真理的状态之中。 我们生活的这个嘈杂的世界中，充斥着承诺、期限、这个需要解决的难题、那个需要完成的任务，以及各种各样的期望。无论是否有名气缠身，清醒和平静都变得难以企及。因此，我们需要有足够的觉知把自己置身于接收这种清醒洞见的状态之中。无论是通过祈祷、冥想、心灵漫步、与对的人为伍、自驾出游，还是通过适合我们的其他任何途径。

然后，在置身于这种状态去聆听这福音和天籁后，**我们便拥有足够的意识去接受真理，** 也有足够的觉知去认识真理。真理以匿名的方式到来，因为它清晰了然、无处不在、毫无歧义、无边无际。真理的降临往往如蝴蝶一般，敏捷而悄然。敞开心灵让真理进来，任何寒暄和引见都不需要。

接下来，我们便与真理建立起一种关系，**我们也需要内化真理的临在。** 在这个阶段，无名的真理变得私密而自主起来。我们扪心自问真理的意义，真理对我们来说有何独特之处，又为什么会出现在此时此地。

接下来的阶段更加困难，**那就是拥有坚持真理的耐心，** 即使之渗入我们的智识、骨髓、灵魂和本能。我们必须留意它，关注它，使之活力常驻，且不要让它振翅飞走。这需要投入、时间以及用心。

如果我们能坚持到这一步，在将自己置于"对"的状态去接受真理，认识其本然的面貌，使之成为自己的体验并细心收藏，那么接下来便是决定性的"终极一击"……

那就是拥有实践真理的勇气。 也就是敢于挥别真理找到我们的地方，带着这份真知进入日常生活那喧嚣的竞技场，付诸实践，使之成为我们生活中积极的一部分。

如果能做到这一点，那么我们就踏上了通往人间天堂的道路。

在那里，我们的所想就是我们所需。

在那里，我们的所需就是我们所想。

会，才是最吸引我的因素。

　　拍摄结束后，我继续在河上荡舟前行，但是现在，我也做好了在美国的高速公路上穿梭的准备，因此，我买了一辆一九九六年的 GMC 的萨瓦纳厢式货车，将车装扮成我喜欢的模样。我把车内掏空，只留下两张前排的礼宾座椅，安装了一个带有隐蔽冷却器和排水管的定制控制台，还安装了一套与我高中时的卡车同款的扩音系统，有一只安装在可弯曲臂末端的 Rode NT1-A 防震麦克风，与安装在驾驶员座位上方天花板上的盒式录音机相连，这样，我就可以在驾车的途中录制高音质的磁带了。其中的许多磁带都进行了转录，并被收录在这本书中。我花了一万美元，购置了一套由阿尔派车载扬声器、坦克雷迪均衡器以及法国劲浪 ES 音响组成的高端经典音响系统，在车后安装了一张豹皮沙发床，在地板上钻了一个洞，并在洞内插了一只让我不必靠边停车就能小便的油漏斗。我给这辆货车取名为"宇宙号"，然后便和铁汉小姐上了路。

> 我向来对目的地不以为意。
> 对我的想象力和乐感而言，到达的想法太过有限了。
> 给我一个方向，
> 一条有足够空间转弯和沿途探索的 16 车道高速公路。
> 就像爵士乐一样，我也爱将人生看作一条河流。

在几个月的时间里，我和铁汉小姐穿越美国，时而睡在那张豹皮沙发床上，时而在汽车旅馆里过夜。之后，在我俩做好了结为至交的准备后，我对设备来了一次升级，买下了一辆湾流牌国际拖挂房车，固定在"宇宙号"后面，然后拖着我们的新家上路。

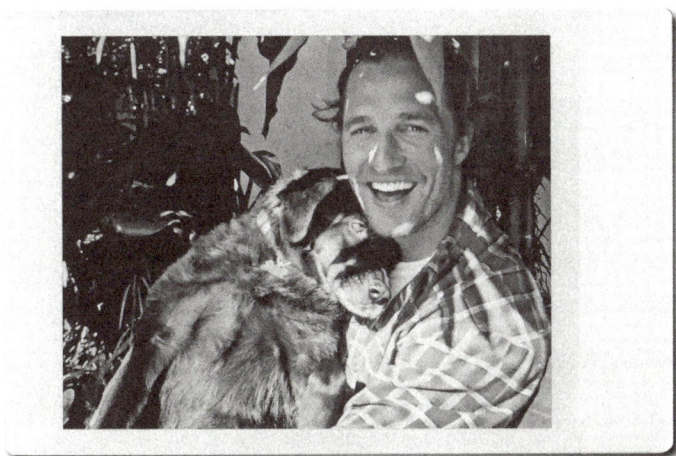

我和铁汉小姐

我和铁汉小姐完全实现了自给自足，成为房车界所谓的"全职房车族"。我们的轨迹从加拿大的马尼托巴省延伸至危地马拉，贯穿了美国四十九个州中的四十八个。我们的指南针是什么？心之所至，就是路之所及。我们的日程如何安排？想出发，就出发。罗杰·克莱门斯（Roger Clemens）[1] 三天后要在纽约投球？从新墨西哥州的阿尔伯克基开车，三

1 外号"火箭人"，美国职业棒球大联盟投手。

天就能到，所以我们第二天一早就出发，正好赶上比赛。比赛的第二天晚上在底特律有一场邪典乐队的演唱会？没问题，克莱门斯在投手球上大放异彩后的第二天，我们就顺道开车去看。

我还会在公路旅行的途中与一些电影导演会面。例如，如果正要从犹他州往东走，我便会安排客户在第二天早上飞到科罗拉多州的博尔德，再到当地机场去接机。然后我们便驾车前行，在接下来的时间里讨论影片，七个小时后，我再把导演送到内布拉斯加州的林肯机场，让他们搭飞机回程。一直以来，方向盘后的驾驶位都是我的最爱，而我的理想办公室则是美国高速公路。

在罗德岛，我有机会出演了史蒂文·斯皮尔伯格（Steven Spielberg）的电影《断锁怒潮》。这部电影讲述的是一八三九年一艘西班牙斯库纳帆船上的奴隶起义。这次起义被上诉到了最高法院，也成为废奴运动中一起引人注目的案件。我还出演了老朋友理查德·林克莱特导演的《牛顿小子》，是他在这一行中给了我第一次机会。电影讲的是历史上最成功的一伙火车和银行劫匪的故事。我扮演的人物名叫威利斯·牛顿（Willis Newton），他来自我的老家得克萨斯尤瓦尔迪。作为亡命之徒逻辑的一位拥趸，他是个宁愿把锁射下也绝不用钥匙开锁的主儿。

铁汉小姐和我都很享受露营营地和房车园区中的生活，对沿途遇到和观察到的人物尤其兴味盎然。对我而言，这就仿佛一堂"表演和讲故事入门课"，让我得以坐在最前排观察实际生活中鲜活的角色。这是现场直播，不是 Memorex[1] 的刻录；是真情实感，而不是惺惺作态。每天，我都会用日记和麦克风做记录。

房车园区里到处都是离经叛道和离家出走的人，有专业小丑、摇滚乐队吉他手、时运不济之人、野生动物爱好者、下午四点就喝起鸡尾酒的主儿、书迷、退休夫妇、单身母亲、骑独轮脚踏车的人、发明家、修理工、园丁、梦想家、迷失的灵魂、嬉皮士、摩托车迷、瘾君子和每天早上六点钟熨好自己西服的一丝不苟之人。各扫门前雪，这是人人都欣赏的做法。

"车门一关，就别来敲门"，这是房车园区生活的首要准则之一。当然，"马修·麦康纳就住在园区里"这句话我听过多次，但在几次挥手和几声热情问候之外，大家都会尊重我的隐私，因为绝大多数时候，人们都会尊重房车园区的准则。如若不然，园区里其他的成员会教会他们。

换个角度来说，如果你真的想要认识朋友，用亚利桑那州水晶镇拉兹达兹（La-Z-Daze）移动房车园区人称"瘦李奇（Thin Lizzy）"[2] 的鲍比·罗宾森（Bobby Robinson）的话来说，"掀开卡车引擎盖，帮你的人就会蜂拥而至"。

铁汉小姐跟我尽情享受着路上的生活，随时出发去探访我们想去的地方。一次，我们正要离开阿拉巴马加兹登一个溪边房车园区时，板球运动员罗伯特·麦肯齐（Robby McKenzie）提醒我们："保持车轱辘

---

1 Memorex 是一家电脑磁带生产商，后来开始销售磁盘等。公司在 20 世纪 80 年代有一句流行甚广的广告语："Memorex，亦真亦幻（Is it real or is it memorex）"。
2 瘦李奇乐队（Thin Lizzy）是 1969 年成立于都柏林的一支摇滚乐队。

在下，车身在上[1]，若是时间紧张，那就提早上路。"而我们，也正是这样做的。

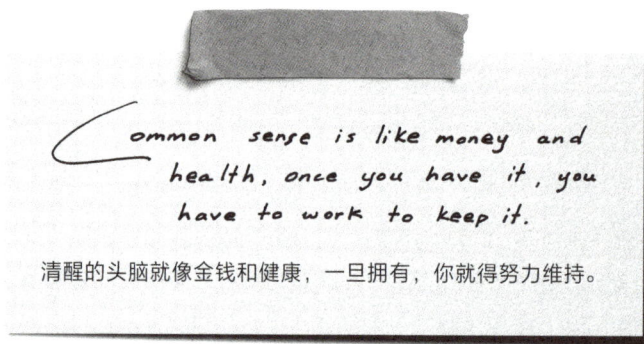

Common sense is like money and health, once you have it, you have to work to keep it.

清醒的头脑就像金钱和健康，一旦拥有，你就得努力维持。

在一次拍摄电影时，铁汉小姐和我在加拿大温哥华的斯阔米什印第安人保护区的房车园区安顿下来，再往北一些，就是第二海峡桥了。保护区的酋长迈克·亨特（Mike Hunt，没错，这的确是他的名字[2]）与我很快结为好友。生活在河边的斯阔米什人是一群技法娴熟的渔民，尤为擅长捕捉银三文鱼。他们不再像以前那样带着鱼饵和鱼钩冒险乘独木舟去捕鱼，而是走进浅水的小溪，用石头垒起一条小道，用一辆被遗弃了的当地超市的购物车接着。这不算是真正意义上的捕鱼，甚至可以说与真正的捕鱼根本不沾边，却收效甚佳。我会在湾流牌房车的户外烤架上把牛眼牛排烤好，以此来换取那辆超市购物车中新鲜捕获的银三文鱼。

1 这是自行车竞速中提醒队员"安全骑行"的一句话。
2 Mike Hunt 连读起来音似"my cunt"，即"我的阴部"的意思。

一天，一个狗仔搬进房车园区，想要借机给我拍照。亨特酋长和他的兄弟们找到他，告诉他保护区不欢迎他。"为什么？"那个狗仔问。

"因为我们是一支部落，你让我们的兄弟感到不自在了。"

"好吧，那也没办法，"狗仔辩解道，"我可是付过租金的，再说了，这是个自由国家！"

"你那套在这块保留地上行不通。"

当天晚上，亨特酋长和兄弟们把这个人"请"出了保留地。从此以后，我再也没有见过他，而他也没能见到我——他连一张照片都没照到。

六周之后，当我拍完电影收拾行李准备离开时，亨特酋长和他的兄弟们送给我一份临别礼物，这是一支手工雕刻的独木舟桨，上面刻着斯阔米什族的雷鸟图形。

"斯阔米什族就是靠桨在水上找到方向的，"亨特酋长说，"马修老弟，愿这一支桨成为你的指南针，在一路上为你护航。"

从那天起，我便将自己那辆 8.5 米的湾流国际拖挂房车亲切地称为"独木舟"。

又是一盏绿灯。

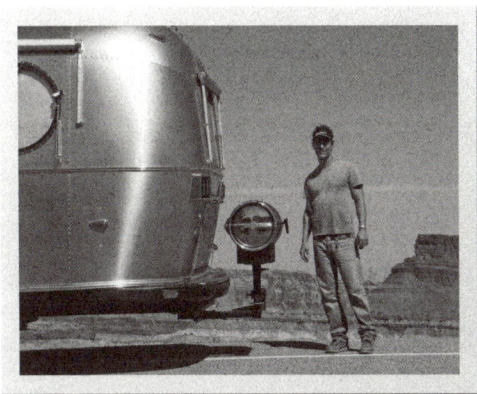

我的"独木舟"

193

LOCALIZE TO CUSTOMIZE. ADAPT TO MODIFY. THE RENAISSANCE MAN IS AT HOME WHEREVER HE GOES.

入乡随俗，因地制宜。多才多艺的通才，懂得四海为家。

太阳落山不久，我们来到蒙大拿州西部克拉克福克河边的某处。

从那天早上八点钟就一直开车的我疲惫不堪，想找一个拖车园区拉伸一下胳膊腿，休息一会儿，然后通过我的卫星电视收看一场太平洋十二校联盟的足球赛。上一个城镇已远在身后，而下一个城镇还在前方八十公里处，前不着村后不着店的我突然从右侧车灯的光线中看到了一个营地标志。我立刻放缓速度，开下高速公路，顺着漆黑的土路往前开。

我沿着黑魆魆的松林小道驱车而下，直到小路消失不见。我停下了，四下环顾——四周荒无人迹，不见房屋，什么都没有。铁汉小姐和我走出后面挂着"独木舟"的"宇宙号"，想要摸清情况，找找线索，但一无所获。这时，我看到树林深处四五十米远的地方好像有一根香烟隐约发出忽明忽暗的橘黄光线，我关掉点火装置，锁上车门，和铁汉小姐一同向光亮处走去。

走近时，我看到一个身穿白色厨师服的人正靠在墙上抽烟，他左腿伸直，右膝弯曲，让我想起哥哥帕特在高中时抽烟的模样。我一踏入能听见对话的范围之内，那个人影便发话了："想找地方歇脚？"

"是啊，"我说，"朝南的天空[1]要开阔，好架我的卫星电视天线。"

他的姿势纹丝未动，抽烟的节奏也丝毫不停，只是向右上方偏了偏头。"去吧台找艾德（Ed）谈谈，让他帮你找住处。"

我和铁汉小姐朝那个方向走去，来到厨师倚着的那座巨大谷仓式建筑的侧面，看到一扇硬木大门。我打开门，一束强光扑面而来，夹杂着音乐和狂欢的喧闹声。原来这是一家酒吧，而此时正值周六晚上。酒吧的墙壁很厚，因此声音只有进了门才能听到，屋里人头攒动，大家都在上下跳跃。

我和铁汉小姐走进屋里寻找吧台的时候，一位有着一双友善的棕色大眼睛的夏安族酒吧女招待出现在我面前，向我做了自我介绍。

"你好，我叫阿夏（Asha），快进来吧，有什么能帮你的？"

"有，"我回答说，"我在找艾德。"

她冲房间的另一头摆摆头："那边吧台后面的人就是。"

我抬眼朝这个生意繁忙的酒吧看了看，然后又瞥了一眼吧台后那个发色灰白、发量渐稀的后脑勺："谢谢你，阿夏。"

"没事儿，有什么需要尽管告诉我。"她眨了眨眼，迈着轻盈的脚步回到了拥挤的人潮中。

铁汉小姐紧跟在我的身后，我们走到吧台处。

"喂，艾德？"我提高了声音，以便在喧闹声中引起他的注意。

"我在呢，想喝什么？"艾德从啤酒龙头后高声回话，几乎连头都没回一下。

---

1 卫星电视天线一般要对准赤道方向。

　　忙着为当地客人服务的艾德，对大家想要什么已经心知肚明，并没有意料到今晚会有什么新生意找上门来，于是便继续倒酒。

　　艾德患有癫痫，脸部不由自主地抽动，舌头会不受控制地从嘴里伸出来，但是很显然，他的病症并没有削弱他作为这家酒吧主管的优越感。

　　"我要找个停房车的地方，朝南的天空要开阔！"我朝着吧台那头喊道。

　　"天要什么？"他粗声粗气地回答，终于扭过头来，想看看这位不请自来、胆敢点不在酒水单上的东西的家伙是谁。

　　"我想要找个落脚处，朝南的天空不能有阻挡，"我朝南指了指，"好让我的卫星天线收到九点钟足球赛的信号。"

　　他将刚刚倒好的啤酒端给客人，走过我身边时瞥了我一眼，说："没这种地方。"

　　"喂，你是马修·麦康纳吗？"我左边一个醉醺醺的声音问道。

　　我决定要守好阵势，不能让他们随便把我当成夜间娱乐的消遣[1]，于是便半开玩笑地回答说："二十九年一直如此。怎么了？"

　　对方喝得醉醺醺的，没捕捉到我话中的火药味，他的脸上露出一个灿烂的笑容，说："真是神了，**我就知道是你！**"

---

1 有的时候我必须划下明确的界限，否则人们便会占用我的时间——签名、拍照，或是给二姑家"特别粉我"的保姆致电问候。而这次，大家都酒兴正酣，加上我又在别人的地盘上，因此我选择先把基调定好，让大家知道我来这儿不是为了抛头露面。如果我热情地回答"对啊，你怎么看出来的"，那么就等于打开了闸门，让大家围观我。这种斩钉截铁的回答，会让山姆和所有能听到我回话的人知道，我今晚不是来娱乐大家的。为了确保自己的绿灯，我不得不给大家亮起一盏小小的黄灯。

他拉住我的手晃了几下。

"我叫山姆,快坐下,让我请你喝一杯,把你介绍给我的叔叔戴夫(Dave)。他现在正在厕所吐呢,马上就回来。"

我觉得这个地方看起来要比足球赛更有趣,加上这里又没有开阔的南向天空的场地,因此我同意了。

"让我出去遛遛狗,把房车停好,三十分钟后回来。"

我起身离开,正准备出门的时候,突然听到吧台后面传出一个大吼的声音:"十一美元!随便找个位置,都空着呢。"说话的人是艾德。

三十分钟后,我回到酒吧,径直走向吧台,来到山姆和他的叔叔戴夫之间。

"你想喝点什么,马修?"

"双份加冰豪帅龙舌兰。"我的声音足以传到艾德的耳朵里,但他没听到。

"嘿,亲爱的," 山姆对路过的阿夏说,"给我的好朋友马修来一杯加冰的三份豪帅龙舌兰,行吗?"

"没问题,山姆,你明知道我叫阿夏,别不敢直呼我名字。"她眨了眨眼。

我环顾四周。每个人都面带笑容,有人在调情,有人在用餐,有人在喝酒,有人在跳舞,有人在玩老虎机。看起来,大家都不是第一次来,而且大多数人已经是这里多年的常客了,尤其是山姆。

"喂,小甜心,给我们在座的再上一轮酒,好吗?"不多久,他便挑逗起另一位路过的酒吧女招待。

"这边再来三杯,小美女!"再次点单时,他又对另一位女招待说。

　　我发现，每次他用这种笼统的昵称称呼女招待时，对方都会要求他直呼其名。这些姑娘并未感到被骚扰，也并非执着于性别政治。非要说的话，她们这么要求他，是为了表达亲密。

　　喝到第四轮还是第五轮的时候，山姆起身去洗手间。他的叔叔戴夫整晚都静静地坐在我的身边，我问他："山姆把每个女招待都称作'甜心''宝贝''心肝'或是'亲爱的'，而她们每个人都要求他直呼其名，这有什么渊源吗？"

　　戴夫叔叔豪爽地喝了一大口酒，然后看着我的眼睛，给出了他的答案。

　　"六年前，山姆在结婚两周后就失去了他的第一任也是唯一一任妻子。六年来，我每周都会陪他在这个酒吧度过，但他仍然记不得任何一位女招待的名字。自从丧妻之后，他要么记不得，要么说不出任何女人的名字来。他做不到。"

　　凌晨三点左右，酒吧里的人渐渐稀少，但大家的玩兴还远远未尽，我靠墙站着，正在和十几位深夜的老主顾掷骰子。乔西（Josie）是酒吧里的酒店经理，她三十五岁左右，一口乱牙，发际线后移，用皮带将一条腰宽三十四寸的迪凯斯牛仔裤系在二十六寸的腰间，她带着一只忠诚的黑色拉布拉多犬，十三个月大的儿子睡在她身边的童车里——这一切，都要归结于两年前的一次一夜情，那时，和我一样在旅途中路过这里的她，在这家酒吧里遇到了一个叫杰克（Jack）的男人，两人一起回到他的客房，一夜翻云覆雨。第二天早上当她醒来时，杰克已经没了踪影，但他的黑色拉布拉多犬还在床边，所以她"在这里待了一段时间"，几个月后，她发现自己怀孕了。今晚，乔西掷骰子是为了"赢一套新轮胎，因为上个月我在一只轮胎爆胎后硬是开了八英里的路,把另外三个轮胎也磨坏了"。

唐尼(Donnie)也是一个值得一提的人物,他是一位种植有机蘑菇的农民,目前和唐娜(Donna)住在一间小屋里。他喝得越多,就越是多愁善感,担心所有当地人都"认为他跟唐娜有一腿"。大家老拿他们开涮,戏称他们是"双唐组合"。实际上,唐娜已经结婚了,但老公因为一份钻井工作去年去了阿拉斯加,一直在那里工作。她承认,她的确想过和唐尼"勾搭勾搭",因为"他是男人,我是女人",但她又表示:"他没有容身之处,而我又正好有一间空房间,所以我只是在帮他渡过难关而已。"唐娜有两个硕士学位,但她说:"在蒙大拿州,学历不能保证你成功。我白天在距离这里八十公里的米苏拉市的动物慈善协会工作,晚上在这儿当调酒师。"然后,她给我看了她从八月便开始留的腿毛和腋毛,说是"得为过冬做好准备"。

比尔(Bill)和苏西(Susie)已经结婚二十二年,曾经在距离这里二十四公里的地方经营着一家一直亏本的酒吧,最后,两人干脆不干了。苏西发誓说,相比于让那家酒吧维持下去,照顾比尔上一段婚姻留下的两个十几岁的儿子要困难得多。比尔说,蒙大拿州最优质的"出口产品"就是本州的孩子们。这里的小学教育优质,绝大多数家长都很负责,但因为在这个州谋生太难,所有孩子们都到其他地方去找工作了。"但是一旦赚到了足以谋生的钱,他们全都会选择回家,因为蒙大拿只有一个。"

他们没有能从南方的开阔天空接收到信号的车位,我很庆幸。

又是一盏绿灯。

房车生活最大的自由就在于你无论何时都可以把房车挂好，启程出发，找到一个新的后院。你可以在沙漠中观看体育赛事、演唱会，或是享受杳无人烟的奇景，你或许会在爱达荷州清晨醒来时发现窗外的河边有一只灰熊，你可以徒步穿过犹他州的羚羊谷，像我在蒙大拿州一样结识新朋友，或是在港务局的护送下穿过纽约的时代广场，但是，你也需要一个能够接收邮件的固定居所。我尤其钟爱科罗拉多戈尔登的夏季，还有得克萨斯奥斯汀的秋季，因此便在这两个地方各选了一个园区开设了一个邮箱地址。这两个地方是我的"大本营"，我和铁汉小姐会不时在这两个地方暂时歇歇脚，读读我的邮件，在市里充充电、打打水，和老友小聚，规划我们的下一次冒险。

白领的祈祷

你去过南方腹地的浸信会教堂吗？

那里的人们，祈祷的是实实在在的东西。

他们为需要的东西祷告。

上帝啊，如果我患了疾病，请赐我一名医生。

上帝啊，如果我惹了官司，请赐我一位律师。

上帝啊，如果我感到寒冷，请赐我一条毛毯。

上帝啊，如果我忍饥挨饿，请赐我一些食物。

这些，都是蓝领们的祈祷。

除此之外，还有那些养尊处优的祷告者。

他们祈祷的，是虚无缥缈的东西。

他们为想要的东西祷告。

上帝啊，请帮我赢得这场比赛。

上帝啊，让妈妈帮我买下那条裙子吧。

上帝啊，让我获得奥斯卡的提名吧。

上帝啊，让我买下那艘游艇吧。

这些，都是白领们的祈祷。

我们不能再要求上帝回应这种祷告了。

他正忙着帮人搞一套新轮胎呢。

part 5

第 5 章

TURN THE PAGE

开启新篇章

一九九九年十月二十三日

　　与铁汉小姐在路上度过三年时光后，我开始渴望家庭生活——干净些的床单、一个完整的厨房以及有如香格里拉瀑布般的稍强一点的水压，于是我决定在得克萨斯奥斯汀市中心慵懒的塔里敦区租下一套两室住宅。之所以喜欢奥斯汀，除了那儿的秋天和我上大学时的回忆，还因为这座城市永远都能让我真正做自己。奥斯汀令人喜爱的秘诀也就在于此。在奥斯汀，你只需做自己就够了，若你能展示真实的自我，奥斯汀也会以诚相待。这座城市从不需要通过拍照来证明他们见到了我，而只是很高兴见到我。

　　在塔里敦，狗可以不拴狗绳地自由奔跑，孩子可以把球踢到街上而不必顾忌迎面而来的汽车，爷爷奶奶们更是从出生起就没有更换过地址。我有一片花园需要打理，在此之前可以打一支安打[1]，还有母校的橄榄球赛季可看，而且还是现场观战。

　　那是周六的一个傍晚，在达雷尔·K. 皇家纪念体育场，排名十八

---

1 棒球及垒球术语，指打击手把投手投出来的球击至界内，使打者至少安全上到一垒。

的得克萨斯长角牛队以 24：20 的分数击败了所向披靡、排名全美第三的内布拉斯加玉米收割者队，使之吃到了本季唯——次败仗。整个城市都热血沸腾，我也一样。是时候庆祝一番了。

　　我周六一整夜都在狂欢，玩到周日白天，再闹到周日晚上，从未合眼。

IF YOU'RE HIGH ENOUGH, THE SUN'S ALWAYS SHINING.

如果你站得够高，太阳就永远闪亮。

　　星期一的凌晨两点半，我终于决定暂时歇歇。是时候调暗灯光，脱下衣服，打开窗户，让花园里的茉莉花香飘进房里。是时候吸上一口烟，聆听家中扬声器飘出的亨利·迪康格（Henri Dikongué）[1] 弹奏的优美非洲旋律。是时候站在我的鼓组前，跟随这传播到孟菲斯、沾染上本地特色的蓝调的韵律，在我最爱的诞生于仪式、带着浓郁异族气息的非裔古巴康加鼓上自由击打了。

　　对我来说，康加鼓、邦戈鼓和金贝鼓一向是最纯粹和最接近本能的乐器。没有鼓棒，不必插电，不用均衡器，不必接线，不带工具也不加改良，只是与打鼓这一人类所知的最接近自然原始的语言、祷告和舞

1 喀麦隆歌手和吉他手。

蹈产生毫无隔阂的互动。这是天籁之源，来自非洲大陆这一音乐之根。是时候全心沉浸其中，在这烟雾缭绕中翩翩飞起，不知不觉地溜入梦境了。即兴演奏的时间，就是现在。

而我没有意识到的是，当我正在这极乐中尽情敲鼓时，两位奥斯汀的警察偏偏不请自来地闯入我家中，用警棍把我扳倒，给我戴上手铐，然后把我死死按在地上。

"哎呀呀，看看我们逮到谁了。"一位留着平头、浑身肌肉的警察一边说一边从咖啡桌上拿起我的驾照，他自己看上去就活像个内布拉斯加玉米收割者队的队员。

然后，他又拿起了水烟筒。"看看我们找到什么了。麦康纳先生，你因扰乱治安、持有大麻和拒捕被捕了。"他蹲在我的身上，用膝盖顶住我的后背，沾沾自喜地说。

"去你妈的，混蛋！你们私闯民宅！蠢货，我偏要拒捕！"

"够了！"他咕哝了一声，然后把我拽了起来，"跟我们去市局。"

两人中比较讲理的那位从沙发上抓起一条毯子，裹在我的身上。

"别来这一套！"我怒吼着，"老子什么也不穿！我这光屁股就是证明，证明我是在做私事儿呢！"

他们俩把我带出家门，穿过庭院入口，走到大街上。我仍然光着身子，不愿接受这场已成定局的麻烦，但还是选择主动适应时局，**决定蹬上通道大门两侧的墙壁，然后来个后空翻，骑在正在背后送我出门的**神似玉米收割者队队员的警察身上。我想象的场景是，翻到半空时，**我要做出前屈姿势，用铐住的双手套过臀部，沿着双腿滑出，这样，在"玉米收割者队队员"身后着陆时，我那戴着手铐的双手便从身后回到了身**

前。我的逻辑是，在完成了像胡迪尼这样的精彩特技之后，两位警官会对我叹为观止，于是便会取消逮捕，还我自由。我知道，这主意听起来很蠢，但别忘了，此时的我已经连续狂欢了三十二个半小时了。

这个计划到底可不可行，我永远也无法验证。因为，事情根本就没有发生。**还没等我在墙上踏出三步**，"玉米收割者队队员"就把我使劲摔回了砖砌的人行道上。

与此同时，关于我被逮捕的消息一定已经在警用对讲机上传播开了，因为此时的街上已经停好了六辆亮着灯的警车，还有大约四十个驻足观看的邻居。

"你确定不拿毯子遮一下？"那位比较讲理的警察又问。

"才不呢，这是我清白的证据！"我的声音不仅传遍了整个街区，连另一个街区的人也能听得一清二楚。

两人按下我的头，把我押进巡逻车的后座，开车来到分局。到达目的地之后，我第三次拒绝了让我裹上毯子的建议，和警察一起踏上了通往奥斯汀警察局入口的台阶。

在通往拘留所的双开门处，一位身高两米、体重一百三十公斤、浑身文身的值班犯人在入口处迎接我。他手里拿着一条橙色的男士囚犯裤。还没等对方张口，我便发话了："兄弟，裸体是为了证明我的清白。"

他只是盯着我，好像明白了我的意思，但比我更明事理。"兄弟，这儿的哥们儿都是清白的。相信我，穿上裤子没坏处。"

或许是他那双真诚的眼睛，或许是出于他与我同病相怜，又或许是因为我恍然意识到，当一个身高两米、体形像一堵砖墙一般的囚犯告诉你进监狱前穿上裤子没坏处时，听从劝告才是上策。

"好吧。"

他双膝跪地，扯开裤腿，把棉布囚服顺着我的小腿提上去，直到松紧带在我的腰部扎紧。然后，我便朝着拘留所走去。

早上九点半，三十二个半小时的兴奋劲儿已经演化成了宿醉的头昏脑涨，我坐在牢房的角落里，突然看到两个人出现在铁窗的另一边。

"麦康纳先生，我是佩妮·威尔科夫（Penny Wilkov）法官，这位是刑事辩护律师乔·特纳（Joe Turner）。"一位勤务兵打开了牢门。

"一个扰乱治安的案子怎么会演变成拒捕的 A 级轻罪和持有两盎司[1] 以下大麻的 B 级轻罪？真是匪夷所思。"法官说，"我也搞不懂我们的两位警察为什么会在没有合理警告的情况下破门而入。我会对扰乱治安和持有大麻的轻罪予以撤销，对拒捕这条罪名予以个人具结保释。这件案子何以恶化至此，我既不理解，也不认同。"

"好吧，佩妮法官，我虽然没完全听懂您刚才那番话是什么意思，但我也不知道这件事是怎么恶化到这一步的。"我说。

乔·特纳就是在几年前的威利·纳尔逊（Willie Nelson）[2] 持毒品案中为其成功辩护的律师，他发话了："法官，这件事的确很快就会搞得一发不可收拾，但您也要明白，这两位警察闯进他家时，他正在赤身裸体打手鼓呢！所谓的拒捕，其实只是正当防卫！我建议您把罪名全部撤销，我的客户会承认违反噪声管制条例的 C 级罪名，因为他的确是

1 1 美制盎司约等于 30 毫升。
2 美国音乐家、演员、社会活动家，曾多次因持有大麻被捕。

在凌晨两点三十六分大声敲鼓。"

"好的，结案。"法官说道。

"这话什么意思？"我问道。

乔拿出他的钱包，掏出一张五十美元的钞票，在我面前晃了晃，然后看着我说："意思是我来付你的出狱费，你欠我五十美元，你可以走了。我在后门安排了一辆车等你，或者你也可以在前门跟媒体打个照面，好多媒体都在等着你呢。这是你的邻居给你送来的一袋干净衣服。"

我谢过两人，在盥洗室穿好衣服，拿凉水泼了泼脸，大口呼气，想把开始涌上心头的伤感宣泄出去。大家可能会问，你为什么会伤感呢？我显然很幸运，出狱的代价只是少了五十美元而已——这可不是每一个因拒捕和持有大麻等被指控而入狱的人都能享受的待遇。问题在于，就像我在前文中说过的，在我们家里，**犯错不会带来麻烦，而因犯错被抓就千不该万不该了**。我的成长方式告诉我，无论是什么罪名，也无论刑期多长，我都不该在监狱里待上一秒。虽然这项罪名我曾经犯过多次，之后也仍然一犯再犯，但我毕竟被抓了一次，为此，我感到愧疚。这，就是亡命之徒的逻辑。

为了寻得一些勇气和慰藉，我决定在选择如何面对第一次出狱之前先给母亲打个电话。之所以做此决定，是因为虽然我确信她不会对我的处境有丝毫怜悯，但我知道，她会为我陷入这种境地举杯庆祝。接电话的会是母亲本人，还是那个新晋的追星族呢？我不知道。事实证明，接电话的，是这二者的合体。

"马修，他们干了什么？！竟然闯进了你家？！那些狗娘养的，你绝不要丧气，"她说，"晚上在自己家里光着身子打打鼓，这完全没错，他们有什么权力这样私闯民宅？！"

这正是我需要的"鼓励"。我挂了电话，决定昂首挺胸地面对前门的一众媒体，而不是从后门偷偷溜出去。

又是一盏绿灯。

◐

两天后，上面印着"赤裸手鼓"的 T 恤出现在奥斯汀的大街小巷。

我把"违反噪声管制条例"的单据裱了起来。

后来，那位"玉米收割者队队员"被警队开除了。

乔·特纳将拒捕记录从我的档案中撤销，我终于重获清白，洗刷了罪名。

但是，我那长达两天的狂欢也带来了其他的后果。

拜当地一家报纸的编辑无心"所赐"，我住处的照片和地址都被刊登在了报纸"本地新闻"版面的头版，而我在塔里敦区的住处很快成了一个热门旅游景点，就连本地人也蜂拥而至。好心的人们送来一箱箱啤酒、各式各样的鼓和大堆的烟。这虽然很有趣也很暖心，但却让这条寂静的社区小街成了布伦特伍德的南邦迪大道[1]。人们再也不能不拴绳子遛狗，孩子们也不能毫无顾忌地到路中间捡球了。

名气会改变一个人，但在这件事情中，名气却让一个地方变得面目全非。我又一次失去了隐姓埋名的清净，在梅多布鲁克大道上找到的

---

1 辛普森杀妻案发生的凶宅所处的街道，位于洛杉矶西区，案发后不少游客前往此地拍照留念。

安宁现在已被打破，再住下去，对我和我的邻居来说都不公平。虽然大家都对我的搬离愤愤不平，我却别无选择。总是与大家说"待会儿见"的我，该和大家道别了。我收拾好自己和铁汉小姐的行李，终止了租约，再次向西部出发。

没有人会因自己的所作所为惹上麻烦，
只有在被抓时才会陷入困境。
能够侥幸逃脱的人，才是高手。
亡命之徒并不在边缘生存，而是置身于中心，
借着滑流自由驰骋。

二〇〇〇年一月。一场演员罢工近在眼前，而在我的上一部卖座电影之后，其他几部都反响平平，因此，我无论如何都必须回到好莱坞，再次投入忙碌的工作中。我需要置身于业界的视线之中，在好莱坞抛头露面，参加各种会议，回到做决策的创意者之中。

无论是《牛顿小子》《超时空接触》《断锁怒潮》《艾德私人频道》《猎杀 U-571》，还是我在其中的表现，都没有达到或超越业界在《杀戮时刻》之后对马修·麦康纳的热切期望。我一直在寻找的顶级制片厂已然不再递来邀约。我虽然还是个卖座演员，但光环已经有些暗淡，用

业界的话来说，我的"热度"在慢慢消减，另外，我的头发也在日渐稀少。

罢工逼近，好莱坞想要抓紧时间在此之前尽量多推出几部影片，因此，我拿到了一份高于我的市场价的报酬，在电影《婚礼专家》中与詹妮弗·洛佩兹（Jennifer Lopez）演对手戏。我读了剧本，剧情看起来不错，报酬很丰富，而我也做好了工作的准备。拍摄于两周后在洛杉矶市中心开始。我答应了下来，然后便将我和铁汉小姐的新地址定在了"浮华之都"市中心那座传奇的马尔顿庄园酒店。没错，齐柏林飞艇乐队的约翰·博纳姆（John Bonham）曾骑着他的猪穿过酒店大厅，而约翰·贝鲁西（John Belushi）则在三号别墅因吸食过量海洛因身亡。

我做好了尽兴玩一把的准备，带上我的康加鼓，将制片厂的支票兑换成现金，买了一条皮裤和一辆凯旋雷鸟摩托车，给酒店开了一张十二万美元的灵活账单，拿到了房间的钥匙，想住多久就住多久。

出演浪漫喜剧与我之前的所有表演体验都有所不同。这些电影主旨轻松，但又不显轻薄，意在营造一种轻快愉悦的氛围，而我也学会了在云端轻盈跳跃，因为想要保持这类影片的节奏，演员就必须这样做。我很快就意识到，与剧情片的表演不同，在浪漫喜剧中，你不能把锚抛入"内心深处"，也不能"谦逊做人"，以防将"船"弄沉。我很享受这种表现，这感觉就如一路绿灯，仿佛我就是一连串"轻松周六故事"中最无忧无虑的角色。

在马尔顿庄园酒店的生活也像极了一连串的轻松周六，这是一条通畅的大道，而我在这条路上驰骋，全心全意地进入"我的好兄弟"的状态。现在，我渴望的并不是与自己的心魔斗争，而是与之共舞，我迫不及待地想要与这无底的深渊达成协议，与无拘无束的生活方式达成协议，看看我是否能安然到达彼岸。

在这段时光里，我来者不拒，抱着不试白不试的态度对一切说"是"，于是，许多"昨晚到底发生了什么"以及"还不如忘记的好"的早晨便接踵而至。大家都知道，如果你沉湎虚无，那往往只能换来虚无。

◎◎

那时的我身体健康，耿直坦诚，是个名副其实的钻石王老五，在这家高档酒店经历的短暂浮华煽点了我的放荡不羁，让我乐在其中：你情我愿，时而蜻蜓点水，时而巫山云雨，只求暂借，不求拥有。我身穿皮裤，骑着雷鸟摩托风驰电掣，经常在白天洗澡沐浴，而身边往往有倩影相伴。我全身心地投入了这种生活。

我欣然拥抱了这种刺激、这份名誉以及那没有宵禁的悠然时光。不工作的时候，我便一边在泳池边晒日光浴一边读剧本、创作诗歌、请朋友共进午餐、带铁汉小姐散步、出门跑步，然后准备悠然踏入好莱坞的镁光灯下。轻松愉悦是我的生活的默认模式，只需步行，就能尽享这些夜间的探险，对于饮酒无度的我来说，这是一大幸事。我会与朋友共进晚餐，然后在深夜回到酒店，和着音乐和舞蹈狂欢作乐，有时还会玩几局摔角比赛。又一次选择了入乡随俗、因地制宜的我，有一把酒店厨房的钥匙，即使是凌晨三点，我也能不费吹灰之力地在那里找到牛排，烹饪出一道大菜。

亲吻火焰，然后吹着口哨离场

我就着啤酒把维生素吞咽进肚，
猛嚼烟草，无拘无束。
我行四方，追寻月光，
与骑着扫帚的女巫缠绵于床褥。
这样，我才能在亲吻过火焰之后，吹着口哨潇洒退出。

○○

后来，我得到了在电影《火龙帝国》中扮演丹顿·凡·赞（Denton Van Zan）的机会。凡·赞是一名口叼雪茄、如末日般凶狠残暴的屠龙战士，他会把自己杀死的每条龙的心脏吃进肚里，肩上还扛着一个侏儒为伴。肩上扛侏儒的情节虽然后来从剧本中剪掉了，我却一直很喜欢。我很快便理解了凡·赞，也急需一个这样的角色。他拥有独一无二的体格，形单影只，不愿苟且偷生，而是为对抗湮灭倾尽所有。他就像一座孤岛，而孤独便是他的自由。

也许是因为我在酒店里度过了长达十八个月充斥着美酒、佳肴和美女的享乐之旅，也许是想主动与由浪漫喜剧营造的让我失去男子气概的虚幻泡影拉开距离，抑或是二者兼备，不管怎样，我觉得是时候再次为赚回我的轻松周六而付出努力了。我需要一些黄灯。

我一生都在质疑自己的存在，从记事起，我便开始寻找自己生命的意义，但现在，我第一次对上帝的存在产生了怀疑。这是存在主义危机吗？我将其称为存在主义挑战，并且做好了接受挑战的准备。与其说我不再相信上帝，不如说我更加坚信自力更生的力量，并更加坚守自由意志的责任。我受够了可以推卸给命运的借口，准备做自己的主人。我既要承担罪名，也要掌握开释的权力，我要承认，掌握着方向盘的，是我自己的双手。

我厌倦了在平坦的大道上放纵自我，受够了不劳而获的宽恕、虚情假意的同情、礼貌和礼仪的规则以及狂放不羁的纵欲。我们为明日而活，却有可能只是在朝着红灯狂奔，到头来徒劳无功。我虽然敢在祈祷时把一切责任担在自己身上，但尚没有停止祈祷的勇气，我相信生命或许本就虚无，因此不愿再为所谓的目的倾注一生。

"上帝啊，如果您真的存在，"我会这样祈祷，"但愿，您能赏识一个不会因获取自我决定能力[1]的艰险而退缩的人；但愿，您能奖励

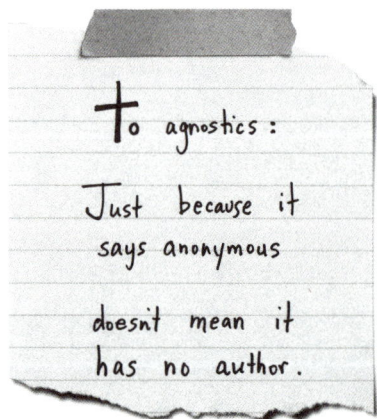

To agnostics:

Just because it
says anonymous
doesn't mean it
has no author.

致不可知论者们：
即便写着"作者不详"
也并不代表作者不存在。

---

1 在心理学中，自我决定指的是做出选择和管理自己生活的能力，对心理健康和生活幸福有重要意义。

一个决意不再躲藏在一切由您掌控的盲目宿命论理念背后的人。"

凡·赞的靴子正合我的双脚，我已做好了化身为他的准备。

◯◯

我接受了邀约，立刻剃光了头。原因是什么？我可以告诉你，这就是我眼中的角色形象；我也可以告诉你，我知道这么做一定会惹怒制片方，而我也恰好想跟他们干一仗。但是真正的原因却是，如前文所述，我的头发已经日渐稀少。

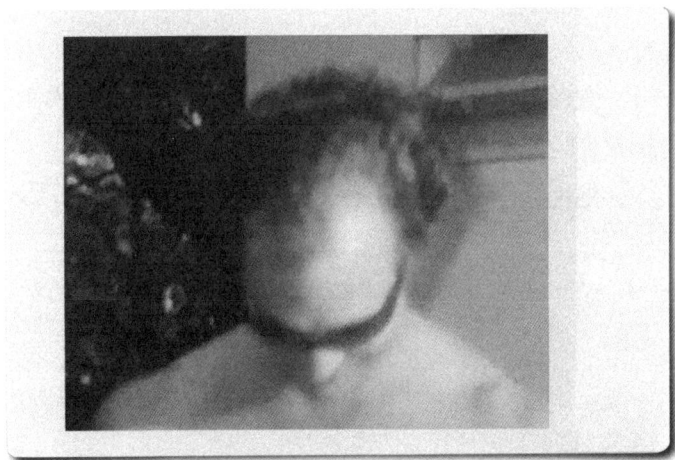

令人略感无奈的头发

大约在那时，我迷上了一种叫作 Regenix 的生发产品，每天需要局部涂抹两次。另外我还读到过一篇文章，说剃光头有助于重新长出更加浓密的头发，因此，深谙"虚荣"价值的我明白，如果我扮演凡·赞，这个角色就必须得是光头。[1]

不知大家有没有过剃光头的亲身体验，如果有，那你就应该知道有些人的头皮真是惨不忍睹。我的头盖骨凹凸不平，皮肤上有一块牛皮癣，而且头皮肤色苍白。在剃完光头的第二天，狗仔队便将我那光秃秃的脑袋拍了下来，这张照片第二周就登上了《人物》杂志。

没过多久，我的电话响了。

"你没剃头。"一个阴沉的声音言之凿凿地低语道。为了保护他的隐私，我决定在此不写他的名字，但此人是一家制片公司的高管，曾斥重金投资《火龙帝国》。

"不，我剃了。"我坦率地说。

"不，你没有，马修，我拒绝相信这事儿。你只是戴了光头套恶搞大家而已。"他仍是在声明，而不是在提问。

"不……我的确剃头了。"

对方把电话挂断。

那天下午，前台往我的房间里送了一封手写信：

> **麦康纳先生，在我们今早的谈话中，你拒绝承认你其实没有剃头一事。**
>
> **如果你之前一直不愿承认此事，请如实坦白，这样我们才能继续踏上共同拍摄这部电影的旅程。**

---

1 我与一位给我推荐这款产品的医生朋友"握手缔约"：如果我们两人都坚信不疑，那么坚信的事情一定会成真。两年来，我每天都雷打不动地往头皮上涂抹这款产品，而我的发际线也恢复得无懈可击。而那次剃光头的体验，便是这一切的起点。——原注

如果你真的剃了光头，那么这个选择是个悲剧，是一个重大的错误，而此举很有可能让你<u>遭到报应</u>。

没错，"遭到报应"几个字的确加粗并加了下划线。

我心想，这家伙竟然公然拿报应这套说辞来咒我，我真该揍他一顿，但是，剃光头这件事看来确实是个能把整部电影搅黄的大事儿。果不其然，我一直想挑起的战争已经拉开了序幕。

这些年来，我对好莱坞这门生意有了一些心得。首先，相比于把好莱坞的规则奉为圭臬，还是选择在这门生意中遵从自己的原则更明智。你必须得开得起玩笑，而所谓的玩笑就在于，其中并不牵扯什么个人情感。你会遇到铺天盖地的"我爱你"，也会因上部电影票房不佳而遭人冷落，好莱坞或许会用豪华轿车接你，但回家时你没准就要自己打车了。这并不涉及个人情感，一切都是生意罢了。

至于那句遭报应的威胁呢，虽然不涉及个人情感，但仍是一种狂妄傲慢、居高临下、粗俗不堪的言论。是时候灭灭他的威风了。

迷信

一天，我在路边的便利店买了一根巧克力棒和一瓶啤酒。
收银机上的总价正好是 6.66 美元。
因此我把钱给了收银员，
又在写着"有困难请拿，有余钱请给"的小碟子里留下了一枚硬币。

那个周末有一场盛大的好莱坞行业聚会。所有的高管和大人物都将出席，而那位"报应先生"也极有可能在宾客之列。

我定制了一套三件式古驰蓝色西装，颜色与我的双眼相得益彰。在接下来的五天里，我每天都会在泳池边花四个小时把苍白的头皮晒黑，然后在已经晒成漂亮小麦色的头皮上抹一些油（当然不是貂油膏），那股闪亮劲儿，都能让巨石强森（Dwayne Johnson）欣羡不已。准备就绪后，我便在派对上亮相。

我没有看到"报应先生"，根本没有这个必要。大家都注意到了我，尤其是女士们。而受到女士们瞩目的场景，也被大家看在眼里。

接下来的星期一，我的电话又一次响了起来。打电话的是"报应先生"。

"你剃头的事儿刚开始可把我吓坏了，但我已经改主意了，马修。我简直爱死你的光头了！与众不同，而且特别帅气！我太喜欢了。"

我往小碟里放了一枚硬币。

又是一盏绿灯。

Some people want the AC on in the gym so they won't sweat.

I wear my beanie in July so I will.

有的人希望自己的健身房里安上空调，避免大汗淋漓。

我却在七月的酷暑中头戴便帽，因为我钟爱挥汗如雨。

⊗

　　我有两个月的时间准备和训练，将自己打造成"我的好兄弟"凡·赞。我需要独处，因此便决定出城到哥哥的洛卡·佩洛塔斯农场暂住。农场位于西得克萨斯，距离最近的拥有五百一十八人口的小镇也有二十七公里。这是一座非常僻静的农场，占地约六百公顷，在盛夏时节更是骄阳似火——不啻为练习屠龙的好地方。接下来要做的，就是制订我独创的屠龙战士身心训练计划了。屠龙战士会如何行事? 屠龙战士会怎样训练?

我制订了一套在七月中旬四十二摄氏度的酷暑中执行的训练计划：

1. **每天日出起床之前，先灌一杯双份龙舌兰**。没错，这正是屠龙战士的做派。用火辣辣的酒点燃我的呼吸，才能战胜那喷火的猛兽，作为一整天的开始，我得先让肚里暖和起来。想要"屠龙"，就要"成龙"。简直太完美了。

2. **每天赤脚在沙漠中跑八公里，往返各四公里**。没错，我要把脚底板磨硬。现在，我的双脚因为穿鞋而细皮嫩肉，我必须得让脚底变得坚硬。再说了，龙本身就皮糙肉厚的，我必须变得更加接近我的猎物才行。没错，凡·赞这样的屠龙战士的脚底板一定很硬，足够抵御毒液的侵袭。简直太天才了。

3. **站在十二米高的谷仓屋顶边缘俯瞰脚下的水泥地时，将心率控制在每分钟六十次以下**。没错，我的确恐高，但凡·赞可不会。我要每天训练，直到能脚尖悬空，只用脚跟站在屋顶上，同时保持心率为每分钟五十一、五十二次。没错，就这么做。简直太刺激了。

4. **每天深夜跑进牧场里，把熟睡的奶牛扳倒**。没错，我要跟奶牛摔角，把它们结结实实地扳倒在地。我要变得强悍、魁梧、身强体壮，屠龙战士们就是这样的。凡·赞也是这样的。就这么决定了！

那么，执行的情况又如何呢？

到了第六天的早晨，日出时分，我将放在床边的双份豪帅龙舌兰一饮而尽。第七天早晨也是如此。这主意太糟糕了。我放弃。

第九天的深夜，本想把一头大公牛扳倒在地的我，却被对方撞翻，还搞成了脑震荡。真要命。[1]

在十一天的时间里，我每天都会赤脚在这四十二摄氏度的崎岖不平、沙石密布的沙漠中跑八公里，而脚底上也磨出了水疱，这些水疱大如牡蛎，高高鼓起，让我连行走都不便，更别提跑步了。真是失策。

经过两个月的训练，我只敢走到距离谷仓屋顶边缘一米处，即使是在这里，我的心率也从未低于每分钟一百二十五次。只能算是勇气可嘉。

我的"屠龙战士训练计划"虽然惨败，但好在我的确经历了诸多痛苦的历练，就像所有优秀的屠龙战士一样。

　　　　　　　　⊙

在给自己设置的六十天屠龙战士训练结束后，我前往爱尔兰拍摄影片。化身凡·赞是一段非常令人享受的经历——他是一位手握战斧的光头战士，不从属于任何一个国家。我很想念他。伟大的角色能够赢得我的尊重，与其说凡·赞这个角色让我摆脱了心魔，不如说他让我拥有了更强的驾驭心魔的能力。他提高了我对生存必须付出的代价的预期，也让我认识到，责任心要比主场优势所带来的优越感更有价值。时至今日，他的印第安战斧还在我办公室里，悬挂在我背后的墙壁上。

在阴寒湿冷的爱尔兰冬季完成四个月的拍摄之后，我身心俱疲，因此很高兴终于能得到一些休息的机会，来疗愈我伤痕累累的身心。我的意志非常坚韧。事实证明，为了更加自食其力而挑战对上帝的依赖的

---

1 一天晚上，70岁的墨西哥农场经理听到牛群受惊的声音，便从屋里走出来想看看究竟。于是，我赤身裸体置身于牛群中的场景便跃然眼前。这也是这家牧场得名"洛卡·佩洛塔斯"的原因，即西班牙语中的"疯狂之'球'"。——原注

方法非常有效。就像父亲离世时那样，我又一次开始培养"少些动容，多些投入"的心态。

那是电影主体拍摄完成的三天后，晚上，急需休养的我正在爱尔兰都柏林利菲河北岸的莫里森酒店补觉，突然……

我做了一个春梦。

我仰面朝天地在亚马孙河中顺流而下，身上缠着南美水蟒和各种蟒蛇，身边则满是鳄鱼、食人鱼和淡水鲨鱼。在左边的山脊上，我的视线所及之处，满是肩并肩站着的非洲部落成员。

我内心平静如水。

十一帧画面。十一秒钟。

然后，我梦遗了。

这一切竟然又发生了一次。

没错，这就是我在五年前所做的一模一样的春梦。

我对梦里的两件事很确定，第一，我是在亚马孙河中；第二，站在山脊上的的确是非洲部落的成员。

这是一个征兆。

我已经去过亚马孙河了，也亲身证实了这条河的确位于南美大陆，因此我知道，是时候到非洲去了。但是，要去非洲的哪里呢？

几天之后的一天晚上，我反复查阅着《非洲地图集》，心中纳闷春梦要把我带引到这广袤大陆上的何处，当时我正在聆听我最喜欢的音乐家之一阿里·法尔卡·杜雷（Ali Farka Touré）的音乐。

突然，我灵光一闪。阿里就被称为"非洲蓝调音乐家"。

他是哪里人？我从沙发上跳下来，抓起 CD 盒，内页的说明文上写着："马里，尼亚丰凯"，这是位于莫普提以北尼日尔河沿岸的一个小镇。

"我该去找他。"我说。是时候去追寻春梦的下集了。

Sometimes which CHOICE you make is not as important as MAKING a choice and COMMITTING to it.

有的时候，做何选择并不重要，
重要的是做出选择，然后坚持下去。

⊙⊙

我买了一张到马里首都巴马科的单程票，然后搭了九个小时的便车来到港口城市莫普提，在那里遇到了一位名叫伊萨（Issa）的导游，他有一条船。为了隐姓埋名，我介绍自己叫"大卫"，告诉他我正在寻找阿里·法尔卡。第二天，我们便向河流上游的尼亚丰凯驶去。

我们在河上

　　我们乘坐一艘叫作"皮罗格"的四马力舷外机动独木舟，沿着尼日尔河航行了四天后，终于抵达了沿河小镇尼亚丰凯。经过了五个小时的搜寻，我在阿里的第二任妻子的家中找到了他。他完全不知道我的真实身份，只知道我是一名来自美国的旅客，也是他的粉丝。他的第二任妻子为我们准备了午餐，我们按照马里的传统方式围坐在地板上，中间摆着一碗共享的用香料调过味的米饭，用右手自行抓取，绝不能用左手。[1]

　　阿里是我的音乐偶像之一，但他有所不知，他的家是我在地球上第二大陆旅行时唯一暂停的港湾，也是我在追寻梦境的旅途中唯一遵循的地理坐标：北纬 15°55'55.92"，西经 3°59'26.16"（尼亚丰凯的经度和纬度）。

　　在我的"亚马孙"春梦中，**我梦到了左边山脊上成排站立着非洲部落成员**，而这次对阿里的探访，又会留下什么指引我去寻找这些部落成员的信号呢？大家一起吃饭，阿里为我演奏了几曲他的作品，伊萨把我对阿里音乐的热爱翻译成当地的方言班巴拉语。饭后我问他："你为什么只在西非和法国演出，而不到包括美国在内的其他国家巡演呢？"他非常严肃地给出了答案：

**　　因为那样我就会变成干屎，我和我的气味都不会留在你身上。**
**　　在这里，我是稀屎，我和我的气味都留在了你的身上。**

　　一天将尽的时候，我们拥抱道别，伊萨和我回到独木舟上，不知

---

1 在穆斯林信仰中，左手是用来擦屁股的。

226

下一站该去哪里。下一步怎么办？我的梦境要带我去向何方呢？我在心中默念。我还没有开口，伊萨就发话了。

"马里有一个神奇的民族，叫作多贡族。早在现代天文起步以前，他们就从外星生物传播的宇宙信息中获取了关于恒星的信息。[1]一千多年前，为了躲避穆斯林的入侵，他们逃到了一个叫作邦贾加拉悬崖的地方，现在，他们居住在沿河的村庄里。我觉得你应该到那里去看看，达乌达（班巴拉语中的'大卫'），那个地方一定会给你留下深刻的印象。"他这样说道。

又是一次上天的启示。

我心想，不要忘了，散发气味被人铭记总要好过没有气味而被人淡忘。就这么做，勇敢当"稀屎"吧。"好的，我们就到那儿去。"我回答说。

我们在独木舟里装好物资，然后便沿着尼日尔河展开了为期五天的旅程，先是往北进发，然后再南下去追寻我那后半段春梦的线索。

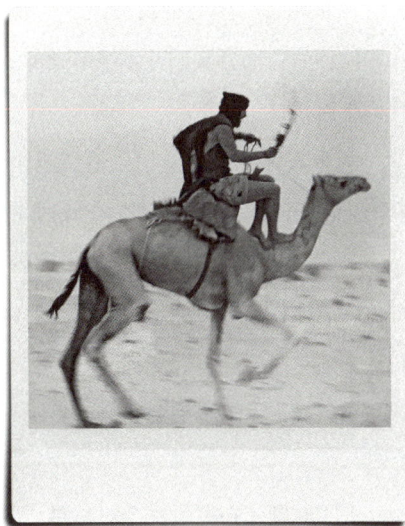

1 早在几千年前，多贡族就发现了天狼星及其伴星的存在，在多贡族流传的传说中，天狼星上的外星生物曾与其祖先有过接触。

◗◖

在去往邦贾加拉的途中，我们在传奇小镇廷巴克图暂住。这里是艺术和学习的中心，坐落在尼日尔河的北岸，位于撒哈拉沙漠的南端，是个僻静的贸易小镇。

一天晚上，我与伊萨和他的两位受过良好教育的朋友阿里（不是阿里·法尔卡·杜雷）和阿马杜（Amadou）在酒店餐厅的阳台上吃晚饭。当天下午，我们刚刚在撒哈拉沙漠中赛完骆驼，晚餐将近尾声时，一位二十五岁左右的漂亮姑娘信步走过，对每桌满是男性的客人投去热切的目光。很明显，这是一位应召女郎，是来找生意的。

"哎，你看看，这太有伤风化了。"阿里说，"这是个穆斯林妇女，她可不该这样做事。出卖身体可是大忌，简直是伤风败俗，她不该做这种事。"

"可是，"阿马杜反驳道，"我们任何人都无权判断一个人应该和不应该做什么。我们并不了解她的具体情况，因此她做或不做什么，我们都无权评价。"

两个人你一言我一语，情绪越来越激动，声音越来越洪亮。在我看来，这场谈话已经演变成了一场争辩，两人刚一停顿，我就赶紧插嘴。

"我同意阿里的观点。她不该做这行当。她还年轻，还有健康的身体，应该付出更多的努力争取一份体面的工作，而不是选择性工作。我认为阿里是对的，我觉得——"

就在这时，我所支持的阿里竟然对我厉声喝道：

"问题不在于争出个对与错，而在于'你能否理解'。"

我有些猝不及防，在阿里那发人深省的怒视下有些不好意思地靠在椅背上。

最后，我刚才反对的阿马杜看着我，和蔼地问道：

"刚才那句话，你听懂了吗？"

我的确听懂了。"是，"我回答道，"我听懂了，对不起。"

阿马杜用同样尖锐而坚决的目光紧盯着我，说：

"我们可以不同，但无须为自己的不同道歉。"

哇，他刚刚对我说的话，与我在澳大利亚拒绝叫杜利夫妇"爸爸妈妈"时告诉自己的话异曲同工。这两句非洲谚语给我来了一次"双重震撼"：两个人并非在努力分出对错，而是在试着理解彼此。（喂，美国，我们真该从这件事中受些启发。）第二天早上，我们继续向邦贾加拉悬崖进发。

控诉之前，先掌握信息。

229

◐◐

邦贾加拉的多贡村由一座座泥屋组成。聚落之间沿河岸间隔十三到二十四公里排开。有人到达时，聚落酋长会在营地的边界处迎接，如果他喜欢从你眼睛里看到的东西，便会将你迎进来；如果他不喜欢，那你就得到别处去。每到一个聚落，我都能得到酋长的欢迎。

刚刚拍摄完《火龙帝国》的我剃着光头，留着大胡子，身材壮硕。一来到马里，我便告诉伊萨和任何问起我的人，我的职业是一名作家和拳击手。邦贾加拉不通电，因此没有人能从电影中认出我来，他们对我"作家"的职业不以为意。但是，"拳击手"的职业挑起了他们的兴趣。

在我尚未到达之前，传言便在每个村庄散播开来："身强体壮的白人达乌达在这一带出没。"一天，我来到一个叫作贝尼马托的美丽村庄，因走了二十多公里路而筋疲力尽，正躺在地上拉伸双腿，突然，两个年轻男子走了过来，俯视着我，然后开始"对着"我，而不是"对"我说话，能听出语气中有些许挑衅。人群开始聚拢在我周围。

"他们在说什么？"我问坐在旁边的伊萨。

"他们自称是村里的摔角冠军，想和'强壮的白人达乌达'比一场。"

我继续躺在地上拉伸腿筋，审度着具体形势，谁知倏然之间人群炸开了锅，两名年轻男子朝着相反的方向跑开。我抬眼观瞧，只见一个赤裸上身的大块头正低头俯视着我，他可比刚才那两位要健壮得多，腰间还系着一个粗麻袋。他向下指指我的胸膛，又指指自己的胸膛，然后朝他的右手边走去。人群的规模扩大了一倍。我转过头去，想看看他所指的是什么，跃入眼帘的是比刚才还要多的兴奋难耐的村民，在他们中间，是一个巨大的泥坑。

我朝伊萨瞥了一眼。

他微笑着说："这是米歇尔（Michel），是村里真正的冠军。"

我的心开始狂跳起来，人群开始咆哮。就在这时，我听到自己的声音在耳边低语："接受挑战，不然你会因为从未体验而后悔一辈子。留下你的气味吧。"我慢慢地站起身来。现在的我平视着米歇尔，举起右臂，先指了指他的胸脯，又指了指自己的胸脯。然后，我转身朝着巨大的泥坑走去。此时的村民们已经欣喜若狂了。

> **Some people look for an excuse to DO.**
> **Others look for an excuse NOT to.**

有的人会为积极行动寻找理由，
有的人则会为消极行动寻找借口。

我一直是个摔角迷。小的时候，我就经常收看世界摔角联盟（WWF）[1]的节目，作为三兄弟中最小的一个，我也挺会借助巧力来保护自己，但是这次的情况却与以前不同。我身在非洲农村腹地，距离最近的电话线也有一百五十多公里的距离，我站在这巨大的泥坑里，面对一个身材强壮、拿粗麻袋当裤子穿的非洲土著。比赛的规则是什么？**你可不可以手脚并用、下口猛咬，直到把对手打趴在地？**我不知道，但答案马上就要

1 2002 年 5 月，世界摔角联盟（WWF）更名为世界摔角娱乐（WWE）。

揭晓了。

米歇尔与我面对面站好，村里的酋长在我们周围绕圈。米歇尔将右臂搭到我的左胯处，用手紧紧握住我的短裤，然后看着我的双眼点了点头，这时，一颗汗珠沿着我的后颈流了下来。我想，他是在示意让我也这样做，因此我也学着他的样子，紧紧握住了他系绳的腰部左侧。然后，他又一把攥住我右侧腰部的短裤，我也模仿了他的动作。现在，我们两人的脸只相隔几厘米，人群的呼声再次升高，米歇尔将脑门放在我脖子下方、锁骨上方的柔软处，把前额扎进去。我也跟着这么做了。现在，我们两人的双臂都紧贴着对方的腰部，额头则扎进对方的肩带，双耳相对。我们开始把双脚往后踏，形成一个彼此交错的水平平板式姿势，然后把双脚深深踩进沙子里，以便支撑身体。我能看到的，只有眼前那两条摆好了进攻阵势、如树干般粗壮隆起的大腿。酋长像举行洗礼一样把两手放在我们的头上，然后又猛然抬起，大喊一声："Taht（塔特）！"我猜对了，这便是开赛的"铃声"。

第一回合。我们面对面转了几圈，掂量着对方的力量，突然，米歇尔把我抬起并往他身上一带，将我的胸脯撞在他的脸上，然后把我抱摔在地，让我一时间没喘上气来。米歇尔得一分。他很快便骑在我的身上，想要把我压紧。我仰面朝天，左右扭动，试着躲开他的钳制，然后，我将臀部猛地向上一甩，用右腿绕过他的头部，再撤回来伸到他的下巴之下，然后狠狠把他的头向后面的地上摔去。在三四分钟的时间里，我们左右旋转、翻来覆去，把彼此摔在地上，但谁都没能把对方死死压住。最后，酋长走到我们之间，暂停比赛。我汗流浃背，气喘吁吁，双手举过头顶，努力喘上气来。鲜血顺着我的脖子流下，里面夹杂着从脸上磨下来的胡楂，我的膝盖和脚踝也在流血。而米歇尔则昂首挺胸地站在那里，几乎一点汗也没有出，只是一脸不悦地怒视着我。这时，酋长向天空伸出两根手指，人群又一次掀起一阵比刚才还要沸腾的高潮。

我们又一次面对面地站在"擂台"中间，摆好架势。我们双手抓腰，头埋肩带，双耳相对，站稳双脚，再次接受了"洗礼"："Taht！"

第二回合。在老家得克萨斯，强壮的双腿和臀部一直都是我在摔角时的撒手锏。但在这非洲巨大的泥坑中，与米歇尔对战时，我才意识到，这里可不是老家。这一回合，米歇尔一开场就拿出了比之前更加咄咄逼人的架势，立马展开攻势。我躲过了他的第一次想要放倒我的进攻，让他一头栽倒在地，顺势从后面骑在他的身上，"反用"了一招我童年时在世界摔角联盟中最喜欢的动作："波士顿蟹式"[1]。

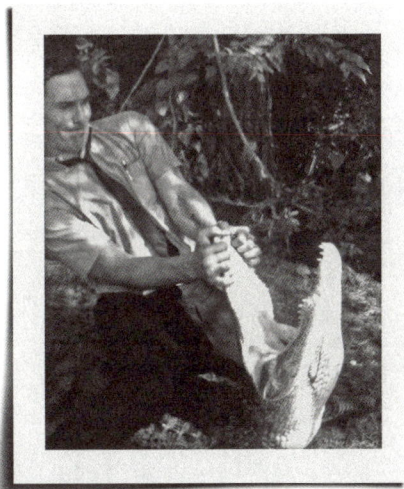

1 波士顿蟹式是一种职业摔角擒拿动作，一位选手将对手脸朝下按在地上，将其双腿上拉，使其背部和腿朝着自己的头部回勾。而这次，我却是把米歇尔的头向上拉，让他的头部和背部朝着双腿回勾。照片中所示的，就是反向的波士顿蟹式。——原注

反向的波士顿蟹式

我本以为已经把米歇尔打得筋疲力尽，谁知他却把我从背上甩了下来，我大口喘着气，在这千钧一发之际，我的一条腿被他那树干般粗壮的两根"柱子"死死夹住了。眼冒金星的我努力扭动臀部，想要松开他夹紧的脚踝。终于，我设法爬了起来，而米歇尔的双腿仍然紧锁着我的腰部，双臂在地上支撑着他的身体。我不停地扭动身体，直到我感觉他的一条汗涔涔的腿渐渐松开，在我的腹部打起滑来。**机会来了。**趁着他的腿稍有松懈的空当，我将他的双腿下推，从这挤压中挣脱出来，猛扑到他的身上，用左臂扼住他的脖子，努力想要使出一招"锁头技"。就这样，无法施展锁头技但仍能守住有利阵势的我和他绞缠在泥中，直到两人都筋疲力尽，比赛陷入了僵局。这时，酋长介入进来，宣布停赛。我们缓缓爬起，酋长带引我们来到巨大的泥坑中心，**把我们的手双双举向天空，以示获胜。**人群发出震耳欲聋的欢呼。

我们两人都大汗淋漓、疲惫不堪，但浑身是血的只有我一个。一场恶战之后，米歇尔和我互相打量，突然，他垂下双眼，猛地冲出角斗场，朝村子相反的方向冲去。这时，村里的男女老少所组成的人群把我团团围住，不住地呼喊："达乌达！达乌达！达乌达！"

All Prodigals once Pharisee,
All Pharisees once Prodigal

每一位浪子都曾是一位严守清规的教徒，
每一位严守清规的教徒都曾是一位浪子。

◐

那天晚上，在非洲马里中部多贡族的村庄贝尼马托，我独自一人躺在一间小土屋屋顶的草垫上，凝望苍穹，数着二十九颗流星划过天际。我睁着双眼神游，仰望着第一次展现在我面前的南十字座。就如我在秘鲁通往亚马孙河的小径上看到的荧光闪闪的大群蝴蝶一般，现在的我，正置身于另一重真理的怀抱之中。**这就是上天的启示，是名副其实的外星生物传播的宇宙信息。** 这难道就是来自天外的暗示？相比之下，这更像是来自上帝本尊的指令，而我，则是被他钦点的天选之子。**记住这种感觉吧，我庄重地告诉自己。**

毫不夸张地说，这一切，都是因为我选择了追寻一场春梦。

又一盏绿灯亮起。

就在我开始安详地沉入圣洁崇高的梦境中时，平静的呼吸却在不经意间因鼻腔堵塞而被打断。我坐起来，把一大口黏液吸到嘴里，然后摆好架势，准备把那一大团浓稠的黏液从屋顶上吐出去。

呼哧！

喷出的黏液从我卷曲的舌头刚刚弹射出十厘米左右便又飞转了回来，那团牡蛎大小的痰就这样摊在了我的脸上。

原来，我把刚刚在头顶支起的蚊帐给忘了。

真是难以置信。

没有什么比往自己脸上吐痰更能把人拉回现实了。

你还真别不信。

我在非洲

难以置信: un·be·liev·a·ble [ən·bə·lēv·ə·b(ə)l]
形容词
不能相信的；不太可能是真的；
太过伟大或极端，使人难以想象的；
非同寻常的；无法被信任的。

———————————————————————————————————————

　　这是一个多么愚蠢的词语，又是一个多么多么粗鲁而无礼的词语。我们以为自己是在用这个词恭维奉承和表达赞扬："真是一部令人难以置信的好片""如此勇敢，简直令人难以置信""多么令人难以置信的日落""这样的突破，真是让人难以置信"。

　　在界定那些惊人而出色的对象时，在定义那些让我们更加相信奇迹的东西时，我们为什么要用这样一个典型的否定词语呢？那些壮观、非凡、杰出以及无与伦比的东西，**绝不该用"难以置信"来形容**。

　　若用"令人钦佩""恢宏壮丽""出类拔萃""不同凡响"来形容如何？没有问题。这些都是实实在在发生的事情，你刚刚亲眼见证过，你也亲手实践过，那就学会去相信吧。你觉得这些难以置信？恰恰相反。学会对不可思议之事倾注更多的信任吧。

　　一个男人驾驶着一架自杀式飞机撞入世贸中心大楼，新冠病毒横扫全球，飓风肆虐，大火蔓延，"安然事件"把大家骗得团团转，政府欺骗民众，挚友对我们撒谎，我们也自欺欺人，未婚妻对我们说"我愿意"，孩子对我们说出平生第一句话，人类终有一天会找到癌症的解药，我们得以在安详中寿终正寝。这些全都难以置信吗？不。一切就这么发生，你也亲眼见证。这些，是你亲手做出的事情，学会相信吧。

　　承认伟大之事和杰出之人的存在，承认卓越与非凡、快乐与痛苦的存在。无论美丽还是丑恶，无论时运不济还是一路亨通，都要将这些视为真正存在的实体。不要对善良或好运那令人生畏的威力抱以无知，不要对人类作恶的能力掉以轻心，也不要对自然奇景和天灾人祸的真实视而不见。上帝或大自然母亲所做的一切都是让人难以置信的，**如果你想在人类身上找出一个确定的特质，那就是所谓的"人性"**。

　　别表现得那么惊讶，难以置信的事情时有发生，有时美妙绝伦，有时却如打在脸上的黏痰。不要予以否认。相信它的存在，期待它的出现。

　　学会相信吧。

- MDM on ~~Austin Statesman~~ movie critic ~~Christopher Show~~ "a cynical deconstructionalist who uses big words and careless innuendo to impress himself. Because he has no point of view, he has trouble recognizing one, so he chooses to stroke himself into dorkdom."

※ how about 2 camels on Locopolatas?

✝ RELIGION : to bind together again... (the true Latin definition. "re"-again, "ligare"-bind)

§ don't act like one, be one ... on acting, travelling

✝ the capacity for paradox is the measure of spiritual strength and the surest sign of maturity. (R. Johnson "Own Shadow" p.78). both are true.

✝ while contradiction is static and unproductive, paradox makes room for grace and mystery... j.k.livin, 8 lane highways, maxims as bookends. (no "g" on livin)

⬍ we are the inheritors of two myths that surfaced in the <u>12th century.</u>
   1) <u>The Grail Myth</u> - the relationship of individuality and the spiritual quest.
       (MDM on experiences and autonomy.)
   2) <u>Tristan ¢ Iseult</u> - the power of romantic love.   (R. Johnson)

✥ language rich in verbs are most powerful. (the mandorla, motion, the river, life
   language built on nouns is weak. (secular, polar, self-righteous
   if you rely on adjectives and adverbs you have lost your way (luxury, semantics
   THE VERB IS THE HOLY GROUND, THE PLACE OF THE MANDORLA   (R. Johnson)

◉ ←"mandorla" - it unifies opposites .. binds together ... religion. where light and dark touch.
                       - the middle... peacemaking ..

Θ –heaven
  ‘earth } poetry that "this" is "that".. heaven <u>is</u> earth.

* Norby has a mandorla on his ass. before he knew what to call it.
· MATTHEW 6:22 "if thy eye be single, thy whole body shall be filled with light."
· i am vain, already thinking how to use these truths autonomously .. to tatoo, to impress, to activate ... before i have slept on their enlightenment or even turned the page, but i like it.

· mandorlas have no place for remorse or guilt. It asks for <u>conscious work</u> <u>not self-indulgence.</u>

· guilt is a cheap substitute for paradox.

· guilt is arrogant. It means we have taken sides and are sure we are right.

· to lose the power of confrontation is to lose one's chance at unity. To miss the mandorla the blackmarket is what i deal with.. just get in with the best MAVERICKS ~ the gov't does not work "with" these people. The wealth is not shared with the common folk. So individuals must be entrepreneurs and you get "offered" everything ... at dinner, at every tour, # exchange, ferry ride, everywhere ... it is the "wild wild east" ~ salesmen at every turn. it is part of the fun.

* CD ~ "Adama Yalomba" ~ new Malian band.

⭐ TIPS for travel ~ season, outskirts, guide

the MANDORLA is not the greyness of neutrality and compromise; it is the place of the peacock's tail, and rainbows. grace, mystery (R. Johnson)

the Mandorla experience is brief (signs, serendipity, epiphany, deja vu, truth .....) and joyful. it is only a momentary glimpse ... then we quickly return to the world of ego-shadow confrontation. (there is no cultural utopia to return to ... there is only a religious mandorla to try and maintain on the inside ... why it takes work ... daily ... and work to become the truths that are revealed from the travels alone and solitude.

in Djenne at Issa's newly married friends house. All the guys are hanging out from 8:00AM to 8pm for one week after the marriage. One guy is in charge of the married guy and one girlfriend for the lady. A week to relax and have fun, celebrate the marriage and happiness so that if/when at later date when there is a hard time and unhappiness, the friends will be there to remind the couple of the happy time.

in the middle of all the socializing, smokin, cardplayin, tea makin good time, if somebody wants to kneel on the mat and pray, all they have to do is "wave off" whoever may be on the rapt. The others carry on just as enthusiastically as before

- 愤世嫉俗的解构主义者会用花哨的辞藻和不着边际的暗讽来自我表达。他没有自己的观点，他找不到自己的观点，因此选择让自己沦入故弄玄虚的泥沼。

* 要不要在洛卡·佩洛塔斯牧场养两头骆驼呢？

† 宗教（religion）：再次结合……（拉丁文的原意是：re- 再次，ligare- 结合）

§ 不要只做表面功夫，而是要真正成为……无论是在表演还是旅行中。

† "接受自相矛盾的能力是衡量精神力量的标准，也是成熟最可靠的标志"［出自罗伯特·约翰逊《拥抱自我的阴影》（*Owing Your Own Shadow*）第 78 页］，这句话很对。

† 否认是停滞而无效的，而自相矛盾却为恩典与神秘提供了空间……生命不止有如驶于八车道的高速公路，用箴言作为支撑生活的支柱。（别想活了！）

⇕ 我们是 12 世纪出现的两个神话的继承者：

1) 圣杯神话——个人主义与灵性追求的关系。（这就是妈妈所说的经验和自主。）

2) 特里斯坦与伊索尔德——浪漫爱情的力量。（罗伯特·约翰逊）

✛ 充满动词的语言是最有力量的（曼朵拉灵光、行动、河流、生命）。以名词为基础的语言则淡而无力（世俗、极地……）。如果依赖于形容词和副词，那你就已经迷失了方向（浮华辞藻，文字游戏）。

动词才是圣地，是曼朵拉灵光所在的地方。（罗伯特·约翰逊）

∞ ←"曼朵拉灵光"验证了对立面……合二为一……这就是宗教的本意……是明与暗交接的地方……中庸之道……调解之地……

θ 天 + 地 = 一首"此"即是"彼"的诗……天堂即凡间。

诺比的屁股上有圆光，他不知道该怎么称呼它。

《马太福音》第六章第二十二节：你的眼睛若专一明亮，全身便充满光明。

·我很虚荣，在我还没有在睡梦中品咂这些真理的启示，甚至还未走过这一章节之前，就已经开始计划如何将这些真理为我所用了……可以用来文身，可以让人刮目相看，也可以给人以激励……但我享受这种感觉。

·圆光不允许悔意或罪恶感，它要求以知觉行事，而非自我沉溺。

·内疚是自相矛盾的廉价替代品。

·若用内疚作为论点，就意味着我们已经表明了立场，并坚信自己才是正确的。

·失去了对抗的力量，就失去了团结的机会，也就与曼朵拉灵光失之交臂。

〰 我混迹于黑市……只为和最特立独行的人相处。对这种人来说，内疚感是不起作用的。这种特质并非人人都能理解。这里是狂野西部，每一个转角都能遇到一位销售员，这里的一部分乐趣，也就在于此。

CD：阿达玛·雅隆巴（Adama Yalomba）—— 新的马里乐团。

✪ 外出旅行的小贴士——季节，郊区，指南。

⬇ 曼朵拉灵光不是中立和妥协的灰色地带，而是绚丽的孔雀尾巴和彩虹。（罗伯特·约翰逊）

☽ 曼朵拉灵光的体验是短暂的（征兆、意外、顿悟、似曾相识、真理……）和愉快，只是转瞬即逝的一瞥……然后我们便很快回到充斥着自我阴影和冲突的世界（能够回归的文化乌托邦不存在……只有能供我们试着安放于内心的宗教曼朵拉灵光）……为什么……想要与独自旅行和独处时揭露眼前的真理合而为一……需要每天付出努力……不懈的努力。

〰 我在马里杰内市一对新婚好友的房子里。婚礼后的一周里，所有人从上午十点到晚上八点都在这里齐聚一堂。新郎由一个男性友人负责照顾，一位闺密则照顾新娘。大家用一周的时间放松和玩乐，尽享婚姻和幸福，如果日后遇到艰难和不快的时候，朋友们便会提醒这对夫妻追忆那段快乐的时光。

⬆ 在社交、吸烟、打牌、泡茶、享乐的时候，如果有人想要跪在垫子上祈祷，只需在垫子上把罪过"清除"。其他人仍一如既往地尽兴玩乐。

在旅途中

∞

第二天早晨，我收拾好帆布包，跟我的新朋友们打了招呼，然后便起程徒步前往二十四公里外的另一座村庄。在贝尼马托的边界处，有一个男人站在那里等待着我——是米歇尔。当我走近时，他一语不发地把手放在我的手心，就这么一直握着我的手，跟我并肩走了整整二十四公里的路，来到下一个村庄。到达目的地时，他松开手，默默转身，独自踏上了返回贝尼马托的二十四公里路程。

当天晚上稍晚时，我对伊萨说："我得跟你聊聊昨天的摔角比赛。我表现得怎么样？我觉得，我们算是打了个平手吧。"

伊萨不动声色地笑了起来，然后说："何止呀，达乌达。你表现得很好。每个人都以为，米歇尔不消十秒就能把这个叫达乌达的白人壮汉打翻在地呢！"

"真的吗？"我问。

"是真的。米歇尔可不仅仅是这个村子的冠军，在这个村子和前头的三个村子里，第一名都是他的。"

"哈！这么说，是我赢了？这就是后来全村人都大喊我名字的原因吗？"

"关键不是输赢，而是你是否接受挑战。"

伊萨看着我笑着说："接受挑战的时候，你就已经赢了。"

"你得回来，达乌达，咱们合伙儿赚大钱。"

我的确回去了。那是在五年后。那时，米歇尔已经有了四个孩子，因臀部受伤，所以我们没有再进行摔角比赛，但第二天，他仍然拉着我的手，陪我走过二十四公里的路来到另一个村子。这就是所谓的"稀屎"，我留下了我的气味。[1]

又是一盏绿灯。

给予这方土地应有的尊重

想要充分领略一个地方，你必须确定你可以在那里生活。

当所有不适都消失之后，让自己成为这个地方的一部分。

你需要入乡随俗，因地制宜，

直到认定，你可以在那里永远栖身。

只有到了那个时候，你才真正有权利离开。

无论你身在何方，都请给予这方土地应有的尊重。

回到洛杉矶时，我如同变了一个人，感到自己比以前任何时候都

---

1 2015 年，伊萨第一次来到美国，在我们家住了三个星期。去年，我们还一道去了希腊度假。——原注

更加头脑清醒和脚踏实地。我用心去认识了那场春梦以及春梦带引我见到的人们，而我的用心也得到了物超所值的回报。在这另一段二十二天的旅程中，我大多通过哑语般的比画来沟通，极少说英语，这给我带来了一种孑然一身但又身处集体中的体验，既让我感受到了前所未有的融入感，也让我恢复了心气。几乎无法忍受冗长空话的我明白，重新回到好莱坞那节奏飞快而养尊处优的生活之中，将会是一场挑战。对转瞬即逝的寻欢作乐和都市生活不再感兴趣的我，做好了从庄园酒店搬出的准备。然而，还未找到新住处时，我就接到了一通电话。打电话的是帕特，和往常一样，他又提出了一个绝妙的提议，等待着我们的，一定是一场属于我们老哥俩的怀旧狂欢。

"喂，老弟，我们到棕榈泉拉金塔度假村打高尔夫吧。我给咱俩订了两晚的双人间，周四下午我开车去接你，咱们周五周六打球，然后我周日开卡车送你回洛杉矶。这个周日，我请客。"

在过去的几个月里，帕特一直在花钱雇人帮他在大学橄榄球赛中预测优胜队伍，这笔钱花得很值。前不久，他雇请的专业预测人员投注的球队以比分 27∶2 覆盖让分盘，让帕特取得连胜。看到帕特在任何领域取得连胜，我都会为他高兴，因为从整体来看，与我和我们的"公鸡"大哥相比，他的运气要差得多。一九八八年，在一次可怕的车祸中，帕特失去了他的第一任也是唯一一任妻子洛莉（Lori），在此之后的二十七年中，他从不允许自己爱上另一位女性，也不接受对方的爱，除了他的爱犬内曼（Neiman）和茉莉（Mollie）[1]。就像大哥说的："如果不是因为帕特，我们就不会理解生活之艰辛，对于遭遇苦难的人的同情心也会大打折扣。"帕特让我们学会了宽容。正因如此，他就是我的幸运符。

周四晚上八点，太阳刚刚落山，我们摇下车窗，让波士顿乐队的《心潮澎湃》透过音响响彻耳畔。我们将帕特那辆满是灰尘和凹痕的道奇公羊双排皮卡开进了拉金塔度假村。行李员和度假村经理西装革履，正在那里迎接我们的到来。

"先生们，晚上好，欢迎来到拉金塔酒店度假村，旅途顺利吗？"

围着头巾、身穿无袖T恤、脚踩人字拖的我从副驾车门走下来，回答道："旅途很愉快，你们好吗？"这时，一条大狗的狂吠声响彻大厅。

经理的双眼寻到了声音的来源。原来，帕特的宠物狗内曼就在双排卡车的车厢里，这是一只体重约六十四公斤、极其易怒的黑色拉布拉多犬，它正在气势汹汹地来回踱步，急着要上厕所呢。

"呃，很好，先生……我们很好。"他们回答。

我漫不经心地走到卡车后面取我们的行李和球杆，经理和行李员没有走上前来搭把手。

"请问一下，您打算让这只狗和你们一起住吗？"经理问道。

"是呀。"我回答。

"哎呀，先生……呃，我们度假村不允许带狗。"

我卸下高尔夫球杆，气定神闲地说："哦……是这样的，这是我

---

1 直到2015年9月27日，埃默里·詹姆斯·麦康纳（Emerie James McConaughey）出生。现在，帕特有了一个女儿，也有了一个像洛莉一样值得全心关爱的人。——原注

哥哥的导盲犬。"

我确保自己说得足够大声，好让正从驾驶座下车的帕特听得清楚。仿佛事先排练过一般，帕特把左臂举到身前，好像是在摸索卡车的侧面，摸到之后，他扶着车身，好稳稳站起身来。

"等等，帕特，需要帮忙吗？"我问道。

帕特半眯着眼睛，为了保险起见，另一只手也扶在卡车侧面："不需要，兄弟，我没事儿。我们到了吗？"

经理因尴尬而微微张开了嘴，然后又看了看我，他脸上的表情让我确信，他并没有注意到我那双目失明的哥哥竟能开车的破绽。看到我那一本正经的绝地控心术[1] 获得成功后，我为内曼套上狗绳，牵着它走向帕特。

"内曼套好了，帕特。"我说道，只见帕特惟妙惟肖地表现出一位盲人安下心来的样子，因为，他那可靠的"导盲犬"终于可以为他引路了。

"你没问题吧？"我问道。

然后，帕特惟妙惟肖地模仿着达斯汀·霍夫曼（Dustin Hoffman）在《雨人》中的表演，回答说："牵着内曼，帕特就好了。"说实话，我并不理解他为什么这么做，因为他是在假装盲人，而不是自闭症患者。但是，我还是跟着演了下去。

经理和行李员搬起我们的行李放在推车上。"这边走，麦康纳先生。"说完，他们便领着我们朝套房走去。跟我和哥哥相比，内曼的演技就要

---

1 《星球大战》中制造幻觉迷惑对方的招数。

逊色得多了。它并没有"领着"帕特向前走，而是忽左忽右地拽着他，往目之所及的每一丛灌木中和梅赛德斯奔驰车的轮胎上撒尿。

"向前走四十步。"我对帕特说道。他仿佛朝着虚空般回答道："四十步，没错，四十步。"

现在，经理和行李员已经变得无微不至起来，对刚才质疑"导盲犬"的行为有些愧疚，护送着我们走进房间，打开门，把行李搬进去，又彬彬有礼地确保内曼和帕特安全走入房门。一进屋，内曼就开始乱撞家具，然后跳上床铺，把口水蹭得满窗户都是。

"我们到了，帕特！这就是我们接下来两天要待的地方！"不知为何，我的音量也提高了，仿佛帕特除了眼瞎之外，听力也有障碍。"好的好的，咱们就住这儿！"帕特用同样的分贝回答，他仍然眯着眼睛，像史提夫·汪达（Stevie Wonder）一样左右摇晃着脑袋。经理和行李员开始从套房里往外退，经理也提高了声音说道："希望二位喜欢我们提供的房间！感谢二位选择我们！希望二位在这儿住得舒心，如有任何需要，敬请告知！"

"好的，谢谢。帕特！跟这些好心人道声谢！"

帕特点了点头，更加卖力地进行他的"雨人式"表演："谢谢你们，好心人，谢谢你们。"

两人一关上门，我和帕特便前仰后合地大笑起来。

"真是拜你所赐，内曼，你差点把我们的计划搞砸了！"

∞

第二天早上八点九分，帕特和我站在发球台上开球。我先把球开出，然后，我那"双目失明"的哥哥帕特在球道中央挥出了一杆二百七十多米的球。帕特坐在方向盘后，我跳进高尔夫球车里，准备开启一整天的球场之旅，突然，酒店经理和一名保安冲到了我们身边。

虽然确信已经识破了真相，但经理还是尽量不动声色地说："先生们，早上好，呃……关于那只狗……"

他先是看看我，又看了看帕特。我们盯着他，仿佛他刚才的话是自问自答一般。

"怎么了？"我问道。

"我记得您确实说过，那是你们的导盲犬，对吧？"

糟糕，我心想，**我们被拆穿了**。

就在这时，一脸镇定的帕特用近乎道歉的语气不慌不忙地告诉经理："没错，但我只是夜盲而已。"经理惊得哑口无言，保安愕然地向后一仰。我们踩下油门，将车开走，尽情享受这个周末的两场高尔夫中的第一场。

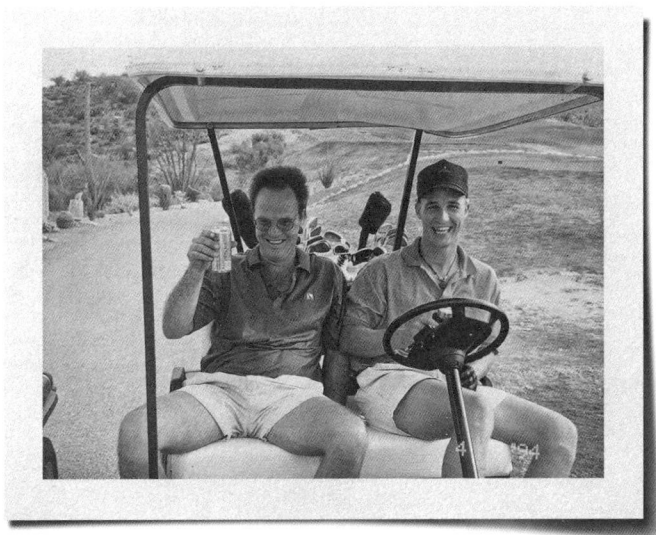

我和帕特

度过了一个愉快的高尔夫周末之后，视力"恢复正常"的帕特把我送回了马尔顿庄园酒店。

马里之行让我渴望与大自然母亲的节奏浑然一体，因此，我将皮裤、靴子和雷鸟摩托车淘汰，换上沙滩短裤和人字拖，拿起一块冲浪板。是时候到一个新地方追逐夏日了，在那里，我的后院不再是日落大道，而成了太平洋。

毫不夸张地说，海滩就是我的家。

我在海滩上慢跑，在海滩上与铁汉小姐扔飞盘。我在太平洋中畅泳，还学会了冲浪。

赤裸上身成了我的家常便饭。

我也拍了更多的电影：《十日拍拖手册》《脚尖》《撒哈拉奇兵》《利欲两心》以及《后继有人》。

浪漫喜剧是我唯一稳拿高票房的影片，也成了我唯一稳定的收入来源。这些预算中等、描绘男女主角之间如何"来电"的影片，在票房上大获成功。从我个人的角度出发，我很享受能给观众一个九十分钟的轻松浪漫的假期，让他们暂时脱离生活的压力，而不必思考任何事情，只需眼看着男主追逐女主，遭遇挫折，然后重新爬起来，最终抱得美人归就行。我从休·格兰特（Hugh Grant）那里接过棒来，全力飞奔。

在小报、业界和公众舆论中，我成了那个赤裸上身、出没于海滩之上的浪漫喜剧男主角。这成了一个实实在在的"头衔"。而我的身材，也的确处于理想状态。

the workOut scale

"from waking up to a triathlete"

我的健身表
"从起床开始到三项全能"

起床 —— 对于一些人而言，这就够了。

喝一杯水 —— 为健康补水，一杯正好。

排便 —— 早晨排便会让你的后背更加灵活，双眼更加湛蓝，夫复何求？

洗碗 —— 这是体力劳动，也算运动。

安排健身 —— 你无须真的锻炼，只需订下计划，这就足够了。

自慰 —— 偶尔具有疏通"管道"和清醒头脑的作用。

理发 —— 这更像是一种购物疗法，让我们感觉自己的形象得到了改善，因此身心状态也更好。

买块瘦身镜 —— 买一块所有高端时装品牌店都有的那种镜子。这虽然是在制造错觉，但是想想看，如果我们在镜子里看起来更苗条，我们在生活中的举止也会更轻盈。

美黑 —— 原理跟理发和瘦身镜一样，却真能让你看上去瘦个两三公斤。

不加蛋黄酱 —— "麻烦不要加蛋黄酱，我正在节食。"

不要配薯条 —— 跟上一条一样，这也不是个简单的任务。"要一个巨无霸和大杯可乐，麻烦把薯条去掉，我正在节食。"

少喝一瓶啤酒 —— "亲爱的，我今天只喝了十八瓶啤酒，我通常得喝一箱[1]呢。我正在控制体重。"

汗蒸 —— 在不运动的条件下借助外部手段出汗。

用筷子代替叉子 —— 这样一来，每一口的量会减小，不仅有利于消化，也会让饱腹感来得更快。

性爱 —— 最原始的运动方式。性爱能让我们从内而外发汗，有助于增进双方感情，让我们在伴侣眼中显得更有吸引力，也让我们从心理上觉得自己更加魅力十足。

夹紧屁股和增强式训练 —— 如果能摄入些类固醇，在开车上下班的路上进行些

增强式肌肉训练，那么为什么要特地跑去健身房呢？[1]

照顾孩子 —— 照顾孩子时，你根本没有时间坐下来，而总在忙着"围捕"，如果你家的孩子超过两个，那就更有你忙的了。

走楼梯 —— 跟电梯说再见吧。

跳舞 —— 这或许是清单上我最喜欢的项目了。跳舞是一种有氧运动，不仅有助于增强柔韧性，还乐趣十足。我希望更多人能加入进来。

步行 —— 不要开车。

普拉提 —— 低强度，能有效提高柔韧性和核心力量。

瑜伽 —— 既紧张又舒缓。也是一种精神冥想。

慢跑 —— 虽然不能有效提高心率，但如果跑的路程够长，同样可以有效燃烧脂肪。

快跑 —— 高强度，高心率。

健身房 —— 为我们提供全身锻炼的一站式服务，而且健身房里通常会安装瘦身镜。

健身教练 —— 看来你要下真功夫了。有人鞭策，你就不能再拖拖拉拉。

马拉松 —— 高强度、长距离，需要投入大量时间。

铁人三项 —— 长跑、骑自行车、游泳。无论是对力量、速度还是敏捷性，都可以锻炼。

Me, I was a daily wake up, take a deuce, get a tan doing yoga on the beach runner who drank a lot of water and danced all night.

How about you?

我是一个每天早起，按时通便，一边在海滩上练瑜伽一边晒日光浴的跑步者，我大量饮水，整夜舞蹈。

你呢？

---

1 我有一个名叫詹姆斯·K（James K）的当化学工程师的朋友，他向来肌肉发达，却从不去健身房健身或举重，而是饮用自己调制的果汁，每天开车上下班时在方向盘后做增强式肌肉训练。他告诉我说："我选择住在离办公室差不多 50 公里远的地方，就是为了让自己有足够的时间锻炼肌肉。"——原注

海滩上的美好时光

◯◯

　　对那些针对我本人和作品的层出不穷的批评诋毁，我从不太过介意。我享受拍摄浪漫喜剧的工作，而这些影片的片酬也让我有钱租下海景房，赤裸上身在海滩奔跑。面对眼前这不可避免的境遇，我这个出身于工薪阶层的乡下男孩再次选择了拥抱时局，绝不会对这些影片给我带来的机遇嗤之以鼻，无论这类角色的局限性有多大。

　　虽然我对这种自行打造的安逸生活乐在其中，但还是有几件事让我渐渐不安起来。第一，浪漫喜剧对我的挑战性越来越小。我觉得，今天读完剧本，第二天就可以上阵拍戏了。第二，我渐渐感觉自己更像个娱乐明星，而不是一个演员。"就算这样，又有何妨呢？"我问自己。我对喜剧的节奏把握得恰到好处，也塑造了"正向的幽默"和"虚妄乐观主义"，在扮演浪漫喜剧的中性男主角时，我尽可能保持了男子气概，也成功呈现出观众想看的内容。

　　尽管如此，我仍觉得自己是在装腔作势，而不是在正常表现，没有更真实地做自己，而是"扮演某个角色"。始于十五年前夏天的那种极具个人色彩的创意表达方式，对我灵魂的滋养作用越来越小。表演仿佛成了一种达成目的的手段，而这目的是什么，我也一头雾水。如果这就是表演于我而言的所有意义，那么或许表演并不是我的终极事业。

**I AM GOOD AT WHAT I LOVE,
I DON'T LOVE ALL THAT I'M GOOD AT.**

我擅长一切我所热爱的事情，但不一定热爱一切我所擅长的事情。

　　比起我的职业，旅途让我获得的内在成长要多得多。我热爱销售、教育、音乐和体育。我考虑过改行，也许可以提笔创作些短篇小说和游记，到广告业试试水，抑或成为一名教师、音乐家或足球教练。我不确定该做什么。

无赖

自诩为艺术家

我说你只是个无赖

如果你是毕加索

那就大可从我这里盗取秘辛

但你露了马脚

居然还不自知

天马行空的大话王能够逃脱责任

但像你一样的可怜骗子却不行

就连我的狗都能嗅出你的连篇谎话

伙计，你的花招可真不怎么高明

你以为你已经将我催眠，但当你扣动扳机时，自己却吓尿了裤子

因为，你从未给你的枪上过膛

∞

　　我又一次开始坐卧不宁。我需要一些进化。我需要逆流而上，换条车道，让自己有所提升。但是，如何做到呢？于是，我又一次更换了地址。我在好莱坞山买了一幢房子，院子的大小足以让我重拾园艺，那些房间足以住下一个五口之家。

TURN THE PAGE

翻开新篇章

达雷尔·罗亚尔（Darrell Royal）生前曾是得克萨斯大学橄榄球队的一位伟大的教练，他是我的朋友，也是许多人的好友，更是众人景仰的对象。这些人中有一位音乐家，我们暂且叫他拉里。拉里正处于他的乡村音乐事业的黄金时期，不但拥有位居榜首的热门作品，而且生活也过得风生水起。不知何时，拉里养成了吸食"白粉"的习惯，在一次聚会上，他"上完厕所"，大步走到他的教练达雷尔面前，给他讲了一个故事。教练像往常一样耐心听着，等到拉里讲完故事准备走开的时候，教练轻轻把手搭在他的肩膀上，悄悄对他说："拉里老弟，你的鼻子上沾了点儿东西。"拉里立马跑到厕所的镜子前，发现鼻子上还残存着一些他没有擦净的白粉。他感到既羞愧又难堪。一部分原因是他觉得自己对达雷尔教练失敬了，但更主要的原因是，他显然已经对毒品习以为常，甚至懒得花心思遮掩了。

第二天，拉里来到教练家，按响了门铃。教练打开门，拉里说道："教练，我需要和您谈谈。"教练把他迎进家里。

拉里与教练坦诚相见，悉数忏悔了自己的罪过。他告诉教练自己是多么狼狈，又是如何在名声和财富中迷失了方向。一个小时将尽之时，已是声泪俱下的拉里问教练："您觉得我该怎么办？"

少言寡语的教练只是简单地回了一句话："拉里，**在我的人生中，我从不惧怕翻开人生的新篇章。**"那天，拉里戒了毒，时至今日，他已成功戒毒四十六载。

GREAT LEADERS ARE NOT ALWAYS IN FRONT.
THEY ALSO KNOW WHO TO FOLLOW.

伟大的领导者并非永远冲在前头。
他们也知道该跟随谁的领导。

你曾经陷入过墨守成规的泥潭吗？是否曾在恶习的旋转木马上兜兜转转？我就有过。我们都会犯错，但我们要做的，就是承认错误，改正错误，然后继续前进。内疚和悔恨让很多人过早地失去了生命。从这木马背上纵身跃下吧。你才是自己人生之书的作者。愿你勇敢翻开新的篇章。

part 6

第 6 章

the ARROW doesn't
seek the TARGET,
the TARGET
draws the arrow

箭不寻靶，靶引箭

二〇〇五年三月

在我的人生中，出现过一些出色的女性，我与她们有过交集，共处过，也认认真真地谈过恋爱，其中许多人时至今日仍是我的朋友，但最终，她们只是我人生路上的过客，而非我的归宿。三十五六岁时，我开始寻找我一生的伴侣、挚友和未来孩子的母亲。我要找的不仅是一位伴侣，我在追求的是我的那个"她"，我的"真命天女"。

然后，我又做了一个梦。没错，一个春梦。

不，不是之前那个春梦，而是一个全新的梦。

与之前的春梦一样，我仍然心绪平和，这一次，我正坐在我那单层木结构乡间住宅前廊的摇椅上。一条没有路缘的马蹄形泥土车道弯向三级台阶，而台阶便是我所在的高架前廊的入口。在这片差不多八千平方米的草坪上，圣奥古斯汀草郁郁葱葱，长势旺盛。在远处树林与车道入口的交会处，几辆雪佛兰、路虎、林肯领航员以及旅行车有如仪仗车队一般朝着房子开来。每一辆车的驾驶座位上都坐着一位女士，后座则是四个年幼的孩子，车子停下时，两个轮胎压在草坪上，两个轮胎停在泥土路上，车里每个人都朝我兴奋地挥手。每位女士都面带平静而满足的神情。每个孩子都很健康，要么满面春风，要么开怀大笑。大家彼此都很熟悉。

二十二辆车。

二十二位女性。

八十八个孩子。

这些女性并非来看望自己的前夫，而是看望一个自己曾经爱过的男人，也就是她们的孩子的父亲。这些孩子则是来看望自己的父亲的。

这位父亲，就是我。

大家都是来庆贺我八十八岁生日的，每个孩子都代表了我生命中的一年。

所有人都充满了喜悦，迫不及待地想要为我庆生，彼此问候。每位母亲都与我共同回顾了一段美好而质朴的回忆，孩子们则坐在我的膝头。我们拥抱、亲吻、欢笑、玩闹，也一起流下幸福的泪水。大家都围着门廊，和我一起拍全家福，我们看向摆在车道尽头的三脚架上的一架大画幅盒式照相机。"三！二！一！"

就在这时，我又一次梦遗了。

在这段梦境中，我从未有过婚姻，而是一个八十八岁的单身汉。但在此之前，这种想法对我来说绝对是场噩梦。

但是，这个梦有所不同。何止不同，简直是非常美好。这个梦告诉我，一切安好。这个梦告诉我，我不必担忧。

这个梦提醒我，在这一生中，我一直以来唯一渴望的，就是成为一位父亲。这个梦也让我意识到，如果没有遇到我的"真命天女"，没有喜结良缘，那也没关系。

我可以拥有孩子。

我可以成为父亲。

我可以做一个八十八岁的单身汉，身边围绕着二十二位笑容可掬的母亲和八十八个幸福快乐、不住挥手、茁壮成长、生龙活虎的孩子——他们都是我爱的人，他们也都爱着我。

原本如红灯般可怕的孤独终老的场景，却因一场绿灯般的春梦而变得美好起来。这是一个天赐的信号，一条让我放弃寻找的信息，不要再如此刻意地努力追寻我的完美伴侣，而是遵循自然选择的过程，无论是我找到她，她找到我，还是永无交集。

因此，我不再寻找我的"真命天女"。

而就在这时，她却出现在了我的生命中。

箭不寻靶，靶引箭

我们必须留心被吸引到生命中来的一切，因为没有什么是意外或巧合。

蜘蛛在蛛网中，等待着晚餐送上门来。

没错，我们必须去追逐我们想要的东西，苦苦求索，将渔线抛入水中，

但有的时候，我们不必主动推动事情发生。

我们的灵魂，拥有无穷的吸引力。

那是二〇〇五年的七月，在日落大道的海德酒吧，众人瞩目之下，我正在吧台尽头为大家亲手调制世界上最美味的玛格丽塔鸡尾酒，就在这时，我看到了她。

一条轻薄柔软的绿松石色裙子套在焦糖色的双肩上，只见她从霓虹灯光下朦胧昏暗的房间里穿过，莲步轻移，摇曳生姿。

她并非在传达什么。

也并非在逃避任何地方。

她只是挑战着地心引力，朝着自己心之所属之地前进，而无论她去哪里，我都愿意跟随。她的头部没有丝毫波动震颤。她的双脚到底有没有触地？我无法确定。就像我说的，整个屋子灯光昏暗，雾气朦胧。

她是一种表达，更是一种定义：

俏皮而不失质朴。

年轻却沉着庄重。

扎根于家而成长于世。

天真而狡黠。

青涩而泼辣。

可以是糟糠之妻，也可以是一国之后。

既非懵懂少女，也绝非水性杨花。

是未来的母亲的模样。

她绝非在招摇。无须如此。她知道自己的能力、自己的身份，游刃有余。她落落大方，如自然法则般理所应当，又如专属名词般恰如其分。我无法无视，无从避开。

"那……是……谁？"我一边自言自语，一边被她的吸引力从座位上拽起。我紧盯着她，只见她来到两位女士身边，在一把红丝绒的躺椅上欠身坐下。她没有朝我看过来，我便举起右臂开始挥手，想要引起她的注意。这时，一个声音在我的左耳边响起。

"儿子，这可不是那种你应该在吧台后面招手叫过来的女人。你得走过去，小子，跟她做自我介绍。"这是我母亲的声音。抓住时机的时候到了。

我走到那个躺椅边，正在与人交谈的她抬起头来。

"你好，我叫马修。"我说着，郑重地对她伸出一只手。

能看出来，她认出了我，却没有站起身来，就像我说的，她不屑于推销自己，也不会轻易动容。

"我叫卡米拉（Camila）。"她一边回答，一边举起右臂，自信而轻松地与我握了握手。

我屏住呼吸。

"你……和你的两位朋友愿意过来加入我们吗？我给你调一杯上好的玛格丽塔酒。"

她跟两个朋友对视了一眼。

"失陪了。"她说道，然后独自站起身来，允许我把她引到桌边。虽然她把朋友留下，但我一眼就能看出，如果我没拿出绅士风度一并邀请她的朋友加入，她是无论如何也不会加入我们的。

我调了一杯自己有史以来最得意的玛格丽塔酒，且我的西班牙语也说得比任何时候都要溜。

她说葡萄牙语。而那天晚上，我对葡萄牙语的理解力达到了空前绝后的水平。

拉丁语系语言的韵律是如此合拍。二十分钟一晃而过，我们俩紧靠着站在桌子的一头，嘴巴紧贴在彼此耳边，享受着我们的第一次谈话，就在这时——

"麦康纳！车子在门口停好了，走吧！"我的朋友在音乐声中朝我大喊。那是凌晨两点整，酒吧要关门了。

"给我五分钟！"我说道，对着他的脸张开手掌，双眼却全然没有离开她的脸。

"你想到我家喝一杯吗？"我问道，"我跟几个兄弟正好要去睡前小酌一杯。"

"不，不用了，今晚不行，谢谢你。"她礼貌地回答。

失策。

我送她去找她的车，但没想到，她的车并不在停放的地方。

"车应该就在这儿呀？！"她站在空空如也的停车场，对着酒吧旁边的加油站问道。

"你在找一辆白色的林肯飞行家？"一位听到我们谈话的加油站工作人员问。

"对，没错。"

"车被拖走了，这个停车位是加油站专用的。"他说道。

"来吧，到我家喝一杯，"我说，"喝完我就让司机把你送回家。"

"好吧，没问题。"她终于同意了。

我们钻进正等着我们的越野车，我的两个朋友移到了第三排。

凌晨三点半。我的家中。

"谢谢你请我喝酒，我该走了。"她说道。

我陪她走到行车道，然而不知为何，本该候在那里的司机却不见了踪影。

我装出疑惑状。

"怎么回事？他跑哪儿去了？"我问道，"太离谱了，不好意思，我帮你叫辆出租车吧。"

好莱坞山的这个区域几乎没有手机信号，但我还是用家里的电话联系了三家出租车公司，你猜怎么着？他们要么是不接电话，要么就是没有可用的司机。

"你可以睡在楼上的客房里。"

现在已是凌晨四点多，加上没有可用的交通工具，她只得默许。

那天晚上，我两次溜进客房去看她。

她却两次把我赶了出来。

第二天早晨，我在十一点左右醒来。我走下螺旋楼梯，穿过门厅来到厨房，突然听到人们说笑的声音，是那种只有彼此非常熟识的人才会有的你一言我一语的谈笑风生。听起来就像是老友叙旧。

我朝厨房走去，她就在那里，背对着我坐在岛式厨房中间的高脚凳上，还是那焦糖色的双肩，还是那条绿松石色的裙子。这一次，她成了众人瞩目的主角。我的管家为她和我的两个光着上身的朋友端上松饼，两人正因她在不到一小时前讲的故事中暗含的揶揄而笑得前仰后合。

不仅听起来像老友叙旧，看起来也是一片融洽。她没有拿出"一夜情"之后狼狈不堪、稚拙佯装出的礼节，也没有急于逃离这幢她根本不想过夜的房子，完全没有，在她身上，只有落落大方的优雅与自信。

我给拖走她汽车的那家加油站打电话，问出汽车现在的位置。到拖车停车场有一个小时的车程，我坚持要开车送她。在路上，我把我最喜欢的一张 CD 插进播放器，那是一位叫作米什卡（Mishka）的雷鬼艺术家的作品，我当时正在当他的专辑制作人。[1]

我开着车，我们一起听歌。两三首歌连续播放着，而我们两人都一语不发。因为我们觉得，根本没有说话的必要。我们都不急于填补这些无声的空白。这种沉默毫不尴尬，而只能用美妙来形容。

到达目的地时，我们都巴不得这停车场远在佛罗里达。临别前，我要了她的电话。她把手伸进钱包，拿出一张从线圈笔记本里撕下的皱巴巴的纸，把号码写在上面。

我伸过头去想要跟她吻别。她转过头去，但稍慢了一拍，还是让我轻扫到了她左侧的嘴角。

我问她当天晚上愿不愿意一起出去。

"我想，"她回答说，"但我去不了。今天晚上是我爸爸的生日。"

"明天晚上呢？"

"打我电话吧。"

我一边把车开走，一边向她挥手，她也朝我挥手道别。

九年前，亚马孙河里的那条美人鱼真的看见了我。之后，她便游

---

1 我第一次听到米什卡的音乐，是在世纪之交的牙买加，可谓是一"听"倾心。五年后，我在加勒比地区找到了他，很快，我们就决定一起做音乐，因此我创办了生命不止唱片公司，和他一起制作了几张专辑。——原注

入大西洋的深水，绕过合恩角，沿着太平洋北上，终于在好莱坞上岸，然后，她来到了日落大道上的一家酒吧，而我则一眼就认出了她那绿松石色的身姿和焦糖色的双肩，只见她摇曳着穿过房间，游进了我的心窝。

　　十五年后，她仍是我唯一想要约会的女人，唯一想要同床共枕的女人，唯一想要在醒来时依偎在身边的女人。

又是一盏绿灯。

好望角的姑娘

亲爱的，你好吗？
我最爱做的一件事情，
就是看到你怡然自得，
而不是逗你强装笑颜，
我的姐妹，我的爱人，
我的好友，我的翻版。

那些岁月，我们年少轻狂，
孤身冲锋，
现在，我们已然到达，
从崖边向下俯瞰。

"你先跳，不，你先跳。"
我们能不能手拉着手，一同跃下？

悬崖之下是高空万丈，这一点，我们都心知肚明。
"这样正好。"我说。
你问："什么？"
"因为，我只想和你一起飞翔。"

∞

　　我接到赴澳大利亚拍摄《淘金俏冤家》的工作时，卡米拉和我已经交往了大约一年的时间。在那之前，我总是只身一人去工作，独自住在拍摄地，但这个女人是我生命中独一无二的恩赐，我希望她和我一起去澳大利亚，共度三个月的拍摄时间，同住在我在道格拉斯港租下的两居室海景别墅里。我不希望在澳大利亚的时候与她分居两地，而想与她共度这段时光。于是，我对她提出了邀请。

　　"你确定吗？"她问我。

　　"对，我确定。"

　　"你，真的……确定？"

　　"没错，我确定。"

　　"好吧，如果去的话，我有几个要求。我需要自己的卧室、自己的浴室，还有房子的钥匙。"

　　"没问题。"

　　她来了，她留了下来，她并没有在自己的卧室里过夜，很少用自己的浴室，也几乎没有用过备用的钥匙。但是，那些东西仍然属于她，在我们确认关系的这个阶段，那是她独立自主的重要因素，也是我们彼此独立自主的重要因素。不管是否会用到，要求有属于自己的独立空间就是明智之举。

　　大约两个月后，为了迎接即将到来的新年假期，我在巴布亚新几内亚找到一家冲浪酒店，预订了为期六天的冲浪之旅。等待着我们的，有树屋、丛林、冲浪和冒险。

　　我们整天都在冲浪、游泳、潜水、在雨林中徒步旅行、游览市场、参观土著部落。我们住在丛林边缘一座只有单间的树屋里，这里不通电，我们也不需要电。一切都是那么狂野、美丽和奇幻。

第四天的下午，一阵缠绵之后，我们坐在树屋的悬空门廊上，眺望着太阳在所罗门海平面落下，在与本地人一起去海滩上几百米远的酒吧之前，我们先喝了第一杯鸡尾酒。

我感觉自己坠入了爱河。

"我做错什么会失去你？"我一边问，一边转头用余光看向她，这时，她右手中的酒杯已经快到嘴边，只见她朝着酒杯欠身，嘴唇将触未触。她的手的动作是多么优美，毫无阻滞，从不迟疑，还是像往常一样流畅轻移，仿佛从未有人提出这个问题一般。

酒杯来到她的唇边，她轻缓地啜饮了一口，双眼仍然注视着夕阳。然后，她轻松而满足地把酒咽下，缓缓地把酒杯放回椅子木扶手上一圈湿漉漉的水痕处。

"啊，这个问题很简单。"她一边说，一边把头转向我。

我的心狂跳不止。她的目光与我相交，然后定定地看着我。

"改变。"她说。

我和卡米拉

又是一盏绿灯。

◉

从澳大利亚回来后，卡米拉从纽约搬到了西海岸。我在好莱坞山的家虽然是一对关系稳定的恋人的理想港湾，但这终究是我的家，无须说明，我们都知道，我们想要一个崭新的开始，一个携手打造共同生活的机遇。我们迁至马里布海滩的房车园区，搬进了我那辆 8.5 米的"独木舟"号湾流房车中。决心共同打造未来的我们，开始把孩子的事情提上日程，也很快决定请她停用避孕药。

"有一个条件，"她提出，"你到外地工作的时候，我们要全家一起去。"[1]

"就这么说定了。" 我说。

1 在过去的十二年里，无论我的演艺生涯把我带到何处，卡米拉和我们所有的孩子总是和我一起旅行，跟我住在一起。——原注

今天，我与我的女人缠绵

并非一时兴起，
而是在最开始，我便知道这是我所欲。
缠绵后的海滩漫步，会更加浪漫。
我在五点四十五分调制的鸡尾酒，会更加香醇。
加了佐料调味的虾仁，会更加美味。
七点收看的全明星篮球赛，会更加精彩。
我们伴着起舞到半夜的音乐，会更加富有韵律。
面对面坐在厨房的桌旁探讨人生直到凌晨三点的谈话，
会更加令人心潮澎湃……
事实也果真如此。

几个月来，为了怀上孩子的我们把十七平方米的"独木舟"号造了个遍，但仍然一无所获，因此我们不再刻意尝试，而只是单纯地享受鱼水之欢。

某一天，我晚上七点左右回到家中，她像往常一样用拥抱、亲吻和微笑来迎接我。但那天晚上的吻，比往常多了几分缱绻。

她递来一杯已经倒好的加冰龙舌兰。我踢掉夹趾凉鞋，在沙发上坐下。从灶台上飘来一股我最爱的香气：手工自制芝士汉堡。

"出什么事了？搞得跟人间天堂一样。"

"是啊，没错。"她一边说，一边在我身边坐下，递给我一个缠着一串绿松石的小木箱。

我打开木箱，里面是一张照片，照片有些模糊，于是我凑上去，想看得更清楚些。

喜悦的泪水顺着我的两颊淌下。我朝她看过去，只见她也喜极而泣。那是一张超声图片，她怀孕了。

我们一起哭泣，一起欢笑，一起舞蹈。

从小到大，我唯一坚信自己想做的，就是当一名父亲。

对我来说，"做父亲"意味着一个男人在生活中真正"功成名就"。小时候，之所以用"是，先生"和"不，先生"来恭敬地对父亲和他的朋友回话，就是因为他们都是父亲。父亲的身份，是我一生中最为崇敬的，是最让我心动的，也是我从此之后要更加投入其中的。随着自己也成为一名父亲，我的父亲离世时所赋予我的男人的定义，也加入了全新的内涵。

是，先生！

又是一盏绿灯。

○●

晚上十点左右，我们打电话跟我的母亲分享这个消息。当时正值得克萨斯的午夜。

"妈？我跟卡米拉都在。我们有好消息想跟你分享，我开免提了。"

"哦，太棒了，我就喜欢好消息。你好，卡米拉！"

"你好，麦康纳太太！"

"妈？"

"在呢。"

"卡米拉和我有孩子了。她怀孕了。"

一阵沉默。

"妈？……你还在吗？"

"不……不！不！不！马修！你把顺序搞颠倒了！不！不！不！马修！我对你的教育是，先结婚，再生子！不管对象是谁！这太糟糕了！全都颠倒了！哎呀，马修，这根本不是好消息。"

卡米拉和我彼此对视，两人都瞠目结舌。我伸出手去，想要关掉免提，不让卡米拉受此声讨。但我转念一想，不，还是让她彻底了解我的母亲为好。

"哎呀，妈，我还以为你会欣喜若狂呢。我跟卡米拉都高兴得不得了。"

"哼，我一点也不高兴……这样做不对，马修。我养大的孩子不该这样。卡米拉，真不好意思，但我养的儿子可不是这样的。我一点儿也高兴不起来。"她说道。

然后，她便挂了电话。

卡米拉和我惊魂未定，喜悦的泪水因震惊而干涸。

"晴天霹雳。"卡米拉说。

"可不是嘛。"我回答说。

我们向后靠在沙发上，平复着呼吸。

卡米拉又给我倒了一杯酒。我没有小口啜饮，而是灌了一大口。

几分钟后，我的电话响了，是母亲打来的。**等待着我们的又会是怎样的考验？**我接起电话。

"妈？"

"是我，免提开了吗？卡米拉，你能听见我说话吗？"

"能，麦康纳太太，我在呢。"

"妈，怎么了？"

"嗯……我想给上次的谈话抹点涂改液。我意识到我刚才太自私了。我虽然不必认可事情发生的顺序，但也没有权利去评判。只要你们开心，我就为你们高兴……好吗？"

我盯着电话摇摇头。

"**那咱们就来点儿涂改液，麦康纳太太！**"卡米拉一边说，一边憋着笑。

"太好了，因为每个人都该有重新来过的机会！爱你们，再见。"

说完，她就挂了电话。

印象

我们都遇到过这样的人，在我们的余光里，在街道的对面，在黎明或日落的柔和光线中，显得那么迷人，甚至如梦幻一般。他们的一举一动，光线照在他们身上的样子，都让人心生仰慕和敬畏。这，就是所谓的印象。

然而离近一些，我们大失所望。只可远观，不可近看。

有的人或许永远无法超越第一印象，那隔着一段距离、在某种光线之下、在某段时光之中、透过某个视角的第一印象，那时，我们的期望值处于最高点，而我们的期望也完全得到满足。他们再也不会比初见时更加动人。那是所谓的印象，所谓的远景。

有的关系更适合远景，留在印象中，才更显动人。

比如姻亲。最好只在节假日团聚。

比如邻居。因此，我们才竖起墙壁和藩篱。

比如那段一同居便破裂了的远距离恋爱。

比如那段只延续了整个八月的稍纵即逝的夏日之恋。

比如那个发酵成恋人的朋友，而今，你却怀念起二人的友情。

比如虚张声势的自己。

这些，都适合远观。不要太常接触。无须走得太近。

有的时候，我们需要更多的空间。

这是浪漫幻想，这是海市蜃楼。

距离就如拨雨撩云、暗送秋波，轻佻、神秘、梦幻。就如一场频频到来的蜜月，因为我们看不清状况，拿不定主意，做不了决定。

这是一次无爱的性交。没有投入。没有交融。并无私密。并无羁绊，也无痛苦。只是及时行乐。

而我们恰恰乐此不疲，因为有的时候，调暗灯光，一切才显得更美。

镜像

我们都遇到过这样的人，直视他们的双眼时，当他们近在眼前时，在光天化日之下，显得那么迷人，甚至如梦幻一般。他们的一举一动，光线照在他们身上的样子，都让人心生仰慕和敬畏。这就是所谓的镜像。

再靠近一些，我们仔细观瞧。哇！我们心潮澎湃。近看也如此动人，越贴近，越美好。

对于有的人来说，看得越多，离得越近，他们就越显得迷人，在那光线之下，在那段时光之中，透过那个视角，那时，我们的期望值处于最高点，而我们的期待也完全得到了满足。看得越清晰，他们便总能越显得动人。那所谓的镜像，所谓的特写。

有的感情更适合放在特写之中。越清晰，越动人。

就如那个照片中并没有勾起你浮想联翩的女子，在现实生活中却让你神魂颠倒。

就如我们的孩子。

就如我们的伴侣。

就如我们的挚友。

就如心中的神。

就如真实而坦诚的自己。

这些，都适于近看。需要频繁互动。需要亲密无间。

有的时候，我们需要彼此相依。

这就是爱，真真切切。

亲密就如静默相依，相濡以沫，共览美景，互换真心，赤诚相见，脚踏实地。就如一段稳定的恋爱，因为我们能看清现实，能满心坚定，矢志不渝。

这是爱的缠绵。彼此依赖，相互交融，亲密无间。是甜蜜的负担，也是甘愿的心痛。是属于我们的珍宝。

而我们恰恰乐此不疲，因为有的时候，把灯点亮，一切才显得更美。

Impressions in the Mirror

镜中印象

卡米拉怀孕六个月的时候，我在加州威尼斯的电影制片公司办公室给我打来电话。号码出现在来电显示上，我伸手去拿电话。

但是，我的手在半空中停了下来。

我不想接。但这可是我的制片公司办公室打来的电话，是我从1996年起就一直支付着房租和员工工资的公司打来的电话。

我没有接听，而是拨通了我的律师凯文·莫里斯（Kevin Morris）的电话。

"我要立即关闭制片公司。我明天会给所有人打电话，告诉他们这个消息。我想给大家一笔丰厚的遣散费。把生命不止唱片公司也关了吧。"

大扫除的时间到了。该开始断舍离了。

在我的虚拟"办公桌"上，有五件每天都要照管的事项：家庭、基金会、表演、一家制片公司和一家音乐厂牌。我觉得，我在这五者上都只拿了个"良"。关闭了制片公司和音乐厂牌，我在五大责任中去掉了两项，并计划在其他三项中力争"优秀"。

我告诉律师，我想好好照顾自己的家庭和基金会，并把表演工作做得更好。

一切从简，集中注意力，为自由而节制。

不赖，不赖，不赖。

the great man is not all to each,
he is each to all.
the genius can do anything
but does one thing at a time.

伟大的人并非行行精通，而是有所专攻。
天才虽然能做多面手，但仍一步一个脚印。

二〇〇八年七月七日，经过三天的阵痛和紧急剖宫产，卡米拉诞下一个 3.4 公斤的男婴。

我们事先并不知道孩子的性别，这是你能送给自己的一份最大的惊喜。如果是个女孩，我们已经选好了名字，但如果是个男孩，我们则准备了一个又长又有趣的备选名单。

"马修""曼恩""麦德利""伊格鲁""米斯特""西蒂森""利末"[1]。

你看，都是些"正常"的名字。

卡米拉比较喜欢"马修"这个词。在名字前面加上"小"字，再

1 除了马修外，这些名字分别是人类、融合、冰屋、先生、公民与和谐的意思。

加上**跟名人爸爸重名引来的嘲讽**，都是我所担心的，但现在，我们的生命被欢笑、欣喜、哭泣和关爱所充斥，没空考虑名字。孩子出生后大约一个半小时，一位护士走了进来，递给我一份需要填写的正式文件。上面写着：

———（姓名）

出生于二〇〇八年七月七日下午六点二十二分。

6:22。这是《圣经》中我最钟爱的一段：

你的眼睛若专一明亮，全身便充满光明。

——《马太福音》第六章第二十二节

这是曼朵拉。

抛去矛盾，选择二者共存的悖论。

抛去摩擦，选择求同存异的结合。

这是一切色彩存在的场所，

是白光汇集之处。

是天眼之所在。

在几十年的时间里，这段话一直给予我精神上的指引。早在二〇〇〇年，我就在马里委托两位多贡部落成员，将《马太福音》的第六章第二十二节刻在了我和卡米拉的卧室大门上。

我们的卧室门

在世界的一些地区，使徒"马太"[1]也被人称为"利未"。同人，异名。

这个名字出自《利未记》，也就是《圣经》中的第三本，内容涉及律例和仪式。

《利未记》中的"利未"，这有如神助的词语。利未。《马太福音》，第六章第二十二节。

---

1 《圣经》中的马太英文为 Matthew，即"马修"。

就这样，二〇〇八年七月七日下午六点二十二分，利未·阿尔维斯·麦康纳（Levi Alves McConaughey）诞生了。他的中间名阿尔维斯便是卡米拉的娘家姓。

又是一盏绿灯。

　　一个男人在第一个孩子出生后是最富男子气概的。这不是大男子主义，而是男子气概。第一个孩子出生后，新晋父亲的思想、心灵和灵魂比以往任何时候都更协调。他的五种感官在同一频率，他的直觉敏锐和谐，他应该在孩子诞生的头六个月雕琢自身的任何本能——无论关乎个人生活、财务、精神还是事业。他应该相信，他的直觉异常灵敏，也应坚信，自己能够预知未来。因为现在是他人生中第一次为那神圣的未知而活，而那神圣的未知，也为他而存在。

　　破釜沉舟，大获全胜。

刚刚迎来新生活的时候，家里发生了一场险些出现人命的危机，我急忙赶回奥斯汀，跟母亲和哥哥待在一起。几周后，卡米拉和利未与我团聚，我们在母亲所在的活跃退休社区租了一处小居所，在充气床垫上过夜。

我虽然不了解所有退休社区的情况，但这个退休社区的氛围特别好。这里的老年人自己照顾自己，不需要向任何东西或任何人求索自己的"意义"。仿佛随着年纪变大，他们重新回到了革命者或无政府主义者的状态，就像孩子一样无忧无虑。

他们是一群热爱上帝也心怀祖国的人，诙谐幽默，毫无矫饰，也不在乎什么政治正确。他们能对任何事开怀大笑，在成为别人玩笑的对象时也乐在其中。另外，他们也喜欢谈天说地，还爱在未经征询时大方分享人生忠告。

> "马修，从你的电影能看得出，你总是很享受自己的工作，这就是生活的意义所在，继续享受人生吧。"

> "马修，人生最大的成就就是你的孩子，所以说，希望你子孙满堂吧。记住，养孙子孙女可是'事半功倍'的好事哦。"

和老年人在一起不仅会让你意识到人的生命有限，同时也让你感到更加青春焕发。你看到，他们的身体不受大脑的使唤，而大脑也忘记了明知应该记住的东西，尽管如此，他们一点也不怨天尤人。他们安排好作息，然后严格遵守：去健身房锻炼，晚上串串门、小酌一杯鸡尾酒，到教堂唱诗班唱唱歌，只要是社区提供的活动，他们都会踊跃报名。

> **"积极活跃，广结善缘，马修，这就是长寿的秘诀。"**

一天傍晚，在娱乐中心玩过宾果游戏之后，卡米拉和我在回住处的路上遇到了一盏红灯，于是便停了下来。

"你想要搬回得克萨斯，对吧？"她冷不丁地问道。

我的确在考虑这个问题。或许是因为这里的民风吧，这里的居民善解人意，当你在前院打棒球时，停下来观战的汽车里坐着的不是狗仔队，而是一位良善友好的邻居。或许是因为这里的人们乐观吧，即便危难当前，也没有人会惊慌失措。或许是因为母亲现已年近耄耋，若是以橄榄球比赛作比，她的人生至少已经步入了第四节比赛，每年看望她两次以上似乎是慎重之举。但真正的答案是，卡米拉和我刚刚组建了家庭，我希望我们的孩子们能够享受到以上的一切。

我转过脸去，看着她的双眸。

"没错。"

她深吸一口气，露出狡黠的笑容，不住地摇头："你这个混蛋。"然后，她又朝坐在汽车后座的小利未看了一眼。

"那就一起搬吧。"

绿灯亮起。我踩下油门。

> LIFE. LIKE ARCHITECTURE. IS A VERB.
> IF DESIGNED WELL. IT WORKS. IT'S BEAUTIFUL. AND
> IT NEEDS NO DIRECTIONS. IT NEEDS MAINTENANCE.

生命，与"建筑"一样，是一个动词。
如果设计精良，便能使用自如，美轮美奂，无须指引，只需维护。

∞

在解决了把我带回得克萨斯的家庭危机之后，我、卡米拉和利未在奥斯汀的郊区买下一套河景房，举家搬了进去。

这个新家占地 3.6 公顷，有一口泉水井，河边还有一块可以买来作为船库的空地，但卖家忘了把这一点列为特色。这里足以养几只狗，组建一个家庭，还让我尽可赤身裸体地纵情敲打康加鼓，不必担心打扰邻居。

父亲过早地离世让我得到历练，蜕变成为一个男人，同样，这次的家庭危机加上新晋父亲的身份，也敦促我重新思考人生以及我在人生中扮演的角色。尤其是我的事业。死亡、家庭危机以及新生儿的到来——生命的终结、生命的维系以及新生命的到来，这三件事会颠覆你的认知，让你豁然开朗，提醒你人终有一死，从而让你更加勇敢，激励你活得更加用心、更加坚强、更加真实。这三者会让你扪心自问：

"到底什么才是重要的？"

这三件事也会让你明白：

"生与死，皆有意义。"

> 随死亡与新生而来的命运让我们意识到，
> 我们既是人，也是神。
> 我们逐渐相信，我们的选择是重要的，
> 并非一切皆为虚无，
> 而是万事皆有意义。

∞

　　我是个成功的演员，跻身名流，头戴明星光环。我不必为供养家人或支付房租而劳神，但我的职业生涯、那些找上门来的和我正在拍摄的角色和电影，已经不能再满足我了。我已经厌倦了浪漫喜剧中的角色以及这些角色所在的世界，长期以来一直处于这种"隔靴搔痒"的状态中。

　　但是，我的生活非常充实。狂野、刺激、本真、深刻而充满了生机。我笑得更开怀，哭得更动情，爱得更深，恨得更切，相比于我在电影中扮演的任何角色，我在生活中真实的样子更能让我全心认同。我明白，在生活和事业中有所侧重是不可避免的，生机勃勃的生活要比蒸蒸日上的事业更加重要，但是，我仍想参演那些至少能够为我当下的生活带来不同色彩的故事，扮演那种至少能挑战现实生活中那个生龙活虎的我的角色。

　　然而，那些我在寻找的、能够与我的现实生活"平分秋色"的角色和故事在哪儿？它们并没有"主动登门"，就像我在上文所说的，那些主动登门的角色和故事，却无法让我问心无愧、高枕无忧。是时候做出改变、调整方向、做出新的承诺了。我不再搬来搬去，体验新环境、不同气候。这一次，带着更加丰沛的生活的使命，我不能再给自己留退路，是时候真正专注于自身，看看我到底能破釜沉舟到哪一步了。

　　是时候做出真正的牺牲了。另外，卡米拉又有了身孕。

IT'S NOT A RISK UNLESS YOU CAN LOSE THE FIGHT

若不战败，风险就无从谈起。

part 7

第 7 章

be BRAVE,
take the HILL

勇于攀登

二〇〇八年秋

无论是卡特里娜飓风、家庭紧急危机还是我们必须在人生中做出的重大抉择，每每危机当前，我都发现，有效计划的第一步就是要认清问题本身，然后稳定局势，整理应对方式，再加以应对。我已经意识到自己在演员行业中想要有所突破，也就是说，我认清了问题。现在，是时候调整方向、稳定大局了。

我给我的资金管理人布莱恩·卢尔德（Blaine Lourd）打去电话，问他按照我们习惯的生活方式，如果不工作，还能支撑多久。

"你的家底挺厚实，放心去做该做的事情吧。"他回答。

我打电话给我的经纪人吉姆·托斯（Jim Toth），告诉他我不想再接浪漫喜剧片，而是要找一些有挑战性的剧情片项目。

"没问题。"他不假思索地回答。

"你怎么能说'没问题'？"我问道，"十多年来，我的浪漫喜剧一直在给你的经纪公司贡献百分之十的佣金，这可是一笔可观的收入。周一早会的时候，如果你跟老板们说'麦康纳以后不拍浪漫喜剧片了'，他们会做何反应？！"

"我不为他们工作，麦康纳先生，你才是我效力的对象。"

又是一位值得尊敬的好人。

自私，自"思"

当我足够富足，不必再为钱操心，
当我的孩子的生命比我的更重要，
当我的自我价值不再依赖于他人的溢美之词，
当我不再为满足欲望而汲汲营营，
我近观自己，审视内心，开始"自思"。
能否自思，是判断一个人是否伟大的标尺，
是衡量一个人是否成仁的尺度。
当世俗的报酬已不足以让他安然自处，
凡人便成为传奇。
为自己而思。
自私，自"思"。

这个赌注风险巨大。在好莱坞，一旦你拒绝了太多项目，对方便可能不再主动邀请你。如果你跨出自己的圈子，背弃你擅长的事业，那么这个行业也会将你打入冷宫。这个行业不担心你错过这班公车，因为能坐在你的位置上的人数不胜数。重申一次，这不牵扯私人恩怨，只是"公事公办"罢了。

与卡米拉讨论这个决定时，我的泪水浸湿了地板。我们一同哭泣，一同祈祷，并许下一个承诺。

她说："亲爱的，这'干旱期'估计要持续一段时间。谁知道这时间有多长呢。这条路不好走。我知道，你一定会为此坐卧不安、摇摆不定，也一定会用酒精麻痹自己，但是……如果下定了决心，我们就要尽全力迎接这次改变，而且要坚持到底，不许半途而废。你同意吗？"

就像父亲几年前告诉我的一样。

"就这么说定了。"

◑◐

摆在我面前的，不是一场灾难，而是一个十字路口，我知道，关于存在意义的两难困境会让我付出代价，金钱上的损失自不必说，情感上的负担则更为沉重。不知自己能否或何时能从这种状态中走出来，这种不确定性所带来的心力交瘁，将是一大考验。我让纠缠了差不多二十年的"情妇"好莱坞明白："我还爱你，但我们需要暂时冷静一下，我宁愿做个快乐的单身汉，也不愿为了在一起而勉强。"现在，我把自己推入了无所适从的境地。我买了一张通往"择期再议"的单程票。我抱着最美好的希望，做出了最糟糕的打算。

once you know it's black,
it's not near as dark.

一旦确定要面对黑暗，一切就显得不那么阴森了。

　　圣诞节近在眼前，我希望能与家人共同度过。和家人共处的时间越多，我就越能忆起自己的根，也就不那么容易纠结于我所放弃的事业了。

　　每到圣诞，一家人都会到哥哥在得克萨斯西部的农场进行年度聚会。大家把孩子和狗塞进卡车和房车里，然后向农场进发。在这里，我们在一起叙旧、饮美酒、吃美食、高谈阔论。白天，我们在得克萨斯西部崎岖的地带上徒步旅行、猎鹿、骑马、喂牛、收看超级碗比赛，到了夜里，我们围着篝火分享新故事、重述老故事，一直侃到凌晨。虽然我们的成长环境的宗教气氛很浓，但现在，除了二十五日拆礼物之外，这些家庭聚会中几乎不包括任何其他的圣诞仪式。不必全家围桌聚餐，也不必阅读《圣经》，在这五天时间里，大家只是时时刻刻聚在一起，大嚼牛肉，狂吹牛皮，没有宵禁，洗浴自便，杯觥交错，不为"断片"，只为铭记。

　　用母亲的话说，如果有人趾高气扬或是谨小慎微，那么家里的其他人便会把他们拽回地面，直到他们哭喊求饶，然后再把他们重新扶起，

我们一家人

用一杯酒冰释前嫌。虽然流些眼泪在所难免，但在大家分别之时，彼此已经彻底原谅，因为就像我的"公鸡"大哥所言："如果我们所做的一切都是对的，就永远也不会明白什么才是错的。"

这些挫人锐气的干预，我自己也领教过几次，但今年，却没有人把矛头指向我，这是因为，我的家人知道我正在经历一段艰难时期。如果非说有什么不满的话，那就是大家心里都在嘀咕，我竟然会对源源不断的工作机会和丰厚的酬金说不，是不是脑子进水了？但是大家也能看出我决心已定，我的家人一向尊重发自内心的信念，而我对自己的抉择，便是真心认定的。

圣诞节几天后，"公鸡"大哥、帕特和我在农场开着帕特那辆栗色的双排皮卡，一边喝啤酒一边兜风。当时帕特是大哥手下的一位管道销售员——直到今天还是。他突然心血来潮，决定给他的电话代客接听服务打电话，看看圣诞假期有没有错过什么与业务相关的留言。帕特使用的是那种全天候模拟代客服务，拨打电话后报出身份编号，对方就会把未听的留言转发给你。他拨通了 1-800 开头的免费电话。

"我是 812。"他说。

"好的，812，请稍候……"

十秒钟过去了。

"呃，先生。您的账号好像停用了。"

"什么叫'停用'了？"

"我是说，您的账号已经停止服务了，先生。"

"但是，这就是你们让我打电话查询留言的号码呀。"

"我明白，先生，可我这里显示，812 号账户已经……停用两年多了。"

帕特面露愠色，立刻猛踩刹车，从卡车上跳了下去，并对电话那头的人咆哮起来。

"你什么意思？已经停用两年多了？你知道我损失了多少万美元的巨款吗？那些人打电话给我，想从我这儿买管道，却连条信息也没法留，这都是因为你们把我的账号停用了！我要把你们告倒！我要让你们上法庭！我的账号停用整整两年了，全是你们的错！"

"呃……先生，我只负责接电话并把用户和账户联通起来，但你的账户确实停用了。"

"我才不管你说什么鬼话呢，我可能已经损失了至少一千万美元了，都是因为你们整整两年都没帮我收留言！一千万美元哪，小姐！不告你们告谁！"

她扣上电话。帕特仍在咆哮。

"你敢挂我电话试试，听到了吗？！你们欠我的！"终于，帕特合上翻盖手机，在沙地上狠狠踹了一脚，然后转向领教了这番愤慨言辞的我和大哥。

"你们能相信吗，还有这等倒霉事儿？！他们把我的账户停了两年了，他妈的整整两年了！我要告这些混蛋，让他们赔我一千万美元！如果必要的话，我要把他们一路告到最高法院！"

这时，大哥向帕特提出了一个他显然没有考虑到的问题。

"但你想想，老弟，如果法官知道你整整两年都没有打电话查留言，所以根本不知道自己的账号停用了，他会做何反应？"

结案。

我猜，我们家里的每个人都热衷于起诉，只是找不到能打得赢的官司罢了。

第二天，卡米拉、利未和我不得不缩短这次假期聚会，回家处理一件更加紧迫的事情。

IF WE ALL MADE SENSE OF HUMOR THE DEFAULT EMOTION. WE'D ALL GET ALONG BETTER.

如果我们都能将一笑置之设为默认情绪，相处便会更加和睦。

◯◯

我认为，试图在一段感情中保持蜜月的光环是一种徒劳的幻想。更糟糕的是，做此努力对于想要维持激情的恋爱双方来说都不公平。这就像是一只一百二十瓦的灯泡，烧得过热，无法维持。如果总是把对方放在圣殿上崇拜，没有谁能够维持这种高度。同样，如果只将恋人当作超人看待，我们在对方眼中的影像也会让自己成为对方眼中的超人。这样一来，我们只能是借来一用的过客，因为我们都成了无法企及的对象。

和好莱坞一样，蜜月期就像是一部动画电影。蜜月期要比生活更加宏大精彩，不同于我们一走出剧院就能看到的现实。

我们所生活的地方，我们的人性扎根的地方，我们的秘密、伤疤、恐惧、希望和失败所栖身之处，这是演职员表滚动过后的世界。在这里，我们真情流露，彼此关爱、彼此伤害、彼此理解，跌倒后又爬起来。虽然艰难重重，却能脚踏实地，尽心尝试。

如果我把你看作神奇女侠，而你把我当成超能先生，那么二十瓦的灯泡就无法照明前路了。

蜜月用的一百二十瓦灯泡是超人级的。

这是有意设计的效果。

这是开端，是初次的新鲜，是新生的兴奋。之所以叫作"蜜月"而非"婚姻"，原因就是如此。这是不可企及的，无法维系的。

直到家中新添了一个女儿。

二〇一〇年一月三日，维达·阿尔维斯·麦康纳（Vida Alves McConaughey）出生了。

这是唯一一段天长地久的蜜月。

又是一盏绿灯。

define success
for yourself

我的成功，我定义

几天前，我去了新奥尔良南部的一家巫毒[1]商店。店里放着几排"魔法"药水，上面贴着标签，标明这些药水能为你带来什么功效：生子、健康、家庭、法律援助、精力、宽恕、金钱。

猜猜看，被卖空的药水是哪一排？金钱。没错，金钱是当今世界的通货之王。金钱是成功的代表。拥有越多的金钱，就表明我们越成功，不是吗？

甚至我们的文化价值观也沾染了金钱的气息。谦逊太过被动，已经不再时髦。通过一桩网络诈骗，我们就能快速发家；只凭嘴上吹嘘，样样不精的我们就能成为"万事通"；只需泄露一卷性爱录像带，就能名声大噪；对有意义的事业一窍不通的人，却能积聚财富、名声、地位、权力甚至尊重。这种事情，天天都在发生。

人人都想成功。而我们需要扪心自问的是：成功对于我来说意味着什么？赚更多钱吗？没问题。拥有一个更加和睦的家庭？拥有一段更幸福的婚姻？相互帮助？声名鹊起？精神富足？表达自我？创造艺术？在离世时让这个世界比我们降生时更加美好？

成功对我来说意味着什么？继续追问自己。我拥有怎样的财富？我具备哪些时代所需的价值？你的答案或许会随时间的推移而改变，这没有关系，但为了你自己好，请做到一点：无论答案是什么，都不要选择任何消磨你的灵魂的东西。把你的身份和你想要成为的人作为优先考虑的对象，不要把时间花在任何与你的性格相悖的事情上。不要因为人人都在喝糖水，就不加判断地随大溜。糖水受人欢迎，当下喝起来甘甜美味，但明天就会让你生出蛀牙。

生活不是一场人气比拼。鼓起勇气，勇攀高峰，但是在攀登之前先问问自己："什么才是属于我的高峰？"

一年过去了。

浪漫喜剧的邀约铺天盖地地送上门来。但是，找到我的只有浪漫喜剧片。出于尊重，我一一读过这些剧本，但我坚持不懈，守住了自己的承诺，最终把这些邀约悉数拒绝。想要知道我有多么坚决吗？

有一部片子出价五百万美元，让我花两个月拍摄。我读了剧本，选择了拒绝。

然后，对方又出价八百万美元。拒绝。

接着，他们又给出一千万美元的价格。谢谢好意，还是拒绝。

后来，他们又加码到一千二百五十万美元。还是不行，但是……非常感谢。

最后，对方开出了一千四百五十万美元。

呃……让我再读一遍剧本。

你们猜怎么着？这次读来，剧本竟然比之前显得精彩了。更加有趣，更有戏剧冲突，与出价五百万美元时我所读到的剧本相比，**整体质量都上了一个档次**。实际上，剧本并没有变，里面的字句完全相同，但质量的确远超我之前收到的那些剧本。

我还是选择了拒绝。

如果我无法做自己想做的事，无论出价高低，我都不会勉强自己去做不想做的事。

TRUTH'S LIKE A JALAPEÑO,
THE CLOSER TO THE ROOT THE HOTTER IT GETS.

真相就如墨西哥辣椒，越靠近根部，就越是辛辣。

◯◯

一笑置之的态度帮我挨过了这段日子，我身边有一位强大的女性帮我坚定信心，养育年幼的儿子和刚出生的女儿使我无暇顾及其他。能够顺利度过这段我主动为自己安排的远离好莱坞的蛰伏期，他们全都功不可没。我必须不断巩固自己的信念，坚信我的坚持是一种延迟的满足，今天的禁欲是一种投资，会在未来为我带来回报，我个人的抗争，将在日后为我的灵魂派发一些余额。借用沃伦·巴菲特（Warren Buffett）的话来说，我正在做的，就是在冬天买好夏天的草帽。可是，远离了镁光灯，没有工作，这样的日子，的确让我尝到了苦头。

一直以来，我都需要通过工作来实现自我意义。在过去的十八年里，我有幸对表演和电影制作上了瘾，但现在，离开了这些，我对它们的依赖给我带来了巨大的焦虑感。每收到一部浪漫喜剧的片约，我都不得不思考，自己到底还有没有再度参演任何类型的影片的机会。想要立即获得个人成就感的需求，让我努力抵抗着自从入行便未间断的工作的诱惑，努力争取让我的艺术和作品与我本人和生活更加贴近。

十个月过去了。

很显然，整个行业的片厂大佬、制片人、导演、选角经纪人都已明白了我的用意，因为现在再也没人向我发出片约了。浪漫喜剧也不再主动找我。无论任何类型的影片，全都离我远去。

整整二十个月中，我拒绝了每一个曾经塑造过我个人品牌的项目：

浪漫喜剧男主角已然不再。

海滩上赤裸上身的阳光男子，再见。奥斯汀既没有海滩，也没有狗仔。

二十个月来，我没有为公众或业界塑造过任何他们指望我塑造的形象。我不能再去符合他们的期望，也不能迎合他们自以为对我的了解了。二十个月来，我远离了公众视线。在得克萨斯的家中，我和卡米拉一起共度这段岁月，抚养利未和维达，做园艺，进行写作，虔心祈祷，拜访老友，与家人相聚，避免"重回老路"。业界对我身在何处一无所知，只知道我把片约拒之门外。眼不见，心不念。看来，我真的被人淡忘了。

自愿承担的责任

小的时候，爸爸妈妈曾经教会我们很多事。老师、导师、政府以及法律都打着责任和秩序的名号，向我们展示我们在人生中前进所需的指引以及必须遵守的规则。

我所说的，并不是这些责任。我说的，是我们给自己定下的责任，是你与自己订下的契约。这些，不是我们为自己之外的任何人所认可或赋予的规则和期许，是我们基于信念为自己承担的责任，这些责任，塑造了我们的体格和人格。

这些责任是我们心中的秘密，是私人的协议，是自身道德法庭上的私人律师，没有人会在我们承担这些责任时给我们颁发奖章或举办庆典，也没有人会在我们不承担这些责任时将我们绳之以法，因为知道实情的，只有我们自己。

一位诚信之人内心的平静就是他安眠的枕头，夜幕降临，把头搁在枕头上时，无论身边躺着谁，我们都要独自入眠。自愿承担的责任就是我们自己的"杰明尼蟋蟀"，全世界所有的警察都无法监管——这是我们自己的责任。

◉

在差不多两年的时间里，我远离业界，掷地有声地向好莱坞发出了一条信息，让他们知道我誓要脱离既定形象，突然之间，出乎意料地，我却拥有了另一重身份，**成了一个新颖而大胆的人选**。

销声匿迹和被人淡忘孕育出创意的生机。现在，让麦康纳在《林肯律师》中扮演辩护律师成了别出心裁的选择，找麦康纳主演《杀手乔》也成了标新立异的决策。

理查德·林克莱特打电话给我，邀我出演《伯尼》。

李·丹尼尔斯（Lee Daniels）找到我，请我出演《报童》。

杰夫·尼科尔斯（Jeff Nichols）为我写了《污泥》。

史蒂文·索德伯格（Steven Soderbergh）打电话找我演《魔力麦克》。

通过拒绝，我终能接受。

箭不寻靶，靶引箭。

因为被遗忘，我再度被记起。

我打破了固有的标签。

我被重新发现，现在，是时候开始重新创造了。

我的牺牲已经结束，我经受住了这场风暴。

一切就绪，我知道自己想要什么，也做好了回应的准备。

是时候让我主动选择接受、重塑新品牌了。

我不在乎钱。我要追寻的，是体验。

又是一盏绿灯。

时间与真理，
这是两个你绝对可以靠得住的常量。
其中一个次次第一时间到场，
另一个则从不缺席。

片约蜂拥而至，几乎和《杀戮时刻》上映之后一样多。而这次的不同之处在于，我知道自己想要接下怎样的角色和故事，对惊险刺激的剧情片简直如饥似渴。而卡米拉也心急火燎地渴望丈夫开辟出自己的新路。

一度，《报童》《魔力麦克》《污泥》都找到了我，这三部电影也都是我真心想要出演的，但是如果三部全接，那么这些片子的拍摄日程就会连在一起，中间只给我留出几周的时间为下一部做准备。

记得我对卡米拉说："看来我只能三选二了，这样我才能腾出八周时间，为选出的两部电影做准备。"

"你是不是三部电影都想接？"她问。

"对，但是拍摄日程太赶，我没时间按照我的计划充分准备。"

"如果你三部都想接，那就爷们儿点，把三部都接下来，你能应付得来的。"

我把三部片子都接了下来，也果然胜任了。

🌕

　　我在二〇〇七年读到了《达拉斯买家俱乐部》的剧本，立刻毛遂自荐，作为出演主角罗恩·伍德鲁夫（Ron Woodroof）的拟定演员加入了项目。与以前一样，这种处于社会边缘的角色非常吸引我的注意，他们是弱者，是亡命之徒，为了生存而挣扎着。成为拟定演员意味着我对剧本有了控制权，能够试着把片子制作出来，同时也对导演人选具有批准权。在我二十个月的息影期之前的几年中，这部由"浪漫喜剧小生麦康纳"主演的关于艾滋病的年代剧，引不起任何导演或资方的兴趣。即使是在我重新树立新品牌的早期，也就是所谓的"麦康纳复兴"[1]如火如荼展开之时，也没有任何人表示过感兴趣。很多演员试图从我手中夺走剧本的控制权，许多导演想让别的演员出演男主角，但是我意已决，还是坚持保住了剧本。

　　二〇一二年一月，我的经纪人告诉我，一位名叫让－马克·瓦雷（Jean-Marc Vallée）的加拿大导演读过剧本，想要和我见面。我看了他的一部名叫《爱疯狂》的影片，非常欣赏他的手法。全片围绕一位梦想家的成长经历展开，幽默低调，温情款款，还不失混乱与冲突。影片的

---

1 你们知道吗，"麦康纳复兴"这个词是我一手炮制出来的。这是真事儿。

2013 年，我因《污泥》这部电影出席圣丹斯电影节，接受了 MTV 的采访。当时，我的事业顺风顺水，因此觉得应该安插一条宣传语、一个口号、一句可以打印在汽车保险杠贴纸上的金句，但我也知道，这句话不能从我自己的嘴里说出。

"麦康纳先生，你最近真是风生水起。《杀手乔》《伯尼》《魔力麦克》，现在又有了《污泥》。恭喜你。"那位记者说。

"谢谢你，没错，最近真的是火力全开，告诉你吧，前几天我接受了一段采访，记者居然把我的这段事业称为'麦康纳复兴'呢。"我回答说。

"天啊，'麦康纳复兴'。太妙了，这个词很顺嘴，很可能广为流传呢。"事实上的确如此。这个故事，我还从来没跟任何人讲过呢。——原注

原声碟也很棒，时至今日，我还是不清楚他是如何以较低的预算拿到这些歌的版权的。在我看来，想要把《达拉斯买家俱乐部》剧本制作成电影，需要的就是这些因素。我们在纽约见面，分享了对这个项目所抱的热情。刚刚拍完《魔力麦克》的我，身材正处于理想状态。

"罗恩·伍德鲁夫这个角色正处于艾滋病四期，你现在身材这样，该怎么做才能让自己看上去像个病人呢？"他问道。

"这是我的工作，我会让自己靠近角色的，"我告诉他，"这是我对罗恩的责任。"

一周之后，让同意担任导演。让－马克、制片人罗比·布伦纳（Robbie Brenner）、瑞秋·温特（Rachel Winter）和我订好计划，预定在那年十月开拍。当时的我体重约八十三公斤，需要大幅减重。距离我们"约定"的开拍日期还有五个月的时候，我开始行动。每天早餐是三个鸡蛋白，午餐为大约一百四十克鱼肉和一杯清蒸蔬菜，晚餐也一样，饮酒不限，这就是我的减肥食谱。每周，我都能精准减掉大约 1.1 公斤的体重。

目标：一百四十五磅[1]

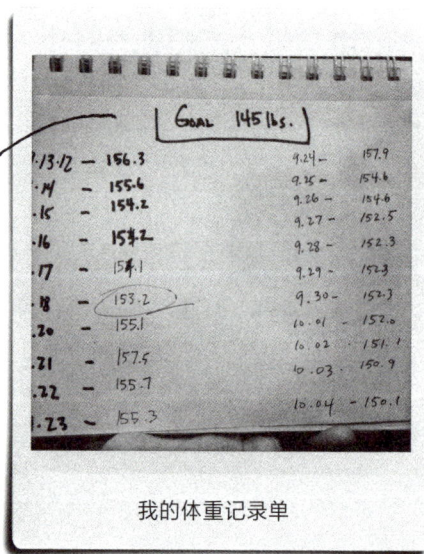

1 约等于 66 公斤。

我的体重记录单

体重降到七十一公斤，还未达到目标体重时，我接到了导演马丁·斯科塞斯（Martin Scorsese）的电话，他邀请我在电影《华尔街之狼》里扮演马克·汉纳（Mark Hanna）一角，也就是莱昂纳多·迪卡普里奥（Leonardo DiCaprio）扮演的乔丹·贝尔福特（Jordan Belfort）的证券经纪人导师，拍摄期为两天。还记得我在前文中提到的让我找到感觉的"起飞台词"吗？通过阅读剧本，我发现马克·汉纳作为证券经纪人的成功秘诀是"可卡因和妓女"，而这一点，也让我抓住了"放飞"的感觉。是否精神错乱暂且不论，但围绕一个有这般理念的人，足以写出一本《百科全书》来。因此，我开始书写自己的版本。这场戏在原剧本中的时间本来很短，但我加入了一段"因疯狂而精彩"的即兴说唱，而这场戏，也被留在了成片之中。

斯科塞斯给了我足够的发挥空间，迪卡普里奥帮助我进入状态。那段一边捶胸一边哼唱的小曲儿是哪来的呢？其实，为了放松下来和找准节奏，我在每场戏开拍前都会这样做——把这段加在戏中是迪卡普里奥的主意。

We're all storytellers in the movie business.
That's what we do.
We play make-believe.
And when we do it well,
we make you believe.

在电影行业，我们都是讲故事的人。
这就是我们的工作。
我们所做的，就是假扮虚构。
如果我们做得天衣无缝，
就能让人信以为真。

　　"我们秋天开拍。"对所有问起或没问起《达拉斯买家俱乐部》的人，我都会这样说。

　　跟我妈妈一样，我也是先斩后奏的人。我也不是一个事先征得他人准许的人。

　　"咱们没钱拍这部电影，马修。这项目行！不！通！"我的经纪人告诉我。

　　"能行得通，"我说，"我们秋天开拍。"

　　我决不退缩。

　　我继续减重，以达到能够有效讲述这个故事的体形。现在我的体重已经降到了六十八公斤，虽然身体越发虚弱，但头脑越来越清晰。我所减掉的每一斤体重，都仿佛升华成了同等量级的思想灵敏度。和罗恩一样，我也变得冷静自若、一丝不苟、有条不紊、追求完美。我每晚所需的睡眠减少了三个小时，就算在凌晨两点前喝下一瓶酒，也能不靠闹铃在凌晨四点起来研究剧本。我对我的好兄弟产生了近乎疯狂的迷恋，这种沉浸于兴奋之中的状态，我非常享受。而遗憾的是，虽然我的精神状态如世界大赛第七场比赛中投手丘上的棒球一般一触即发，极端的减肥却让我的性欲萎靡不振地退居幕后。

　　编剧克雷格·博顿（Craig Borten）给了我几盘罗恩的磁带录音，时长有十几个小时，这些录音记录了他筹划和运营这家艾滋病替代药物买家俱乐部的点滴。我经常聆听这些录音，留心他的语气和意图，注意他何时强打精神，何时展露脆弱。录音中有一段内容是他和一位男性与在场的两个女性的对话。他们交谈的语气中，带有一种挑逗般的性暗示。

能听出来，他们之间的肌肤之亲发生于不久之前。**但是，这怎么可能？**我心想。罗恩的艾滋病已经到了第四期。他们不可能……除非他们都患有艾滋病。一定是这样。多么有趣，多么疯狂，又是多么真实啊。我把这盘磁带拿给让－马克听。

"我们能不能通过什么方式把这一段放在电影里？"我问道。

"太棒了，这里面有些既伤感又美丽的东西，"他说，"但我不确定我能在处理这段内容时不让它显得肮脏。"让－马克和我再也没有谈起这个问题，但读者们马上就能读到，他从未忘记这段谈话。

我开车去看罗恩·伍德鲁夫的妹妹和女儿，他们住在达拉斯郊外的一个农村小镇上。两人热情地迎接了我，完全信任由我作为她们的兄长和父亲生前事迹的守护者。我们一起观看了罗恩生前的录像带，看到他度假的画面，在镜头前出风头的样子，还有身着万圣节服装的图像。关于罗恩的性情，两人直言不讳，对于我提出的每个问题也悉数给出了答案。

在我们拥抱告别时，他的妹妹问我："你想看看他的日记吗？他多年来一直有写日记的习惯。"

"如果能给我这个机会，我非常荣幸。"我说。

十几小时的录音让我对这个男人有了由外到内的认识，而这本日记却让我深入了他的内心。这是我进入罗恩·伍德鲁夫灵魂的密匙。这本日记让我倾听了罗恩在寂寥夜晚的心声，在这里，他只与自己分享梦想与担忧，现在，我也窥见了这些秘密。他的日记带领我找到了真正的他，不仅仅是感染艾滋病之后的他，更重要的是他在此之前的样子。我在脑中忆起一个在工作日的晚间躺在床上抽着大麻的男人，他在线圈活页笔记本上随意涂鸦，写下这样的话：

> 希望明天接到回电，让我去汤姆和贝蒂·维克曼家安装那两台 JVC 的家用音响。他们住在镇子另一头，大约四十二英里[1] 外的地方，因此我估计，来回的汽油钱要花八美元，我自己提供的魔声牌音响连接线要花六美元，这样一来，我能从装音响的三十八美元里净赚二十四美元。真他妈太爽了！回来的路上，我要去索尼克快餐店买个双层芝士汉堡，见见南希。

第二天，他早早起身，熨好一条休闲裤和他的短袖扣领衬衣，一边小口啜着一天中的第二杯咖啡，一边在传呼机里装上一节新的 AA 电池，准备净捞他那二十四美元的酬劳。突然，他的传呼机发出嗡鸣，是汤姆和贝蒂的电话。

"我们要取消今天安装音响的计划了，我们找了一家公司，价格比你稍微高点，但他们能上保险。谢了，罗恩。"他的心一沉。

"真他妈太可惜了。"他写道。

之后，虽然没赚到钱，但抽完大麻的他还是心血来潮地来到索尼克快餐店。他没点双层芝士汉堡，而是点了份单层的，然后又跟南希·布朗肯西普（Nancy Blankenship）打情骂俏了一番，他觉得南希挺可爱的，尤其是她穿着旱冰鞋带着餐点滑到他的车门前，咧嘴一笑露出那颗棕色牙齿的样子。

1 约 68 公里。

他写道："她就是我的幸运 16 号。"

我后来发现，"16"原来是最近的一家二星级汽车旅馆的房间号，他和南希·布朗肯西普有时会到那里云雨一番。所以，他才说她"幸运"[1]。罗恩发明了一些东西，却没有申请专利。他制订了种种计划，却从未付诸实践。他是个梦想家，却没有美梦成真的运气。

◐◑

与此同时，让－马克·瓦雷和几位制片人继续为这部电影物色演职人员，在新奥尔良勘选拍摄地点。他们没有征得他人的许可，也没有临阵退缩。尽管如此，拍电影确实是要花钱的，而我们造出的声势能够维持的时间也快要到头了。话虽如此，但我们并非虚张声势，而我的体重也仍在继续下降。

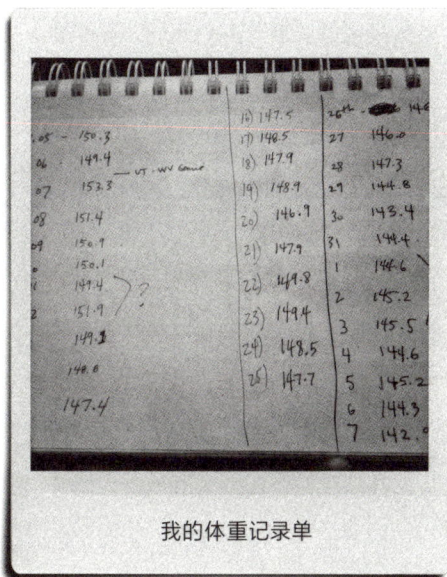

我的体重记录单

---

1 在英语中，"lucky"（幸运）也有和某人发生性关系的意思。

"我们秋天在新奥尔良拍摄！开拍日期是十月一日！"我们再一次向所有问起或没问起这部片子的人宣告，这一次，我们的声音比之前更加响亮。

◯◯

终于有人相信了我们的话，或者说，相信了我们的人，因为，有人为这部戏投入了四百九十万美元的经费。这虽然没达到电影预算的七百万美元，但也足以让我们有了一搏的机会。开始主题拍摄的八天前，我接到了让－马克的电话。

"我不知道怎么拿四百九十万美元拍这部电影，"他说，"最低的预算也得要七百万美元，但是，如果你能第一天就到场，我也会从头坚持到底，我们就在当前的条件下把片子拍出来。"

就这样，第一天，我们双双到场。

◯◯

"我一直在考虑你给我播放的那盘罗恩和两位女士的磁带，我有个主意。"拍摄进行了几周后，让－马克告诉我。

"在剧本里那场罗恩的生意顾客盈门的戏里，咱们可不可以加上这一段：你正在汽车旅馆房间隔壁的办公室，在排队进来买艾滋病药物的人群里看到了一个漂亮姑娘，然后问秘书这个女孩有没有感染艾滋病。'没错，特别典型的艾滋病患。'她回答说。下一个镜头，我们就看到罗恩和这个姑娘在厕所淋浴间里做爱，那种既为了满足需求，也为了生存的做爱。"

310

"听起来很美也很真实，你知道怎么让这场戏不至于显得太肮脏丑陋吗？"我问。

"我知道。"他说。

看到这场戏的时候，你们便会理解导演的用心。这场戏展现了人性，令人心碎，又引人发笑。当罗恩和那个女子在隔壁的淋浴间做爱的时候，让－马克切到办公室，让我们看到秘书和买家们听到两人的声音的场景，他们环顾四周，有些吃惊地面面相觑，脸上带着既觉得好笑又同情的表情。让－马克用幽默的手法揭示了人性。这场他原本不知如何才能不显肮脏的戏，最终却焕发出了美好的光芒。

◉

我们用四百九十万美元在二十五天时间里拍完了《达拉斯买家俱乐部》。

我们没有事先征得许可。

我们没有临阵退缩。

我们选择了孤注一掷。

我的体重降到了六十一公斤。

又是一盏绿灯。

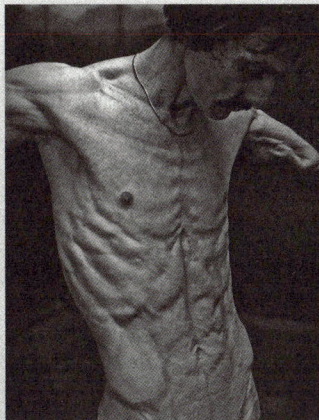

我太瘦了

part 8

第 8 章

live your
legacy now

践行你的传承

二〇一一年十一月七日

　　"为什么妈妈不姓麦康纳呢？"一天，我那爱问问题的三岁儿子利未问我。

　　"你为什么这么说？"我问道。

　　"我叫利未·麦康纳，维达叫维达·麦康纳，但是妈妈叫卡米拉·阿尔维斯。她为什么不跟我们一个姓呢？"

　　我沉思了片刻。

　　"因为我们还没结婚。"

　　"为什么不结婚？"他问道。

　　有孩子的读者一定知道，一些问题一旦从孩子的口中说出，我们就最好给出精辟的答案，因为我们的回答将会在他们的记忆中打下终身的烙印。我面对的，就是这种情况。

　　"这问题提得好……我的确想要娶妈妈，但我不觉得有这么做的需要。如果我娶了妈妈，我希望是出于一种需要。我不想只因为这是我该做的事或是只因为我想做就去做某件事，我希望我做某件事，是因为这是我真正需要做的。"

"你害怕吗？"他问。

又是一个有分量的问题。我仿佛是出庭做证的证人。很显然，我三岁的儿子继承了我的辩论和交叉询问的技巧。我又一次沉思起来。

"对，我可能有点害怕吧。"

"你怕什么？"

"……怕失去我自己。"我说。

∞

第二天，我去找我的牧师。

我们探讨了婚姻的仪式，也探讨了如何克服我的恐惧。他对我讲述了婚姻的奥秘，当两个天造地设的人结合在一起时，共同生活的冒险经历不但不会让个人的自我意识流失，反倒会为之带来启发和引导。他还说，当两个人一起走入婚姻殿堂时，双方都是完整的个体，在婚姻中，我们不会失去自己的一半，而是成为更加完整的自己。通过这份与上帝和伴侣的契约，我们能够将自己的生命拓展三倍，成为三倍于之前的自己。妻子、丈夫、上帝，这三重身份合而为一，同心同德。1 × 1=3。真是不可思议的彼此相乘。

"这需要勇气，也要做出牺牲。"他说。

然后，他向我提出这样一个问题："马修，对你来说，哪个风险更大？踏上这场冒险，还是继续你正在进行的冒险？"

牧师是在激将我。他的问题引得我再三思量。在接下来的几个星期里，我与我的牧师、大哥、其他婚姻幸福的男性一起讨论了这个问题。

很快，我有生以来第一次鼓起勇气，不再将婚姻视为最终的目的地，而是一段新的征程，一个积极正面且发自内心的选择，与我想要共度余生的女性、唯一在八十八岁生日那天还想要共舞一曲的孩子的母亲携手成长。有生以来第一次，我不再只将婚姻视为我应当实践的《圣经》和立法上的约束。迎娶卡米拉，成了一件我非做不可的事。

二○一一年，在耶稣诞生的那天，我屈膝跪下，向她求婚。

她答应了。

但是，我们没有定下婚礼的日期。

> 只是同居，你们便为当下而活。
> 若是成婚，你们便为未来而活。
>
> ——莉莉·菲妮·扎努克（Lili Fini Zanuck）

卡米拉或许看上去与我的母亲截然不同，但二○一二年的五月，也就是我求婚的五个月后，她对我做了一件我的母亲曾经对父亲做过的事情，不仅如此，还附上了一份"额外的惊喜"。她给了我一张我自己婚礼的请柬。

"没问题，"我说，"给我个日期，我一定去。"

然后，她又递给我另一张超声波照片。

"亲爱的，咱们的第三个孩子正在我的肚子里长大，我可不想在婚礼上挺着大肚子走到牧师面前。"

我们邀请了八十八位最为亲近的朋友和家人，在院子里搭起了四十四顶帐篷，让这八十八位亲友在这里安心参加了整整三天婚礼。不到一个月后，在二〇一二年六月十三日，卡米拉·阿拉乌霍·阿尔维斯变成了卡米拉·阿尔维斯·麦康纳。

来自修道院的克里斯蒂安修士主持了天主教仪式，我们当地的牧师戴夫·哈尼（Dave Haney）发表了开场致辞，约翰·麦伦坎普演奏了赞美诗，一位坎东伯雷教的女祭司用神奇的非洲巴西仪式为我们送上祝福。

婚礼过后，"公鸡"大哥对我说："弟弟，如果真有天堂存在，我觉得你已经尝到了天堂的滋味。"

那天晚上，在圣坛上，卡米拉凝视着我的双眼，说："我什么都不想要，只求你能给予的一切。"

至于我，那天晚上，我迎娶的不是我的"梦中情人"，而是整个世界上最适合我的真命天女，而且，她还是一条美人鱼。

我不再惧怕，而是踏上了一段为全新的谜题寻找答案的征程，为此，我不惜全力以赴。有生以来，我第一次感觉自己也许会失足跌倒，但不会一蹶不振。我知道，从今往后，生活会变得更有挑战，因为，作为夫妻，有更多的东西需要我们努力经营。我和卡米拉不再主动追逐蝴蝶，而是耕种自己的花园，让蝴蝶飞到我们的身旁。

我的母亲终于可以收起她的涂改液了。而利未的问题也减少了一个。

又是一盏绿灯。

在我的一生中，我遇到过两个名叫利文斯顿（Livingston）的男人。第一次注意这两个人时，我都在远处，就像我那天晚上在酒吧注意到卡米拉时一样。刚开始的时候，两个人都停留在"印象"阶段。他们都是正直、坚强而健壮的人，有气节、有原则，还有一股实至名归的贵族气质。他们白天的工作是伐木工人，到了晚上则是爱乐乐团的指挥。他们是名副其实的多才多艺之人，深谙生活的艺术。这些年来，我对这两位的了解日渐加深，而通过近距离的接触，两位都清晰地证实了我对他们的第一印象。

我想找到第三位利文斯顿。

就这样，二〇一二年十二月二十八日早上七点四十三分，利文斯顿 · 阿尔维斯 · 麦康纳（Livingston Alves McConaughey）出生了。

又是一盏绿灯。

我在生活中享受到了前所未有的充实。我像我的父亲一样结了婚，有了三个孩子，人生中处处都充满了灵感，而这些灵感不再来自创意，而是扎根于现实。我不为自己的成功动心动念，而是全心投入其中，我的所需就是我的所想，而我的所想也恰是我的所需。事业越是成功，我也就越清醒；我非常享受与自己为友，不愿打断这段美好的相伴。

the closer i get to divinity
the more i wonder if i'm a fraud...
I'm pretty sure it's cus i still need
to learn how to win.

离神性越近，
我就越是怀疑自己是否只是徒有虚名……
我很确定，这是因为在学习如何面对成功的道路上，
我还有许多要学。

　　我收到了在HBO的八集限定剧《真探》中担任主角的邀请。尼克·皮佐拉托（Nic Pizzolatto）在剧本中的文字如炭火般炙热，仿佛能让人感到鲜血滴在字里行间。我并未因剧集在电视屏幕上呈现而有所顾忌，因为剧中的故事和人物都被塑造得栩栩如生且别出心裁。原本安排给我的角色是马蒂·哈特（Marty Hart），我想演的却是拉斯特·科勒（Rustin Cohle），他是我见过的最棒的侦探。我迫不及待地想要翻到下一页，看看他会如何语惊四座。他是一个孤岛般的男人，在终有一死的无奈现实和挽救死亡的永恒需求之间寻找着平衡点。他冷酷无情，无论真相多么令人难以接受，也要不顾一切地拼命追寻。这个角色，着实让我捏了一把汗。

　　"如果能演拉斯特·科勒，我就同意。"我告诉制作方。

在针对我的提议冥思苦想了几天之后，尼克、导演凯瑞·乔吉·福永（Cary Joji Fukunaga）以及几位制片人同意把科勒侦探的角色给我。我的挚友伍迪·哈里森加入剧组，出演马蒂·哈特一角。还好，自从上次之后，他再没有扮演过诱导观众模仿杀人犯的角色了。

◐◑

我的家人和我很快就收拾好行装，搬回新奥尔良迎接为期六个月的拍摄。

对于"新月城"[1]，我一直情有独钟。或许是因为父亲是在那里长大的，小的时候，每逢一年一度的捕虾船队祝福节庆，我们一家就会去拜访奶奶和几位姨婆；或许是因为我最近的五部电影中，有四部都是在那里拍摄的；也或许是因为，如果想知道你是在城市的"好"区还是"坏"区，那么当地人便会用这句节奏感十足的话向你解释：

> "是这样的，先生，好的区域里总有不好的一面，坏的区域里也总有好的一面。"

这里，总是给我家的感觉。

地方和人一样，都有属于自己的独特身份。游历全球，每到一个地方，我都会在日记本中叙写它的文化和身份。如果某个地方或某一群人感动了我，我便会为它写一封情书。新奥尔良就是这样一个地方。

---

1 新奥尔良的别称。

亲爱的新奥尔良：

看看你这广袤而美丽的庞然大物。一片闪烁着的黄灯之海——预示着小心前进，但仍要勇往直前。

你虽不算野心勃勃，却拥有鲜明的身份，且不会在身外寻求刺激、演化或发展的虚名。你为自己感到骄傲，深谙自己的味道独一无二，如果有人想要来品尝，你会热情欢迎，但不会谦卑招揽。

在你这里，时间如涓涓细流，没有什么地方能像你一样使得周二和周六的节奏如此相似。你那四季之间的转换是如此顺畅。你是名副其实的"惬意之都"……这里，是世界上宿醉时间最短的地方，在这里，周一早晨的畅饮与周六夜晚的畅饮一样尽兴。

这里的门廊设在房前，而非屋后。这项工程建筑上的创举打造出强烈的集体意识和邻里友谊，使人们能够面对大街和对面的邻居放松小憩。大家不再躲进僻静的后院，而是身处屋前的门廊，与周围世界的纷扰融为一体。私人居所的领地一次次友好地交叠，界限被一次次打破，教堂的钟声、警报器以及慢慢悠悠的时薪八美元的木工在一屋之隔的家里钉窗玻璃的声响，便是早上九点的闹铃。

你犯不着在意细节或无心之过，既然人人都能做点坏事却高枕无忧，那我们还不如也"随大溜"。如果你真是个行骗高手，那我也给你一个赞，因为你热爱冒险，也因为规则就是用来打破的。因此，不要拿规则说教，不如学会容忍。这座城市拿崇拜和诉讼作为商品来兜售，除了这里，还有哪个地方能让死人与活人如此比肩为邻？

你是一座用右脑思考的创意随性之都。若想保全自己的手臂，就不要高举什么道德观念。潮湿的天气让绝大多数的理性荡然无存，因此在穿行单行道时，还是左右看看为好。

大自然母亲力大无穷——那至高无上的女王大人统治着一切。对动物们来说，她是一门科学；对于我们这些两足动物来说，她却成了一位专横跋扈、冷酷无情的泼妇。即便如此，你也很快就会原谅她，因为你知道，对女王的盛怒报以任何不敬，都会引来更加剧烈的暴怒，也就是厄运、巫毒、因果报应。因此，你学会了适应现实，学会了缓慢而悠然地前行，泰然自若地接受一切，从不将鸡毛蒜皮放在心上。茁壮成长，便是你生存的法宝。在这里，皇冠戴在大自然母亲的头上，一切都归女王殿下支配，与英国的女王不同，这位女王可是兼具影响力和权势的。

在这里，你不会使用吸尘器吸地，不，你用扫帚和耙子修整草坪。一切都各安其位，汽车为避免坑洞而急转弯，树枝下的鸭群，贫困和谋杀率，所有这一切，原本如此，结果如是。就像一碗秋葵杂汤（gumbo），你的乐曲诞生于杂烩之中。

《真探》播出后，每周日的晚上，卡米拉和我都会与所有观众一起收看。我当然有机会在播出前一口气先睹为快，但还是选择了按照剧集原本设定的方式逐集消化：每周日晚上看一个小时，然后在下一周的周一早晨和同事们站在茶水间讨论，并期待着下一集的播出。这是我最喜欢的电视剧。至今仍然是。

这部剧集播出的同时正值好莱坞颁奖季[1]，我正在为《达拉斯买家俱乐部》进行路演宣传。回望过去，我意识到，从很多方面而言，在《真探》中的角色和表现都是助我凭《达拉斯买家俱乐部》提名最佳男主角的重大因素。这好比一周一次的宣传造势，是多少钱也买不来的最有力的广告。每周日的晚上，我都会以拉斯特·科勒的形象来到大家的客厅，到了第二天，我又会在宣传活动中以罗恩·伍德鲁夫的身份出现在大家的面前。

评论家选择奖、金球奖、独立精神奖和美国演员工会奖都把最佳男演员奖颁给了我，认可我对罗恩·伍德鲁夫一角的诠释。接下来，便轮到这一年的最后一场颁奖典礼了——奥斯卡金像奖。

我没有事先写好演讲稿，因为我觉得这一定会带来"报应"，但我确实准备了一份简短的清单，上面列着如果美国电影艺术与科学学院真的叫到我的名字时，我想谈的内容。

---

1 好莱坞颁奖季是每年 11 月到次年 2 月的一段时间，奥斯卡金像奖等重要电影颁奖活动都在这段时间举行。

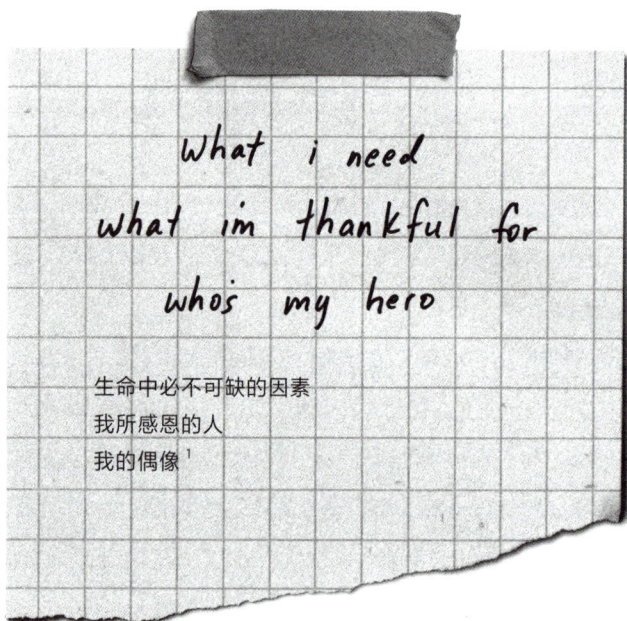

What i need
what im thankful for
who's my hero

生命中必不可缺的因素
我所感恩的人
我的偶像 [1]

他们叫出了我的名字。

我获得了奥斯卡最佳男主角奖。

能够获得这个代表我所在专业领域最高成就的奖项，我深感荣幸。而这个奖项，也证实了我在演员道路上所做的选择得到了大家的高度认可。我没有半途而废。

又是一盏绿灯。

---

1 推荐大家重温麦康纳的奥斯卡演讲，会对这个清单有更深的理解。

艺术与自我表达之间，存在着一点不同。
所有艺术都是自我表达，
而并非所有的自我表达都是艺术。

∞

　　我马不停蹄地与克里斯托弗·诺兰（Christopher Nolan）合作了《星际穿越》，与格斯·范·桑特（Gus Van Sant）合作了《生命之树》，与盖瑞·罗斯（Gary Ross）合作了《琼斯的自由国度》，与斯蒂芬·加汉（Stephen Gaghan）合作了《金矿》，与扬·德芒热（Yann Demange）合作了《白人男孩里克》，与史蒂芬·奈特（Steven Knight）合作了《惊涛迷局》，与哈莫尼·科林（Harmony Korine）合作了《海滩流浪汉》，与盖·里奇（Guy Ritchie）合作了《绅士们》。另外，为了我的孩子，我还给几部动画片配了音：特拉维斯·奈特（Travis Knight）的《魔弦传说》以及加斯·詹宁斯（Garth Jennings）的《欢乐好声音》和《欢乐好声音2》。另外，我还是林肯汽车的品牌大使，并成为一名成功的汽车销售员，同时还是野火鸡波旁威士忌的创意总监。

　　所有这些，都是我渴望研究、投身并成为的角色。

所有这些，都是我觉得扣人心弦、别出心裁、值得讲述的故事。

所有这些，都是我千金不换的体验。

票房成绩却鲜有惊喜。有什么东西没有有效地传递出去。我诚挚地邀请大众进场观影，影院的座位却还是有空的。

问题出在我本人呢，还是选题或电影本身呢？是发行不力，抑或是流年不利？要不就是时代不同了？

我不确定。我猜，这些原因或多或少都有一点吧。

票房的惨淡并没有浇灭我对表演的喜爱，反倒让我更加狂热地投入自己的事业中。我爱表演。我爱创造。我爱在角色中迷失自我，再重新找到出路。我热爱深深沉浸、从内而外地审视"我的好兄弟"。我享受为塑造和成为"我的好兄弟"所付出的努力、所经历的过程、所进行的建设以及架构。我坚信，自己所扮演的每个角色，都是我今生能够扮演的唯一也是最后一个。有一位从不干预我的这一信念的妻子，我深感幸运。我比以往任何时候都更加热爱表演。

以至于，我开始意识到，我所扮演的角色和参演的电影比我本人更加生机勃勃，也比我人生中的故事更加引人入胜。在现阶段的职业生涯中，我不仅仅是一位艺人，也是一位演员和艺术家。而这，让我备感满足。我的事业非常充实。狂野、刺激、本真、深刻而充满了生机。我笑得更加开怀，哭得更加动情，爱得更深，恨得更切，相比于我在生活中真实的样子，我更深地投入到了在电影中扮演的角色之中。

我对自己说："麦康纳，你找到了突破口。"

祈祷有何用?

这是一个复盘的时机。

是从更高更广阔的地方俯视我们自己、我们所爱的人以及我们有限人生的时机。

让我们为自己受到的惠泽感恩一笑,

浇灭我们自私的欲望,

拥抱那些我们知道需要得到我们同情的人,

用心审视,看到他们真实的自我,

重温过往的瞬间,

看到那些我们认识和关爱的人,

最本真的样貌。

不是他们最快乐或最自豪的瞬间,

也不是他们最伤悲或最深沉的时刻,

而是我们透过粉饰或欲望看到的,

他们的光芒由内而外发出的那幅画面。

最终,在祈祷结束之前,

我们也能向自己投去同样的目光,

这时的我们谁也不是,只是本然的自己。

相比于生活中的自己，电影中的我更加生机勃勃。

我的职业生涯中的故事，仿佛比实际生活中的体验更加丰富多彩。

这就是清晰呈现于镜中的印象。

是时候做出改变了。

因此，我制订了一个计划。

　　　　　　　　∞

　　是时候退去滤镜了。是时候将我的人生打造成我最喜欢的电影了。是时候化身成我最喜欢的角色了。书写我自己的剧本，导演我自己的故事，成为我自己的传记，拍摄关于我、属于我的纪录片。全无虚构。现场直播，而非事先录制。**是时候追上那个我一直在追赶的偶像了。**是时候研究阳光是否会烤化粘住羽翼的蜜蜡，抑或这炙热只是子虚乌有。我现在就要化身为自己的传承者，不要再扮演应有的样子，而是拿出本然的模样。

　　于是，我将过去五十年中三十五年的日记收集起来，带着它们来到荒无人烟之地，找寻其中的智慧，聆听其中的故事，清点我的投资收益：对自己的投资收益。

　　我在母亲怀上我时所待的沙漠中度过了两周，在我学会游泳的河上漂流了两周，又在坐落于得克萨斯东部松林中的一间小屋中住了两周，在墨西哥边境的一间汽车旅馆的房间里待了两周，在纽约市的一间公寓里闭关了两周。

　　每到一处，我都毫不迟疑地直视自己的内心。整整五十年的自己。这是一个可怕的挑战。与这个对我的一生负起全责的唯一"推手"独处。

与这个我无论如何也摆脱不了的人独处。我不确定我能否直面这些往事。

我知道，这或许会成为一场鲜血淋漓的自我之战。

　　果不其然。

　　我笑过，也哭过；我挣扎过，也惊叹过。

　　我也与此生中最好的同伴度过了一段最美的时光。

朋友

趁我们在世间，
相比于凭理性确认，我们更爱凭直觉相信，
享受着成功的乐趣。
酝酿着自己的秘密，
书写着自己的著作，
扮演着自己的主角，
朝着永恒的终点线前进时，
我们不必如履薄冰，瞻前顾后，
就这样，我们成为自己的朋友。

◑◐

因此，我就在这里，五十年岁月已过，回溯往事，是为了勇往直前。

这一切的意义在哪里？我的毕业论文是什么？我的尾声？我的总结？我的结语？我学到了什么？又悟到了什么？

作为一个纸上谈兵的人类学家、草根哲学家以及寻求真理的流浪诗人，我曾经跟随着上天的启示，建立起重重联系，听到诸多声音，为了面对现实而追随了一把梦境中的线索。

我也曾短暂租借，蜻蜓点水、浅尝辄止、沾染风流韵事、漫无目的地追逐蝴蝶，这些，全是我迄今为止的个人简历上的过客，而非归宿。我也拥有了资产、法则、人际、事业、一位妻子和一个家庭，并抛下了不可动摇的锚。当我为这片花园浇水时，园中万物便焕发活力，而我学到的经验也从纸上谈兵变成了真枪实弹，从理智的认识转换为实际的行动，从刻意表演变成了真实存在。这时，蝴蝶便开始自己飞向我的花园。

之所以写这本书，是为了留下一份书面记录，好对这些文字负责。之所以写这本书，是为了让大家监督我承担起这份责任，在我忘记时给我提醒。我也会退步，吸取教训，重蹈覆辙，重新总结。我发现，领悟来得很快，学习经验却需要时间，而实践则是最困难的。**一不小心，我便倒回了起步的地方。**

在人生的头一个二十年中，我认识到了价值观的重要性。在严格的纪律和深沉的关爱中，我学会了尊重、责任、创造力、勇气、坚毅、公正、服务、幽默和冒险精神，这段成长的旅途在一些人眼中或许有受虐待之嫌，但在我心中，这是父母通过严加管教所表达的深情，每次挨打，父母都会给我灌输宝贵的价值观，这样的体验，我一次也不愿失去。

感谢他们的教诲。

二十岁到四十岁，是充满了矛盾的两个十年，在这段时间里，我摒弃了与自己的价值观不符的环境和理念。这段保守时期的价值在于，它保护我在人生的早期免于深陷于致命的人格缺陷之中。在这个时期，我更关心的往往是如何不闯红灯，而不是如何创造绿灯。我做了自己想做的事情，为生活而学习，得以安身立命。

我的四十岁后的十年则活得更加脚踏实地，我开始用自己学到的真理发起进攻，将这些真理付诸实践。在这一时期，我开始加倍重视能够滋养我的东西。这段自由时期的价值在于，它凸显了最能有效支撑我的人生的性格资产。在这段时间里，我不但避开了更多的红灯和黄灯，从而顺利通过了更多的绿灯，也亲手在前路打造出更多的绿灯来。在这十年中，过去的红灯和黄灯终于转绿，曾经的苦难以好运的形式彰显在眼前。在这十年中，这些绿灯的灯光更加亮眼，因为我为它们注入了更多闪耀的力量。我做了自己该做的事情，为学习而生活，且活出了精彩。

人生下一篇章的真理已经近在眼前，我唯一确定的是，我要重新校准人生目标，并要把我的家人放在校准的中心。作为一位父亲，我常会言行不一，我知道，在知行合一方面，我可以做得更好，但我也认识到，只要信息是正确的，那就牢牢铭记，即便传话人自己因疏忽而忘记，也请予以谅解。

我希望给我的孩子们一个机会，让他们寻找自己喜欢做的事，下苦功以精于此，抓住它，将所爱付诸实践。比起在丑陋的真相前遮起他们的眼睛，我更想让他们看到会妨碍他们与未来的现实进行谈判的虚假幻象。我相信他们对真相的承受力。

在生活中，常数、自然法则和放之四海而皆准的真理是很难找到的，但一旦有了孩子，在如何热爱、保护和引导他们以及该做到什么程度上，并不存在合乎理性的探讨或哲学，这是一种发自本能的付出，一份直观、无限且不断增长的责任。这是一种幸运，一盏绿灯。

二〇二〇年年初，在最终完成这本书的时候，与大家一样，我的生活也被名为"新冠"的疫情红灯所打断。这场疫情对于我们生活的破坏已然不可避免。我们得待在家中，保持社交距离，戴上口罩作为防护。我们没法出去上班，丢了饭碗，失去亲友，而且没人知道这种情况究竟何时才能终结。我们担惊受怕，我们愤愤不平。每个人都得做出牺牲，调整方向，坚持不懈，面对现实——也就是说，我们要主动适应。

二〇二〇年，动荡的序幕并未就此停止，另一场红灯般的惨剧继续上演，这就是乔治·弗洛伊德（George Floyd）之死。这个事件对于我们生活的破坏也很快变得不可避免。抗议、掠夺、暴动、恐惧和愤怒四起。这场不公正的谋杀在美国甚至全世界激起了一场社会正义革命，当种族歧视那丑陋的脸孔再次赫然出现于聚光灯之下时，我们再次意识到，只有当"黑人的生命很重要（Black Lives matter）"，"所有人的生命"才有价值。每个人都得做出牺牲，调整方向，坚持下去，面对现实——也就是说，我们要主动适应。

这两盏红灯都强迫我们向内探寻，我们被彼此隔离，在灵魂中探索更好的前路。在此期间，我们对自己的人生和所扮演的角色进行了盘点——我们关心什么、我们的优先事项是什么以及我们重视什么。我们得以更深地了解自己的孩子、家人以及自我。我们阅读、写作、祈祷，我们痛哭、聆听、尖叫，我们大声疾呼，奔走游行，为有需要的人伸出援手。但是，我们到底改变了多少——不仅为时局而变，而且彻底改变？

　　对于我们这些幸存下来的人而言，何时以及如何审视这段动荡时期的经历所带来的收益，这是可选的。但是，如果我们每个人都能努力做出应有的改变，打造一个更受价值驱动且更加公正的未来，那么终有一天，从生活的后视镜中回溯过往之时，红灯遍布的二〇二〇年也必定能够闪现一路绿灯，或许还能被视为人类历史上最有意义的一段时间。

　　对父母所宣扬的价值观的崇敬，以及毕生周游世界的经历，让我更珍视文化，也珍视围绕价值观构建起来的社会。另外，我也坚信认真做事的价值。我深信，对我们自己和整个社会来说，最好的道路就是通往打造更丰富的价值观和拥有更强大的能力的那条，因此，我在二〇一九年担任了得克萨斯大学和奥斯汀市文化部部长（M.O.C.）一职，**致力于在不同城市、机构、大学、学术界及体育界保护和促进一种重视能力和共同价值观的文化。**价值观不分党派教派，不仅是人人都能达成一致的指导原则，也是让大家团结在一起的基本道德准则。能够更有能力地践行自己的价值观，并且在能力中挖掘到更多价值时，我们便能创造出一个更有价值的社会——这也意味着，我们对自己的投资将能产生更多的回报。

　　而这也让我想起了我创作这本书的另一个初衷。我希望这本书能在大家需要的时候带来一些价值和帮助，希望这本书能够让大家学到一些东西，得到一些启发，逗你发笑，给你提醒，助你遗忘，为你提供一些人生工具，让你更好地做自己，在前路上更加畅通无阻。至于我，在生活的艺术中，我并非门门全"优"，但我活得用心，相比于误打误撞的"优秀"，我会不假思索地选择亲力亲为的"及格"。

我一直以来都相信，满足感在于如何识时务，以及如何充分掌握我们在人生中遇到的挑战。当你能够掌控自己的气候时，就迎风招展吧。当你被困在风暴中时，请祈祷好运，随遇而安。我们都有伤疤，也会留下更多的伤痕。因此，不要抵抗时间、浪费时间，而是与时间共舞，重新找回时间的意义。仅仅忙于保命，并不会延长我们的生命，只有在全然投入生活时，我们的生命才更加宽广。

在人生迎接阳光、抵御风雨的过程中，我成功的关键在于适应那些不可避免的事物。

我们的生活是可选的。生活就是我们的简历。我们的故事由我们来讲述，而故事的章节，则根据我们所做的选择来书写。我们要对回顾往事充满期待，我们能否拥有这样的人生？

我们的死亡则是不可选的。我们的悼词和故事将会被他人讲述，在我们离世后，我们的事迹会被他人永远传颂。

以终为始，探寻灵魂的使命。

那么，你又有什么样的故事呢？

这就是我迄今为止的旅程。

一路绿灯。

愿我们在前路上遇到更多的绿灯。

生命不止。

马修·麦康纳

p.s.

附

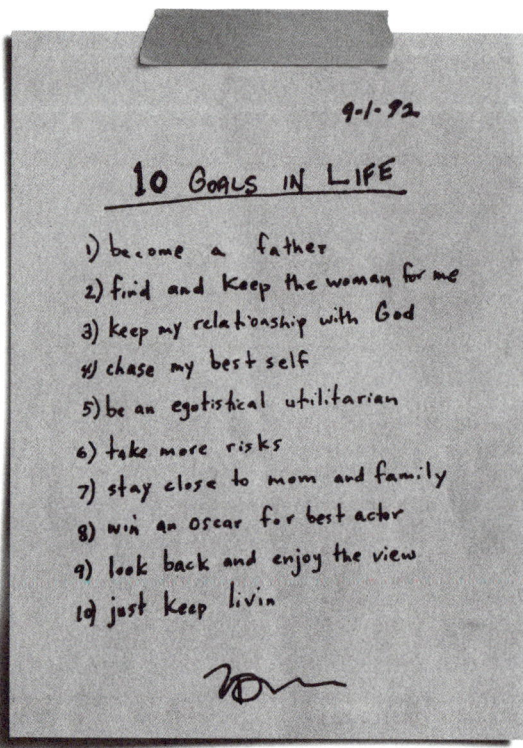

一九九二年九月一日

人生十大目标

1）成为一名父亲

2）找到属于我的女人，与她天长地久

3）维系我与上帝的关系

4）寻找最好的自己

5）成为一位本位主义的功利主义者[1]

6）勇于迎接更多冒险

7）留在母亲和家人身边

8）获得奥斯卡最佳男主角奖

9）在回望过去时为往事而自豪

10）生命不止，生生不息

1 马修曾在访谈节目中谈到，这个词的意思是，要先打造最好的自己（本位主义），才能真正利人（功利主义）。

在写这本书时，我在我的一堆日记、便条、餐巾纸、啤酒杯垫上的笔记和涂鸦中找到了这个清单。自从列出清单之后，我就再也没有见过它。请看清单上的日期。这是完成《年少轻狂》中伍德森一角的银幕首秀的两天后，也是我父亲去世的十四天后。（就像前文所说的，看来，我的记性比忘性更好。）

又是一盏绿灯。

致谢

感谢我的父母和哥哥赐予我家庭，感谢我的妻子和孩子与我组建自己的家，感谢迄今为止我一路上遇到的无数角色、灵感和理想。感谢我的偶像，从帕特到麦伦坎普再到十年后的自己，还有所有把我忘记曾经写过的诗歌交还给我的人。

感谢像赛斯·罗宾斯·宾德勒（Seth Robbins Bindler）一样让我勇于开创先河的朋友，感谢澳大利亚让我品尝到孤独的滋味，感谢唐·菲利普斯拓宽了我的眼界，感谢理查德·林克莱特让我进入了公众的视线，感谢科尔·豪瑟的个性，感谢格斯·范·桑特的忠诚，感谢凯文·莫里斯的果决，感谢马克·格斯托斯（Mark Gustawes）的信任，感谢马克·诺比（Mark Norby）的质朴，感谢约翰·钱尼（John Chaney）的稳定发挥，感谢妮可·佩雷斯－克鲁格（Nicole Perez-Krueger）的精准定位，感谢铁汉小姐的贴心陪伴，感谢伊萨·巴洛（Issa Ballo）的指导，感谢马里为我提供了一方家园，感谢克里斯蒂安修士的慈悲仁爱，感谢佩妮·艾伦（Penny Allen）的爆发力，感谢戴夫牧师的启发，感谢乔丹·皮特森（Jordan Peterson）的洞见，感谢查德·芒顿（Chad Mountain）的用心倾听，感谢丹·巴特纳（Dan Buettner）的精彩冒险，感谢罗伊·斯宾塞（Roy Spence）的使命感，感谢尼克·皮佐拉托的推心置腹，感谢艾尔·科霍尔（Al Cohol）的创意，感谢利兹·兰伯特（Liz Lambert）带我畅游沙漠，感谢巴特·纳格斯（Bart Knaggs）引我造访利亚诺河，感谢大卫·德雷克（David Drake）、吉利安·布莱克（Gillian Blake）、马特·茵曼（Matt Inman）的编辑工作，感谢威廉·莫里斯精英经纪、皇冠／企鹅兰登书屋以及海德林出版公司的团队助力在页面上分享我的故事。

jklivinfoundation.org
greenlights.com
Instagram: @officiallymcconaughey
推特：@McConaughey
脸书：Facebook.com/MatthewMcConaughey

关于作者

马修·麦康纳是两次离婚、三次结婚的吉姆和凯蒂·麦康纳之子，已婚并育有三个孩子。他自称受到上天眷顾，并将自己定位为一个讲故事的人，他写诗，还是一位时运不济的音乐家（但是，还有时间，还有希望）。他是自驾游中绝佳的伙伴，认为在去寺院庙宇的路上小酌一杯啤酒不是什么大问题，一天下来汗流浃背的他状态甚佳。马修是一个认真生活的男人，在这个世界上如鱼得水，他喜欢先找相同点再挑不同点，并且永远在生活中求同存异。他会款款低吟浅唱，在吹口哨上天赋异禀。他是一位摔角手，一位"自立门户"的词源学学家，也是一位周游世界的旅行家。他坚信伤疤才是最有个性的文身，在知命之年自然生长出的头发要比三十五岁时还要多。他在全球斩获过六次饮水比赛的冠军，为了让食物更加美味而会在饭前祈祷。他特别会起外号，研究美食和建筑，热爱芝士汉堡和莳萝泡菜，一直在学习说"对不起"，也很享受每周在教堂礼拜时以泪洗面。如果碰巧在电视上看到自己的电影，他不会停下来观看。他喜欢克服重重困难把事情做好，只是为了看看自己能不能做到。他从不带着怨气上床睡觉，并且在最近刚刚认识到，正确的途径不只有一条。相比于宇航员，他更愿意当一名水手，在舞池中，他的双腿仿佛液体般灵活。相比于结论，他更看重理念，也相信善民不需要暴君，萝卜青菜，各有所爱。

二〇〇九年，马修和他的妻子卡米拉创立了"生命不止（j.k. livin）"基金会课外课程，帮助全美超过五十二所"第一级补助中学"的风险儿童做出更有益身心灵发展的选择。在二〇一九年创作这本书期间，麦康纳还成了母校得克萨斯大学奥斯汀分校的一名实践型教授，教授他所创建的"从剧本到银幕"课程。除了身为奥斯汀足球俱乐部美国职业足球大联盟队的老板之外，他还担任得克萨斯大学与奥斯汀市文化部部长一职，这也是他自创的另一个角色和头衔。长期以来，他一直担任林肯汽车的品牌大使和野火鸡波旁威士忌的创意总监，并与别人携手创作出他在这个世界上最喜欢的波旁威士忌 Longbranch。相比于日出，马修更钟情于日落。

二〇一九年五月八日，于得克萨斯州戴维斯堡
写作《绿灯》第四天

Ft. Davis, Tx. May 8, 2019
Day 4 writing "Greenlights"

dRAW blood.

i came here alone to write.

i knew blood would be drawn.

it was.

my heart pumped more through my
veins than ever before.

以血盟誓
我只身来到此地，是为了写作。
我知道，流血在所难免。
事实也果然如此。
我从未像现在一样心潮澎湃，血脉偾张。

GREENLIGHTS

红灯终会转化为绿灯，
停止是为了更好地出发。

to do list

- ○ _____
- ○ _____
- ○ _____
- ○ _____
- ○ _____
- ○ _____
- ○ _____
- ○ _____

It's a love letter.

To life.

Sometimes you gotta
go back to go forward.

Alright, alright, alright.

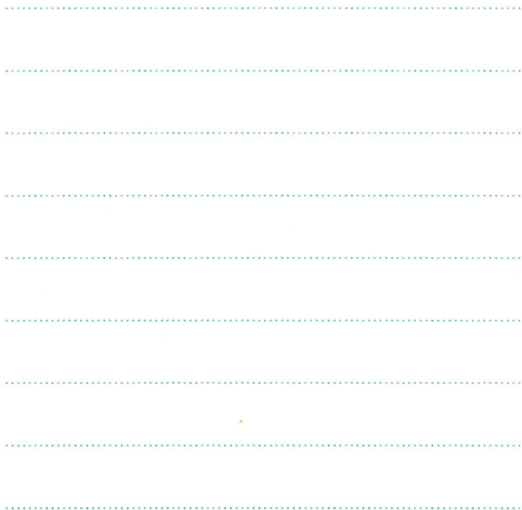

to do list

- [ ] _____
- [ ] _____
- [ ] _____
- [ ] _____
- [ ] _____
- [ ] _____
- [ ] _____
- [ ] _____

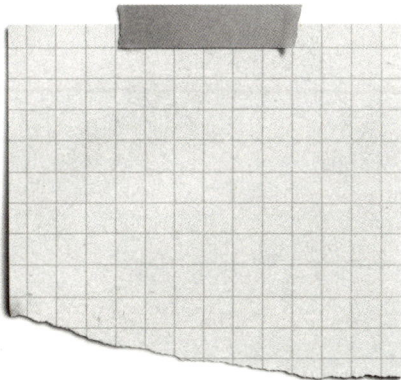

to do list

- ☐ _____
- ☐ _____
- ☐ _____
- ☐ _____
- ☐ _____
- ☐ _____
- ☐ _____
- ☐ _____

**I AM GOOD AT WHAT I LOVE,
I DON'T LOVE ALL THAT I'M GOOD AT.**

Values travel.
And sometimes we get a
stamp in our passport just
by crossing the street.

The road less traveled may not be
a dirt road;
for some, it may be the autobahn.

to do list

- ◯ _____
- ◯ _____
- ◯ _____
- ◯ _____
- ◯ _____
- ◯ _____
- ◯ _____
- ◯ _____

Educate before you indict.

Some people look for an excuse to **DO**.
Others look for an excuse **NOT** to.

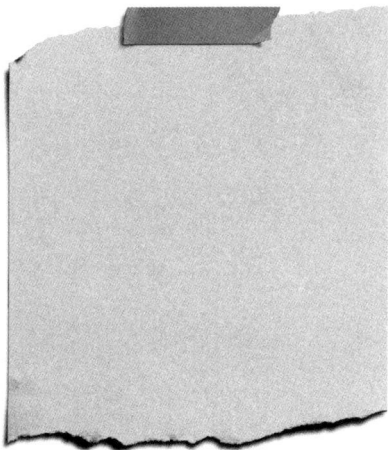

The best way to teach is the way that is most understood.